Michael Krüggeler · Stephanie Klein · Karl Gabriel (Hg.)

Solidarität – ein christlicher Grundbegriff?

T V Z

Michael Krüggeler
Stephanie Klein
Karl Gabriel (Hg.)

Solidarität –
ein christlicher Grundbegriff?

Soziologische und theologische Perspektiven

EDITION **N Z N**
BEI **T V Z**

Theologischer Verlag Zürich

SPI-Reihe 9

Die Deutsche Bibliothek – Bibliografische Einheitsaufnahme
Die Deutsche Bibliothek verzeichnet diese Publikation in der Deutschen Nationalbibliografie;
detaillierte bibliografische Daten sind im Internet über <http://dnb.ddb.de> abrufbar.

ISBN 3-290-20025-6

Umschlaggestaltung: www.gapa.ch gataric, ackermann und partner, Zürich
Satz und Layout: Claudia Wild, Stuttgart
Druck: ROSCH-BUCH GmbH, Scheßlitz

© 2005 Theologischer Verlag Zürich
www.tvz-verlag.ch

Inhaltsverzeichnis

Solidarität – ein christlicher Grundbegriff? Einleitung   7

I   Empirische Perspektiven   17

Entgrenzte Solidarität? Ergebnisse einer Studie
über «Christliche Dritte-Welt-Gruppen» in Deutschland
Karl Gabriel, Münster   19

Solidarität im Spannungsfeld
von Eigen- und Gemeinwohlinteresse
Christel Gärtner, Frankfurt/Main   44

Solidarität, Milieu und Religion in der Deutschschweiz
Michael Krüggeler, St. Gallen   60

II Biblische und historische Perspektiven   75

«Solidarität» biblisch. Fallbeispiele und erste Systematisierungen
Martin Ebner, Münster   77

« … weil wir für alle verantwortlich sind» (Johannes Paul II.)
Zur Begriffsgeschichte der Solidarität und ihrer Rezeption
in der katholischen Sozialverkündigung
Hermann-J. Große Kracht, Münster   111

III Feministisch-theologische Perspektiven   133

Solidarität. Ein sozialethischer Grundbegriff – genderethisch
betrachtet
Christa Schnabl, Wien   135

Freiheit in Bezogenheit: ein anderer Blick
auf «solidarisches Handeln»
Ina Praetorius, Wattwil. 162

IV   Systematische und ethische Perspektiven 175

Solidarität – orientierender Grundbegriff
christlichen Handelns und theologischen Denkens?
Reflexionen aus der Perspektive der systematischen Theologie
Helmut Peukert, Münster. 177

Solidarität als Einsatz für (soziale) Gerechtigkeit.
Die Perspektive der christlichen Sozialethik
Gunter M. Prüller-Jagenteufel, Wien 193

V   Praktisch-theologische Perspektiven. 209

Christliche Solidarität in der Praxis.
Praktisch-theologische Aspekte des Solidaritätsbegriffs
Stephanie Klein, Luzern 211

Solidaritätsarbeit als Lern- und Bildungsprozess
Norbert Mette, Dortmund. 231

Autorinnen und Autoren. 243

Solidarität – ein christlicher Grundbegriff? Einleitung

Michael Krüggeler, Stephanie Klein, Karl Gabriel

Der Begriff «Solidarität» ist im 19. Jahrhundert prominent geworden. Er wurde systematisch entwickelt als Kampfbegriff der deutschen Arbeiterbewegung und als analytischer Begriff der jungen Soziologie in Frankreich. Er stammt somit ursprünglich nicht aus einem christlichen Kontext. Der Begriff «Solidarität» war vielmehr explizit antireligiös, politisch und laizistisch geprägt.

Dem steht entgegen, dass die in Frankreich ausgearbeitete Tradition einer «solidaristischen» Sozialphilosophie von Heinrich Pesch und Oswald von Nell-Breuning systematisch für die Katholische Soziallehre in Deutschland rezipiert worden ist. Der Solidarismus verstand sich als eine Art «dritter Weg» zwischen Liberalismus und Kollektivismus; so wurde er auch für die Katholische Soziallehre aufgegriffen und in deren Prinzipienlehre integriert. Verstärkt seit dem Pontifikat Johannes Pauls II. entfaltete sich der Begriff der «Solidarität» zu einem bedeutenden Bestandteil päpstlicher Lehrverkündigung. Schließlich kommt dem Begriff «Solidarität» auch im Ansatz einer «Sozialpastoral», welche die Anstöße der Theologie der Befreiung für den europäischen Kontext umzusetzen versucht, eine tragende Bedeutung zu.

Was bedeuten diese Zusammenhänge? Was spricht heute dafür – und was könnte immer noch dagegen sprechen –, den Solidaritätsbegriff systematisch als Grundbegriff christlichen Handelns und theologischen Denkens zu rezipieren?

Ein Symposium

An einem Symposium am Schweizerischen Pastoralsoziologischen Institut (SPI) in St. Gallen vom 21.–23. September 2004 haben verschiedene Autorinnen und Autoren aus Theologie und Soziologie diese Frage systematisch diskutiert. Der vorliegende Band präsentiert die ausgearbeiteten Beiträge dieser Tagung. Aus den Blickwinkeln der verschiedensten Fächer der Theologie wird die Frage gezielt überprüft, wie und warum der Solidaritätsbegriff heute eine grundlegende Kategorie theologischen Denkens und christlichen Handelns darstellen kann. Dabei wurde der Beitrag von Hermann-J. Große Kracht eigens für diese Publikation geschrieben.

Empirische Studien zur Solidaritätspraxis

Den Ausgangspunkt für die Diskussion über den Solidaritätsbegriff bilden drei jüngste empirische Studien aus Deutschland und der Schweiz, welche bewusst im Anschluss an die religionssoziologische Individualisierungsdiskussion das solidarische Verhalten von Christen und Nicht-Christen zu ihrem Thema gemacht haben (vgl. die Beiträge von Karl Gabriel, Christel Gärtner und Michael Krüggeler in diesem Band). Diese Studien wollen im empirischen Zugang erfassen, wie Solidarität in den christlichen Kirchen und in der gegenwärtigen Gesellschaft zu leben versucht wird: Solidarität verschwindet nicht einfach mit der Auflösung der vormodernen Solidaritätspotentiale. Solidarität erhält heute vielmehr ein neues Gesicht, indem sie sich vervielfältigt, indem sie sich über traditionelle Grenzziehungen hinaus erweitert und indem etwa vor dem Hintergrund der allgemeinen Individualisierung ein selbstbezogenes und ein altruistisches Handeln nicht länger als diametraler Gegensatz betrachtet werden.

Einwände gegen Solidarität als christlichen Grundbegriff

Obwohl Solidarität also auch innerhalb der christlichen Kirchen eine offenbar lebendige Wirkung entfaltet, gibt es doch eine Reihe von Einwänden – insbesondere im Kontext der Geschichte des Solidaritätsbegriffs –, welche sich zunächst *gegen* die Verwendung des Solidaritätsbegriffs als Grundbegriff in den christlichen Kirchen vorbringen lassen.[1]
- Der Begriff der Solidarität als Prägung des 19. Jahrhunderts weist in seinen Anfängen eine dominant anti-religiöse und anti-christliche Stoßrichtung auf. Der Begriff der Solidarität sollte, sowohl in der Soziologie wie in der Politik, die Religion in ihrer sozialen Bedeutung *ersetzen*, wie das folgende Zitat des ersten Präsidenten der bayrischen Räterepublik zum Ausdruck bringt: «Nein, nichts mehr von Liebe, Mitleid und Barmherzigkeit. Das kalte, stahlharte Wort Solidarität aber ist in dem Ofen des wissenschaftlichen Denkens geglüht.»[2] Hier ist nichts zu spüren von der religiösen Ab-

---

1 Diese und weitere Einwände wurden am Symposium in systematischer Form von Hartmann Tyrell (Bielefeld) vorgetragen. Leider konnten sie für diesen Band nicht in schriftlicher Form ausgearbeitet werden.
2 Kurt Eisner, zitiert nach Andreas Wildt, Art. Solidarität, in: Historisches Wörterbuch der Philosophie Band 9, Basel 1995, 1004–1015, hier 1007.

sicht frommer Versöhnung, vielmehr erscheint Solidarität als Kampfbegriff von Seiten der Wissenschaft legitimiert.

- Seit den Konfessionskriegen und seit der Aufklärung gelten die Religionen im Plural geradezu als Störquelle sozialer Ordnung und nicht (mehr) als Träger solidarischer Gemeinschaftlichkeit. Religionen werden auch in der gegenwärtigen Soziologie durchaus als Quelle sozialen Unfriedens angesehen und insofern eher als Konflikt erzeugend statt als universal-solidarisch wahrgenommen, etwa im Kontext der Diskussion um einen Zusammenprall der Zivilisationen und Kulturen. Von hier aus gibt es keinen systematischen Grund, zwischen Religion und Solidarität eine genuine und selbstverständliche Verbindung zu sehen.
- Der Solidaritätsbegriff enthält eine doppelte Bedeutung: Er dient einerseits – als praktisch-normativer Begriff – zur Bezeichnung des moralischen Handelns im Einsatz für (notleidende) Andere; er kann aber auch – eher soziologisch-analytisch – die spezifische Bindung der Mitglieder einer Gruppe untereinander und an die Gruppe bezeichnen. Ein so unscharfer Begriff kann nicht als Grundlage wissenschaftlichen (also weder theologischen noch soziologischen) Denkens dienen.

Bei diesem letzten Punkt lohnt es sich noch einen Augenblick zu verweilen, denn die begriffliche Unschärfe und Bedeutungsvielfalt des Solidaritätsbegriffs wird auch in einigen Beiträgen dieses Bandes deutlich vermerkt und diskutiert (vgl. besonders Gunter M. Prüller-Jagenteufel, sowie Christa Schnabl und Hermann-J. Große Kracht). Der Solidaritätsbegriff enthält folgende Bedeutungen, die sich zum Teil gegenseitig überlagern:

Politisch-praktische oder wissenschaftliche Solidarität

Auf der einen Seite ist der Solidaritätsbegriff in politisch-praktischen Zusammenhängen des Kampfes der Arbeiterbewegung historisch virulent geworden. Solidarität ist hier ein praktischer Begriff, der im Feld des sozialen Handelns selbst zum Tragen kommt. Er vereint gemeinsame Interessen, definiert praktische Ziele und setzt auf Mobilisierung der daran beteiligten Individuen, Gruppen oder Klassen. Auf der anderen Seite wurde – etwa im selben historischen Zeitrahmen – der Solidaritätsbegriff als distanzierter analytisch-wissenschaftlicher Begriff entwickelt, der eine Grundlage zur allgemeinen Beschreibung (auch) der modernen Gesellschaft bieten soll. Emile Durkheim versucht eine «organische Solidarität» aus der Struktur der modernen Gesellschaft aufgrund ihres hohen Maßes an Arbeitsteilung abzuleiten. Diese Solidarität sieht Durkheim als Basis für eine erneuerte Moral, durch die die Krisenzeichen der modernen Gesellschaft (Klassenkämpfe, Atomisierung des Individuums) überwunden werden können.

Symmetrische oder asymmetrische Solidarität

Auf der einen Seite kann man mit dem Solidaritätsbegriff ein soziales Handeln bezeichnen, welches vor allem jene Menschen zusammenführt, die gemeinsame Interessen verfolgen wollen. In der Perspektive einer Theorie rationaler Handlungswahl erscheint die Bindung der Mitglieder an ihre Gruppe(n) umso größer, je abhängiger die Mitglieder für die Verfolgung ihrer Interessen von ihrer Gruppe sind. Aber auch andere philosophische Positionen verstehen unter Solidarität einen solchen symmetrischen Zusammenschluss aufgrund der Verfolgung gemeinsamer Interessen, um den Begriff der «Solidarität» von einem allgemeinen Begriff der Nächsten- oder Menschenliebe abzugrenzen. Auf der anderen Seite wird der Solidaritätsbegriff über eine solche Begrenzung gerade hinausgeführt, um darauf aufmerksam zu machen, dass es auch Menschen gibt, die ihre Interessen nicht selbst verfolgen können und die deshalb auf eine Art stellvertretende Solidarität durch andere angewiesen sind. Dieser Typus einer asymmetrischen Solidarität konzentriert sich auf Hilfeleistungen für Abhängige oder auf Hilfen in Notsituationen, wobei durchaus versucht wird, die Selbstbestimmung der Abhängigen und Notleidenden in das Hilfehandeln zu integrieren.[3]

Partikulare oder universale Solidarität

Schließlich kann der Begriff auf der einen Seite eine partikulare Solidarität bezeichnen, bei der sich das solidarische Handeln auf die Durchsetzung gruppenspezifischer Interessen beschränkt. Franz-Xaver Kaufmann macht darauf aufmerksam, dass eine solche partikulare Form von Solidarität für die moderne Gesellschaft eine besonders wahrscheinliche darstellt: «Solidaritätsverhältnisse neigen prinzipiell zur Abschließung nach außen; je mehr Interessen in einer Gruppe präsent sind, umso schwieriger wird der Interessenausgleich. Bezogen auf die Hyperkomplexität moderner Gesellschaften bleiben deshalb solidarische Orientierungen notwendigerweise partikulär.»[4] Auf der anderen

---

3 Gunter M. Prüller-Jagenteufel spricht in seinem Beitrag für die Form symmetrischer Solidarität von «Con-Solidarität» und für die Form asymmetrischer Solidarität von «Pro-Solidarität».

4 Franz-Xaver Kaufmann, Solidarität als Steuerungsform – Erklärungsansätze bei Adam Smith, in: ders., Hans-Günter Krüsselberg (Hg.), Markt, Staat und Solidarität bei Adam Smith, Franfurt/Main 1984, 158–184, hier 180.

Seite wird besonders im Bereich der christlichen Theologie ein Solidaritäts-begriff vertreten, der eine universale Dimension erreichen und alle Menschen einschließen soll. Das hat u. a. damit zu tun, dass «Solidarität» mit den univer-salen Inhalten der Gotteskindschaft aller Menschen oder der allgemeinen Nächsten- und Feindesliebe gefüllt werden muss, wenn dieser Begriff als «Markenzeichen des Christlichen» (H. Tyrell) erscheinen soll. Zumeist er-scheint der Begriff der «Solidarität» dann synonym mit der allgemeinen Sozia-lität des Menschen; weil der Mensch ein genuin soziales Wesen ist, sind alle Menschen voneinander abhängig, und sie können und müssen deshalb «soli-darisch» sein.

Christliche Rezeption in Vielfalt

Eine christliche Rezeption des Solidaritätsbegriffs als Grundbegriff christli-chen Handelns und theologischen Denkens kann diese Vieldeutigkeit seiner systematischen und historischen Bestimmungen nicht umgehen oder über-spielen. Es würde auch wenig helfen, die Vielzahl der Definitionen des Solida-ritätsbegriffs um eine weitere, scheinbar endgültige zu ergänzen. Eine christli-che Rezeption des Solidaritätsbegriffs kann aber pragmatisch versuchen, die jeweils besondere Dimension des Solidaritätsbegriffs zu benennen, welche sie für ihr Handeln und Denken in bestimmbaren Zusammenhängen verwendet, ohne dabei die anderen Dimensionen einfach auszublenden oder zu vergessen; sie kann diese vielmehr als Mit-Bedeutungen jeweils präsent und sich selbst damit offen halten für ein Mit-Bedenken der jeweils anderen Dimensionen.

 Welche systematischen Gründe werden vor diesem Hintergrund nun in den Beiträgen dieses Bandes entfaltet, die *für* eine Rezeption des Begriffs der Solidarität als christlichen Grundbegriff sprechen?

Solidarität als «rettende Übersetzung» christlich-jüdischer Tradition

(1) Der Begriff der Solidarität hat sich im christlichen Sprachgebrauch inzwi-schen eingebürgert. Dieser Vorgang kann als eine Übersetzung christlicher Gehalte in weltliche Sprache interpretiert werden, wie die Christen immer wieder Begriffe aus ihrer Umwelt aufgegriffen und mit eigenen Inhalten ge-füllt haben. Es war Jürgen Habermas, der in seiner Friedenspreisrede sich da-für ausgesprochen hat, die unausgeschöpften semantischen Potentiale der Re-ligion «in eine säkulare Sprache» zu übersetzen, wobei die säkulare Seite ihrerseits sich «einen Sinn für die Artikulationskraft religiöser Sprachen» be-wahren solle.[5] Der Solidaritätsbegriff übersetzt also in einem hermeneutischen Vorgang christliche Inhalte in eine säkulare Sprache.

In diesem Sinn zeigt der Beitrag von Martin Ebner, dass und wie der Begriff der «Solidarität» als Schlüssel für die Interpretation biblischer Vorlagen eingesetzt werden kann. Zwar ist «Solidarität» kein biblischer Begriff; der Sache nach aber bringt Ebner am Beispiel von Lukas und Markus den Nachweis, wie in deren Schriften unterschiedliche soziale Konzepte von «Solidarität» eingefordert werden, die zugleich zu Anfragen an gegenwärtige Solidaritätsvorstellungen führen können. Und der Beitrag von Helmut Peukert entfaltet aus systematisch-theologischer Sicht ein universales Konzept von Solidarität im Sinn einer «rettenden Übersetzung» (J. Habermas) der jüdischen und christlichen Tradition. Universale Solidarität als Solidarität auch gegenüber vergangenen und zukünftigen Generationen füllt eine Leerstelle in der Kultur moderner Gesellschaften aus: «Die verlorene Hoffnung auf Resurrektion hinterlässt eine spürbare Leere.»[6]

Aus der Sicht einer kontextuellen Theologie wie der Feministischen Theologie werden darüber hinaus die Perspektiven auf den Begriff der «Solidarität» selbst noch einmal erweitert. Zunächst macht der Beitrag von Christa Schnabl deutlich, dass Solidarität bisher ein vor allem weibliches Gesicht hatte: Zuständig für die gemeinschaftlichen Lebensformen und Werte waren die Frauen, die in Familie und Privatsphäre den gesellschaftlichen Druck kompensieren sollten und denen Wärme, Geborgenheit und Liebe geradezu als Wesensmerkmale zugeschrieben wurden. Von einer Feministischen Theologie der Beziehungen her gedacht rückt dann die Form der *asymmetrischen* Solidarität ins Zentrum des Interesses, weil eine Feministische Ethik den Gehalt und die Wertschätzung einseitiger Relationen der Unterstützung anderer wieder entdeckt und kritisch reflektiert. Noch einen Schritt weiter geht der Beitrag von Ina Praetorius. Hier wird das «Prinzip Solidarität» selbst in den Rahmen einer vergehenden patriarchalen Welt eingerückt, demgegenüber ein neues Konzept sozialen Handelns als «Freiheit in Bezogenheit» favorisiert wird. Diese neue soziale Praxis in ihrem ungreifbaren «Dazwischen», in die «Menschen ihre unverwechselbaren, von den unterschiedlichsten, oft ihnen selbst nicht durchschaubaren Motiven angetriebenen Handlungen einweben», käme auch der biblischen Anthropologie nahe.[7]

---

5   Jürgen Habermas, Glauben und Wissen. Friedenspreis des deutschen Buchhandels 2001, Frankfurt/Main 2001, 21 f.
6   Ebd. 24 f.
7   Ina Praetorius in diesem Band S. 170.

Solidarität als (politischer) Strukturbegriff

(2) Mit dem Solidaritätsbegriff kann sich der Begriff der christlichen Nächstenliebe seiner strukturell-politischen Bedeutung in der modernen Gesellschaft vergewissern. Seitdem der Begriff der «strukturellen Sünde» in der katholischen Sozialverkündigung deutlich gemacht hat, dass Menschen aus gesellschaftlich-strukturellen Gründen in Not und Elend gestürzt und gehalten werden können, muss der Begriff der Nächstenliebe aus seinen rein individuellen Konnotationen befreit werden. Dazu kann der Solidaritätsbegriff einen bedeutenden Beitrag leisten, indem in diesen politischen Zusammenhängen der partikulare Aspekt von Solidarität als stellvertretende Option für die Armen und für die Opfer der Geschichte einerseits praktisch wirken kann und andererseits in den christlich-universalen Horizont eingebaut werden muss.

Vor diesem Hintergrund zeigt der begriffsgeschichtliche Beitrag von Hermann-J. Große Kracht die Entwicklung des Solidaritätsbegriffs zu einem klassischen «Sozialprinzip» der Katholischen Soziallehre. Als solches erscheint der Solidaritätsbegriff begründet im soziologisch-deskriptiven Konzept einer Abhängigkeits-Solidarität, die alle Menschen verbindet und nach Johannes Paul II. die Christen auffordert, sich mit Entschlossenheit für das «Gemeinwohl» zu engagieren. Gunter M. Prüller-Jagenteufel entfaltet in seinem Beitrag eine bewusst ethisch fundierte Vorstellung von Solidarität, die sich in verantwortlicher und praktischer Mitsorge um (soziale) Gerechtigkeit konkretisiert. Solidaritätspraxis beruht auf einer «relationalen Anthropologie», welche den parteilichen Einsatz für Solidarität und Gerechtigkeit grundsätzlich «vom anderen her» denkt und praktiziert.

Solidaritätspraxis als entscheidende Größe

(3) In den christlichen Kirchen hat sich eine religiös-soziale Praxis entfaltet, die mit dem Begriff der «Solidarität» angemessen umschrieben werden kann. Ohne eine solche Solidaritäts*praxis* müsste der normative Solidaritäts*begriff* der Theologie bloß ein leerer Appell bleiben: «Nur durch den Bezug zur gelebten Praxis, durch das Zeugnis, ist eine Theologie und kirchliche Verkündigung, die den Anspruch erhebt, orientierend und normativ zu sein, auch glaubwürdig. Denn Kirche wird nicht allein durch ihre normative Rede, sondern durch ihr gelebtes Zeugnis ein Zeichen und Werkzeug des Heils (LG 1).»[8] Die Solidaritätspraxis in den Kirchen hat sich heute allerdings ge-

---

8   Stephanie Klein in diesem Band S. 212–213.

wandelt, sie ist nicht mehr identisch mit den Solidaritätsformen der großen konfessionellen Sozialmilieus im 19. und 20. Jahrhundert.

In diesem Zusammenhang will der Beitrag von Stephanie Klein mit seiner praktisch-theologischen Re-Interpretation der empirischen Studien diese heutige Solidaritätspraxis für eine weitergehende kirchliche und theologische Diskussion sichtbar machen. Es geht ihr darum, die konkrete, partikulare und in ihren Erfolgen oft wenig sichtbare Solidarität in das kirchliche Selbstverständnis zu integrieren, damit sowohl die Gruppen wie die Kirche diese Solidaritätspraxis in den Kategorien der kirchlichen Tradition zu begreifen lernen. Der Beitrag von Norbert Mette macht darauf aufmerksam, dass (kirchliche) Solidaritätspraxis auch etwas ist, was man lernen kann und muss. Solidarität spielt nach Mette bereits in der pädagogischen Begegnung zwischen (abhängigen) Kindern und Erwachsenen, wenn es gelingen soll, eine solidaritätsfähige Identität auszubilden.

Der Blick über den Zaun

Der in einigen Beiträgen dieses Bandes entwickelte theologisch-normative Solidaritätsbegriff wird aber – sowohl in der katholischen Sozialverkündigung wie in der systematischen Theologie und in der theologischen Ethik – immer auch wissenschaftlich-interdisziplinär zu fundieren gesucht. Diese Beiträge kommen darin überein, dass es die durchaus in der menschlichen Entwicklung begründete genuine Sozialität des menschlichen Wesens sei, die grundsätzliche Angewiesenheit des Menschen auf den und die anderen und von daher eine weltweite gegenseitige Abhängigkeit, woraus Solidarität als Norm sich ableiten lasse.

Nun wissen wir aber, dass solche universalen Begründungszusammenhänge eher eine schwache Motivlage für die Mobilisierung zu konkreter Solidarität darstellen. Konkrete Solidarität ist eher an den sozialen Nahraum gebunden, sie gewinnt ihre Stärke und ihre Kraft aus dem erfahrbaren sozialen Eingebunden-Sein. Jede konkrete, vor allem christliche Solidaritätspraxis muss daher die Grenzen des eigenen Handelns mit bedenken und immer auch einen Blick über den Zaun in Hinsicht auf die Anerkennung anderen Handelns wagen. «Solidarität» taugt nur dann als Grundbegriff christlichen Handelns und theologischen Denkens, wenn die Grenzen des Bezugs auf die eigene Gruppe auch gesprengt werden im Hinblick auf die Anerkennung des Anderen als Anderen. In diesem Sinn realisiert sich christliche Solidaritätspraxis als «hoffendes Ausgespanntsein auf die Gewährung von Integrität für die anderen und erst darin auch für sich selbst. Sie ist gegenüber einem sich selbst genügenden und behauptenden Selbstsein sich offen haltende, hoffende ‹Nicht-Identität›».[9]

Die Herausgeberin und Herausgeber des Buches bedanken sich herzlich bei allen Autorinnen und Autoren des Bandes für ihre Beiträge sowie beim Schweizerischen Nationalfonds zur Förderung der wissenschaftlichen Forschung (SNF) für die Finanzierung des Symposiums in St. Gallen. Darüber hinaus danken wir der Römisch-Katholischen Zentralkommission des Kantons Zürich für ihren Druckkostenbeitrag.

---

9 Helmut Peukert in diesem Band S. 190.

I Empirische Perspektiven

Entgrenzte Solidarität?
Ergebnisse einer Studie über
«Christliche Dritte-Welt-Gruppen» in Deutschland

Karl Gabriel, Münster

1 Einleitung

Eine von der Wissenschaftlichen Arbeitsgruppe für weltkirchliche Aufgaben
der Deutschen Bischofskonferenz in Auftrag gegebene empirische Studie über
Dritte-Welt-Gruppen im Kontext der katholischen Kirche in Deutschland
suchte empirische Anhaltspunkte für einen vom sozialen und religiösen Wandel induzierten Umbruch im Solidaritätsverständnis christlichen Engagements.[1] Der folgende Beitrag entwickelt in einem ersten Schritt theoretische
Überlegungen zur Entwicklungsrichtung, in die sich heute Sinnorientierun-
gen und Legitimationsmuster solidarischen Engagements verändern. Die Aus-
löser des Solidaritätswandels werden im sozialen und religiösen Wandel gesucht. Das zentrale Charakteristikum der «neuen Solidarität» wird im Wandel
des Bezugspunkts gesehen: Stand in der Solidaritätsverpflichtung bisher der
Bezug zu einer begrenzten Eigengruppe in Differenz zur Fremdgruppe im
Zentrum, so sind es nun gerade die eher unwahrscheinlichen Formen geogra-
phisch wie sozial unbegrenzter Solidarität, die die Aufmerksamkeit auf sich
ziehen. Jede und jeder, der Menschenantlitz trägt und Hilfe benötigt, hat ein
Recht auf Solidarität. Als Verpflichtete wiederum kommen alle in den Blick,
die Kopf, Hände und Mittel frei haben, um solidarisch ihren Anteil dazu beizutragen, allen ein menschenwürdiges Leben zu ermöglichen.

In der Sozialverkündigung der katholischen Kirche lässt sich seit Johannes
XXIII. und dem 2. Vatikanischen Konzil beobachten, dass der naturrechtlich

---

1 Vgl. Franz Nuscheler, Karl Gabriel, Sabine Keller, Monika Treber, Christliche Dritte-
Welt-Gruppen. Praxis und Selbstverständnis, Mainz 1995; Wissenschaftliche Arbeitsgruppe für weltkirchliche Aufgaben der deutschen Bischofskonferenz (Hg.), Handeln
in der Weltgesellschaft: Christliche Dritte-Welt-Gruppen, (Autoren Karl Gabriel, Sabine Keller, Franz Nuscheler, Monika Treber), Bonn 1995; Karl Gabriel, Monika Treber (Hg.), Christliche Dritte-Welt-Gruppen: Herausforderung für die kirchliche Pasto-
ral und Sozialethik, Bonn 1998.

begründete Solidaritätsbegriff, der aus Gemeinverstrickung Gemeinhaftung ableitet, ergänzt wird durch ein universales Solidaritätsverständnis, das in erster Linie aus biblischen Intuitionen schöpft.[2] Lässt sich in Ergebnissen der quantitativen und qualitativen Studie über die Dritte-Welt-Gruppen in Deutschland etwas von dieser Entwicklungsrichtung des Solidaritätswandels beobachten?

2 Solidarität unter Modernisierungsdruck

Bei Solidarität handelt es sich um einen modernen Problembegriff.[3] Mit dem Fortschreiten des Modernisierungsprozesses verändern Solidaritätsphänomene ihren Aggregatzustand. Auf diesem Hintergrund ist nach dem Wandel von Solidarität und ihrer Bedingungen im gegenwärtigen gesellschaftlichen Umbruch zu fragen.

Wo zeigen sich – neben und trotz des Verfalls traditional geprägter Solidarbeziehungen – Formen von Solidarität, die gerade auf der Grundlage modernisierter Lebensformen und -stile Platz greifen? Modernität und Solidarität können nicht nur als gegensätzliche soziale Kräfte betrachtet werden. Vielmehr gehören sie von Beginn forcierter Modernisierungsprozesse an auf erkennbare Weise zusammen. Der Begriff der Solidarität erhält gerade dort seine heutigen Konturen, wo im Umbruch zur Moderne traditionale Bindungen ihre Kraft verlieren und die Frage auftaucht, wie sozialer Zusammenhalt trotz oder gerade wegen eines hohen Grads individueller Verschiedenheit möglich ist.[4]

---

2 Vgl. Oswald von Nell-Breuning, Gerechtigkeit und Freiheit. Grundzüge katholischer Soziallehre, München 1985, 48 f.; Bernhard Emunds, Grundlagen einer Ethik internationaler Finanzmärkte, Habil. Münster 2005, 19–32.

3 Vgl. G. Amengual, Zu einer begrifflichen Bestimmung von Solidarität, in: Bernhard Fraling, Helmut Hoping, Juan C. Scanone (Hg.), Kirche und Theologie im kulturellen Dialog, Freiburg i. Br., Basel, Wien 1994, 237–254; Jürgen Schmelter, Solidarität: Die Entwicklungsgeschichte eines sozialethischen Schlüsselbegriffs, Diss. München 1991; Kurt Bayertz, Begriff und Problem der Solidarität, in: ders. (Hg.), Solidarität. Begriff und Problem, Frankfurt/Main 1998, 11–53; Hermann-J. Große Kracht, Solidarität: «...die bedeutendste Entdeckung unserer Zeit» (Heinrich Pesch). Unvollständige Spurensuche im Kontext politischer Philosophie, in: ders. (Hg.), Solidarität institutionalisieren, Münster 2003, 23–45.

4 Vgl. Karl Otto Hondrich, Claudia Koch-Arzberger, Solidarität in der modernen Gesellschaft. Frankfurt/Main 1992, 11; Karl Gabriel, Alois Herlth, Klaus Peter Strohmei-

Modernität zerstört überkommene, traditionelle Zusammengehörigkeiten, schafft aber gleichzeitig Dispositionen und Chancen für neue, erweiterte und entgrenzte Formen von Solidarität. Die Entgrenzung von Solidarität, wie sie am deutlichsten an den sozialen Bewegungen des 19. Jahrhunderts ablesbar ist, kann als Bestätigung dieses Zusammenhangs gewertet werden. Wenn man mit historisch geschärftem Blick nach den komplexen Folgen des neuerlichen Modernisierungsschubs in den westlichen Gesellschaften fragt, werden auch heute Entgrenzungsprozesse von Solidarität erkennbar. Überschritten werden die Grenzen von Schicht- und Klassensolidaritäten, von Solidaritäten organisierter Großgruppen, aber auch von Nationalgesellschaften. Die Reichweite von Solidarität wird damit tendenziell ausgedehnt auf die Grenzen menschlich-kommunikativer Erreichbarkeit. Dispositionen erweiterter Solidarität erhalten Nahrung vornehmlich durch zwei neuartige Bewusstseinsformen radikalisierter Modernität.

Zum einen ist es die bewusstseinsfähig gewordene soziale Ortlosigkeit, in der sich die Menschen prinzipiell alle wiederfinden.[5] Die soziale Ortlosigkeit intellektueller Schichten, die in der Vergangenheit häufig Ausgangspunkt der Ausweitung von Solidaritätsbezügen war, hat heute tendenziell die Lebenssituation aller ergriffen. Hier liegen die Grundlagen für das in der empirischen Forschung beobachtbare Phänomen eines universellen Verbundenheitsgefühls, das sich z. B. in einer überraschend positiven Bewertung von Entwicklungshilfe in der Bevölkerung niederschlägt.[6] Solidarität nimmt in diesem Zusammenhang erst seine spezifisch moderne Bedeutung an. Sie wird zu einem Gefühl, gemeinsame Interessen und Ziellagen zu besitzen, die trotz aller erkennbaren Interessendifferenzen und über ihre Grenzen hinweg, beziehungsweise gerade wegen der Differenzen, wegen ungleicher Beeinträchtigung der als gleich empfundenen Interessen und Ziellagen, Wirksamkeit entfalten. Neben dem Bewusstsein prinzipieller sozialer Ortlosigkeit ist es zum anderen die Ausweitung der Modernisierungsrisiken und Gefährdungslagen, die Dispositionen zu erweiterten Solidaritätsbezügen begünstigen.[7]

er, Solidarität unter den Bedingungen entfalteter Modernität, in: dies. (Hg.), Modernität und Solidarität (FS Franz-Xaver Kaufmann), Freiburg i. Br. 1997, 13–27.

5   Vgl. Zygmunt Bauman, Moderne und Ambivalenz. Das Ende der Eindeutigkeit, Hamburg 1992, 285 ff.

6   Vgl. Hondrich, Koch-Arzberger (Anm.4), 90.

7   Vgl. Ulrich Beck, Risikogesellschaft. Auf dem Weg in eine andere Moderne, Frankfurt/Main, 25 ff.; Hans-Joachim Höhn, Jenseits von Klasse und Schicht. Individualisierung und Zwangssolidaritäten, in: Friedrich-Ebert-Stiftung (Hg.), Individualisierung und

Angesichts von in der Reichweite wie in der Wirkung buchstäblich grenzenlosen Risiken sehen sich die Menschen in neuartige «Zwangssolidaritäten» hineingedrängt. Risiken der Kernenergie, Ozonbelastung, Erwärmung der Erdatmosphäre, unbegrenztes Bevölkerungswachstum und anhaltender Raubbau der natürlichen Ressourcen sind Gefährdungen der Lebensgrundlagen, die prinzipiell alle betreffen, wenn auch keineswegs alle gleich. Sie drängen den Menschen das Bewusstsein auf, sich als weltweite Risikogemeinschaft zu fühlen, in der trotz aller Differenzen Hilfeleistungen den Bezugspunkt eines gemeinsamen Schicksals erkennen lassen.

Was zeichnet die neue Solidarität gegenüber älteren Formen und Mustern aus? Unter Modernisierungsdruck erhält Solidarität ein Moment der Auswahl aus vielen möglichen Solidaritäten.[8] Sie wird gewählt als Teil eines für Veränderungen offenen Lebensentwurfs. Die Funktion, etwas von der Unverwechselbarkeit der Person anzuzeigen, kann die Solidaritätsbindung nur erfüllen, wenn sie auf einer emphatischen Freiwilligkeit beruht. Damit steigen die Anforderungen an die persönliche und sozial darstellbare Sinnhaftigkeit des Solidaritätsengagements. Die Begründungspflichten wachsen, warum man sich gerade für dieses und nicht für jenes engagiert und solidarisiert. Die Pluralität der verfügbaren Solidaritäten bedingt einerseits eine kontingentere und offenere Solidaritätsbindung. Der Wechsel der Solidaritätsbezüge im Lebenslauf kann Ausdruck von Veränderungen der eigenen Wertkarriere werden. Andererseits erzeugt die Verknüpfung von Solidarität mit der Sicherung persönlicher und sozialer Identität auch neue Formen von Kontinuität und Stabilität. Solidaritätsengagements können als stabil erwartet werden, solange sie dem einzelnen im weitesten Sinne «etwas bringen».

Neben der Bewältigung von Sinn- und Identitätsproblemen spielt bei der Motivation und Wahl von Solidaritäten die Frage der Zugehörigkeit zu Gruppen eine zentrale Rolle. Der Individualisierungsprozess bringt eine Tendenz zu «sekundären Wahlvergemeinschaftungen»[9] hervor. Sie erst geben den ein-

Solidarität. Über die Gefährdung eines Grundwerts, Bonn 1993, 25–39; Christoph Lau, Gesellschaftliche Individualisierung und Wertwandel, in: Heinz Otto Luthe, Heiner Meulemann (Hg.), Wertwandel – Faktum oder Fiktion?, Frankfurt/Main 1988, 217–234.

8 Vgl. Hondrich, Koch-Arzberger (Anm. 4), 22; Andreas Feige, Zwischen Wahlzwang und Sozialapathie, in: Friedrich-Ebert-Stiftung (Anm. 7), 19 ff.; Norbert Herkenrath, Blockieren gesellschaftliche Individualisierungsprozesse die Solidarität mit dem Süden?, in: Ebd. 74 ff.

9 Lau (Anm. 7), 222 ff.

zelnen die Chance, für ihre Lebens- und Identitätsentwürfe die notwendige soziale Bestätigung und Anerkennung zu erhalten. Die enttraditionalisierten Entwürfe brauchen nicht weniger, sondern mehr an sozialer Bestätigung. Hier liegt die Fehleinschätzung jener Kulturkritiker begründet, die Individualisierung ohne weiteres mit Vereinzelung gleichsetzen. Tendenziell ist das Gegenteil der Fall. Gerade der Zwang zu einem neuen Grad von Selbstbezug, um angesichts der Fülle von Möglichkeiten überhaupt Orientierung zu gewinnen, erzeugt gleichzeitig starke Motive eines Sozialbezugs.[10] Der biographiebegleitende und -stützende Gruppenbezug muss allerdings in stärkerem Maße als früher vom einzelnen selbst gesucht und hergestellt werden, was gerade die traditionellen Solidaritätsformen obsolet erscheinen lässt. Es entstehen in den neuen Wahlsolidaritäten voraussetzungsvolle Leistungsanforderungen, die mit einem erhöhten Risiko des Scheiterns verbunden sind. Damit aber spitzt sich das Problem auf die Frage zu, wie unter Modernisierungsbedingungen Solidarität in ausreichendem Maße stabilisierbar ist.

Im Modernisierungsprozess – so lässt sich zusammenfassen – entstehen auch Voraussetzungen für neue Formen von Solidarität. Insofern lassen sich gegenwärtig auch solidaritätsproduktive Tendenzen identifizieren. Von den älteren unterscheiden sich die neuen Formen der Solidarität einmal durch höhere Anteile des Selbstbezugs, der Selbstfestlegung und der Wahl aus einer Mehrzahl möglicher Solidaritäten. Sie sind damit in ihrer Sinnhaftigkeit anspruchsvoller, sozial voraussetzungsvoller und in ihrer zeitlichen Dauerhaftigkeit prekärer. Auf der anderen Seite lassen sich Tendenzen der Lockerung bisheriger Solidaritätsgrenzen beobachten, bis hin zu neuen Chancen für Bewusstseinsformen, die von einem gemeinsamen Schicksal weltweiter Bedrohung und Herausforderung ausgehen.

3   Religiöse Individualisierung und Solidaritätsengagement

Die Tendenz zur Individualisierung der religiösen Orientierungen gehört zu den zentralen Merkmalen des gegenwärtigen religiösen Wandels.[11] Die religiöse Individualisierung schafft insofern neue Bedingungen für Solidarität, als

---

10 Vgl. Gerhard Schulze, Die Erlebnisgesellschaft. Kultursoziologie der Gegenwart, Frankfurt/Main, New York 1992, 75 ff.

11 Vgl. Karl Gabriel (Hg.), Religiöse Individualisierung oder Säkularisierung? Biographie und Gruppe als Bezugspunkte moderner Religiosität, Gütersloh 1996; Michael Krüggeler, Individualisierung und Freiheit, Freiburg/Schweiz 1999; Karl Gabriel, Religio-

der Einfluss des traditionell milieugestützten Modells der Verbindung von Religion und Solidarität geschwächt wird. Die Gläubigen werden nicht mehr in eine sozial gestützte religiöse Lebensform sozialisiert, zu der die Praxis der Hilfe für in Not Geratene wie selbstverständlich gehört. Mit besonderem Gewicht für Rolle und Lebenslauf der Frauen besaßen die konfessionellen Kulturen des 19. und der ersten Hälfte des 20. Jahrhunderts Muster einer selbstverständlichen religiösen Verpflichtung zu diakonisch-sozialem Handeln. In der Diskussion um das alte und neue Ehrenamt mit seinen geschlechtsspezifischen Ausprägungen spiegelt sich der Umbruch deutlich wieder.[12]

Auf tiefgreifende Veränderungen verweist der dramatische Abbruch der Tradition der sozial-caritativen Orden im Katholizismus seit den späten 50er Jahren des letzten Jahrhunderts.[13] Mit der religiösen Individualisierung ist auch eine Individualisierung des religiös motivierten und legitimierten sozialen Engagements verbunden. Die religiöse Individualisierung hat zur Folge, dass die Verbindung von Glauben und gesellschaftsethischem Handeln, die religiöse Fundierung von Solidarität, der Tendenz nach zu einer von den Individuen selbst zu leistenden Aufgabe wird. Christliche Lebensführung, die nicht länger durch Milieu und Kirchenbindung vorbestimmt ist, bleibt jedoch zu ihrer Realisierung auf Anerkennung und Plausibilisierung in sozialen Interaktionszusammenhängen angewiesen. Selbstgewählte religiöse Gruppenbildung kann daher als Reaktion auf die Individualisierung von Religiosität betrachtet werden.

Entsprechend verfolgte die empirische Studie das Ziel, die Formen der Verschränkung von Glaube und entwicklungspolitischem Engagement zu erkunden und paradigmatisch die Gründe für die Nähe oder Ferne zu kirchlichen Strukturen ausfindig zu machen. Es gibt Anzeichen, dass in vielen Gruppen ein Wandel des Selbstverständnisses und der Zielorientierung stattgefunden hat: nämlich von *charity*, d. h. der Hilfe durch bloßes Spendensammeln, zu *justice*, d. h. dem Engagement für Gerechtigkeit. Viele Gruppen vollzogen

---

nen und ihre Stellung zum Staat – eine soziologische Bestandsaufnahme, in: Essener Gespräche zum Thema Staat und Kirche (39), Münster 2005, 11–30.

12 Vgl. Andreas Kampmann-Grünewald, Solidarität oder «Sozialkitt»? Der Strukturwandel freiwilligen gesellschaftlichen Engagements als Herausforderung christlicher Praxis, Mainz 2004, 32–185.

13 Vgl. Karl Gabriel, Caritas angesichts fortschreitender Säkularisierung, in: Erwin Gatz (Hg.), Geschichte des kirchlichen Lebens in den deutschsprachigen Ländern seit dem Ende des 18. Jahrhunderts. Band V: Caritas und soziale Dienste, Freiburg i. Br., Basel, Wien 1997, 438–455.

also den Wandel der Handlungsorientierung mit, der bei den kirchlichen Hilfswerken zu beobachten war und sich in handlungsorientierenden Denkschriften und Aktionsprogrammen niederschlug.

4 Christliche Dritte-Welt-Gruppen: Überblick über die Ergebnisse der Befragung[14]

4.1 Zusammensetzung der befragten Gruppen

Folgende Gruppen bildeten den Untersuchungsgegenstand der quantitativen Befragung:
* christliche Gruppen, die explizit dem katholischen Umfeld angehören (z. B. Verbandsgruppen, Gemeindegruppen);
* allgemein christliche Gruppen, die mit katholischen Organisationen, Institutionen oder Strukturen in Verbindung stehen oder zusammenarbeiten;
* ökumenische Gruppen.

Um einen breiten, bundesweiten (alte Bundesländer) Überblick über den Untersuchungsgegenstand zu erhalten, wurde eine schriftliche Befragung mit weitgehend standardisiertem Fragebogen durchgeführt. Vier Gruppentypen wurden gebildet: Sachausschüsse Mission, Entwicklung, Frieden [MEF] und Gemeindegruppen; Erwachsenenverbandsgruppen; Jugendverbands- und studentische Gruppen; allgemein christliche Gruppen/ökumenische Gruppen. Aus jeder Art von Gruppe wurden jeweils 250 per Zufallsverfahren ausgewählt (1.000 Fragebögen; ca. 50 % Rücklauf).

4.2 Zentrale Ergebnisse der quantitativen Teilstudie

Nähe zu kirchlichen Strukturen

85 % der befragten Gruppen wurden im katholischen Umfeld gegründet, 59 % fühlen sich im engeren Sinne, 31 % im weiteren Sinne diesem Umfeld zugehörig. Das bedeutet, dass 90 % der Gruppen nicht nur zu katholischen

---

14 Der folgende Abschnitt fasst den quantitativen Untersuchungsteil (Nuscheler u. a. [Anm. 1], 35–115) zusammen; siehe auch Karl Gabriel, Christliche Dritte-Welt-Gruppen. Praxis und Selbstverständnis – Die Ergebnisse im Überblick, in: ders., Monika Treber (Anm.1), 9–15.

Strukturen Kontakt halten, sondern sich auch mit ihnen – zumindest partiell – identifizieren.

Zusammensetzung: Generationenübergreifend, vornehmlich weiblich, hohe Bildung

Es zeigt sich, dass Entwicklungsarbeit keine Generationenfrage ist. Die Annahme, dass vor allem junge Leute in Dritte-Welt-Gruppen arbeiten, bestätigte sich nicht. Es sind vor allem die 30- bis 49-Jährigen, die aktiv sind. Ein wichtiges Ergebnis der Untersuchung ist der hohe Anteil der Frauen am Engagement für die Dritte Welt. Im Durchschnitt sind 62 % der Mitglieder der befragten christlichen Dritte-Welt-Gruppen Frauen; in 12 % aller Gruppen stellen sie sogar 100 % der Aktiven. Auch der Bildungsstand stellt einen wichtigen Bestimmungsfaktor für ehrenamtliches Engagement dar. Die Studie ergab, dass unter den Mitgliedern der christlichen Dritte-Welt-Gruppen ein hoher Bildungsstand überwiegt. Insgesamt sind es 9 % der Gruppen, in denen niedrige Abschlüsse überwiegen und 45 % der Gruppen, in denen überwiegend Mitglieder mit hohem Bildungsstand vertreten sind.

Hohe Beständigkeit

Die Studie zeigt in eindrucksvoller Weise, dass die Gruppen sehr beständig sind. Sie sind bereits seit einem beträchtlichen Zeitraum aktiv und überwiegend gut organisiert. Zu Beginn der Untersuchung wurde angenommen, dass in den Gruppen eine hohe Fluktuation herrsche, welche auf die Kontinuität und die Motivation der Arbeit negative Auswirkungen hätte. Was die Selbsteinschätzung der Gruppe betrifft, lässt sich dies nicht bestätigen, denn 75 % gaben an, dass sie die Fluktuation in ihrer Gruppe «gering» einschätzen (gewisse Ausnahme: Jugendverbandsgruppen). Die Gruppen sind auch zuversichtlich, was die Fortdauer ihrer Arbeit betrifft. Für die Stichprobe gilt, dass nur insgesamt 7 % der Gruppen glauben, dass ihr Arbeitskreis über kurz oder lang nicht mehr bestehen wird, weil Mitglieder verloren gehen, z. B. wegen abnehmendem Interesse oder Überalterung. Aus diesen Zahlen lässt sich schließen, dass die Gruppen auch weiterhin eine wichtige Größe in der christlichen Dritte-Welt-Arbeit im katholischen Umfeld darstellen werden.

Selbstständigkeit und Selbstbestimmung als wichtige Grundlage für die Arbeit

Die befragten Gruppen sind in hohem Maße autonom bei der Auswahl ihrer Themen und Aktionen. Die Veröffentlichungen der Hilfswerke stellen nach den Kontakten zu den Partnern in der Dritten Welt die wichtigsten Informationsquellen für die Gruppenarbeit dar. Finanziell sind die Gruppen in hohem Maße unabhängig. Sie finanzieren ihre Arbeit selbst oder mit Erlösen aus Aktionen. Unterstützung von kirchlichen und nicht-kirchlichen Institutionen spielt kaum eine Rolle. 82 % der Gruppen erhalten weder von kirchlichen noch von nicht-kirchlichen Stellen Geld, wobei die Jugendverbandsgruppen eine Ausnahme darstellen.

Arbeitsweise: Bewusstseinsbildung als wichtiges Anliegen

Die Tätigkeitsbereiche und Aktionsformen, die die Gruppen aufgreifen, sind vielfältig. Spendenaufrufe treten inzwischen in ihrer Bedeutung hinter Informationsveranstaltungen zurück. Bildungsarbeit ist bei den meisten Gruppen Bestandteil der Arbeit. Nahezu drei Viertel der Gruppen halten Bewusstseinsbildung *hier* für genauso wichtig wie die konkrete Projektarbeit in der Dritten Welt. Ebenso sind die Partner in den Entwicklungsländern für die Arbeit von zentraler Bedeutung. Nahezu drei Viertel der Gruppen unterhalten Direktkontakte, welche für die Gruppen die wichtigste Informationsquelle darstellen. Dies zeigt, dass eine Verbindung von Projekt- und Bildungsarbeit, womit auch das Lernen von den Partnern gemeint ist, für Entwicklungsarbeit unverzichtbar ist.

Vertrauen zur kirchlichen, Distanz zur staatlichen Entwicklungsarbeit

Die Erhebung ergab, dass sich 81 % der Gruppen von christlichen und 40 % von humanitären Grundsätzen bei ihrer Arbeit leiten lassen. An staatlicher Entwicklungspolitik orientieren sich hingegen nur 2 %! Für *alle* Gruppen gilt, dass die staatliche Entwicklungspolitik kaum Befürworter findet. Dementsprechend glauben uneingeschränkt nur 9 % der Gruppen, dass die derzeitige staatliche Entwicklungspolitik eine Zukunft hat. 34 % glauben, dass sie keine Zukunft hat und 21 % räumen ihr unter bestimmten Bedingungen eine Zukunft ein. Die Bereitschaft zur politischen Einmischung ist allerdings gering: Nur ungefähr ein Viertel der Gruppen zieht auch Konsequenzen aus fehlender Übereinstimmung. Bei dieser teilweise sehr kritischen Beurteilung staatlicher Entwicklungsarbeit ist von Interesse, wie die entwicklungspolitischen Grundsätze der katholischen Kirche von den Gruppen bewertet werden. Für alle Gruppentypen lässt sich feststellen, dass die katholischen Grundsätze weitaus positiver beurteilt werden als die staatliche Entwicklungspolitik. Damit sind die grundlegenden Voraussetzungen für eine Zusammenarbeit mit Gruppen sowohl des engeren als auch des weiteren katholischen Umfelds vorhanden.

Je politischer, desto entfernter vom kirchlichen Umfeld

Es ist zu erkennen, dass in ihrer Arbeitsweise eher politisch orientierte Gruppen nicht ausgesprochen jung sind, so dass man generell sagen könnte, dass die älteren eher Spenden sammeln und die jüngeren «Strukturveränderer» nachwachsen – obwohl in Gruppen mit mehrheitlich älteren Mitgliedern (über 50-Jährige) karitative Aktivitäten überwiegen. Die politische Orientierung wird in hohem Maße vom Bildungsstand, der in den Gruppen vorherrscht, beeinflusst. Aber auch die Nähe zum katholischen Umfeld wirkt sich auf das Ausmaß der politischen Orientierung der Gruppen aus. Je politischer die Gruppen werden, desto mehr entfernen sie sich vom katholischen Umfeld. Bei den Gruppen, die sich nicht dem katholischen Umfeld zugehörig fühlen, ist mehr als die Hälfte politisch orientiert. Am geringsten ist dieser Anteil bei den Gruppen, die sich im engeren Sinne dem katholischen Umfeld zugehörig fühlen.

Wünsche und Anregungen an die katholische Kirche

Bessere Betreuung wünschen sich alle Gruppentypen. An kritischerer Lobby- und Öffentlichkeitsarbeit sind insbesondere die Sachausschüsse interessiert. Sowohl die Jugendverbandsgruppen als auch die ökumenischen/allgemein christlichen Gruppen äußern häufiger den Wunsch nach mehr finanzieller Unterstützung. Dies ist verständlich, denn beide Gruppentypen engagieren sich überdurchschnittlich in der kostspieligeren Inlandsarbeit. Die Sachausschüsse und die ökumenischen Gruppen erwarten häufiger mehr ideelle Unterstützung und Anerkennung.

5 Deutungsmuster christlicher Dritte-Welt-Gruppen[15]

5.1 Anliegen und die methodische Anlage der qualitativen Teilstudie

Im qualitativen Teil der Studie ging es um die Frage, wie christliche Dritte-Welt-Gruppen ihr Handeln deuten und ihm Sinn verleihen. Dazu griff die Untersuchung auf das methodische Instrumentarium der qualitativen Sozial-

---

15 Der folgende Abschnitt gibt einen Überblick über die wichtigsten Ergebnisse des qualitativen Untersuchungsteils, vgl. Franz Nuscheler u. a. (Anm. 1), 117–418; vgl. auch Karl Gabriel (Anm. 14), 15–18; Karl Gabriel, Monika Treber, Deutungsmuster christlicher Dritte-Welt-Gruppen, in: Gabriel, Religiöse Individualisierung (Anm. 11), 173–197.

forschung zurück. Nach der Auswahlmethode des maximalen Kontrasts wurden 10 Gruppen ausgewählt und mit ihnen Gruppendiskussionen durchgeführt. Die Gruppenauswahl und der Extremgruppenvergleich zielten darauf ab, ein Universum von Deutungsmustern christlicher Dritte-Welt-Gruppen abzustecken und systematisch zu untersuchen. Das Gruppendiskussionsverfahren erscheint in besonderer Weise für die Milieuforschung geeignet.[16] Im Anschluss an Karl Mannheim lässt sich ein Milieubegriff gewinnen, der Milieus als gemeinsame, «konjunktive» Erlebnis- und Erfahrungsräume begreift.[17] Theoretisch-methodisch wurde also davon ausgegangen, dass die im Gruppendiskussionsverfahren gewonnenen Deutungsmuster über die Einzelgruppe hinaus auf gemeinsame Erfahrungsräume verweisen. Im Gruppengespräch aktualisieren die Teilnehmer die in ihrem Milieu als einem geteilten Erfahrungsraum geltenden Deutungs- und Orientierungsmuster. Insofern erlaubt die Methode des Gruppendiskussionsverfahrens, einen Blick über die einzelne Gruppe hinaus auf das übergreifende Milieu zu werfen, in dem sich die Orientierungsfiguren herausgebildet haben. Damit wird es auch möglich, die Ebene der Beschreibung der gruppenspezifischen Orientierungsfiguren zu überschreiten und Fragen nach dem Woher der Orientierungen einzubeziehen.

Vor das gemeinsame Problem gestellt, bisherige Sinnmuster umzugestalten und neue Plausibilitäten zu entwickeln, werden in den Gruppen unterschiedliche Lösungen und Orientierungsfiguren erkennbar. Die gruppenprägenden Deutungsmuster kamen in folgenden metaphorischen Originalsätzen am deutlichsten zum Ausdruck:

(1) Mission-Entwicklung-Friedens-Gruppe (MEF): «Sehr viele wollen den Schritt in dieses Neuland» – eines neuen Missionsverständnisses – «nicht mitgehen».

---

16 Ralf Bohnsack, Rekonstruktive Sozialforschung. Einführung in Methodologie und Praxis qualitativer Forschung, Opladen [5]2003.

17 Der von Mannheim herkommende Milieubegriff unterscheidet sich vom politikwissenschaftlichen Milieubegriff insbesondere dadurch, dass er sich primär auf gemeinsame, abgelagerte Erfahrungen und Erlebnisse bezieht, die zu einem geteilten Muster der «Weltanschauung» verarbeitet werden. Gegenüber einem Verständnis, das die Existenz von Milieus an die interaktive Dichte von Gruppen bindet, bietet der Mannheimsche Milieubegriff mit seiner Bezugnahme auf «konjunktive» Erfahrungsräume die Möglichkeit, die Ebene von Kleingruppen zu überschreiten; vgl. Karl Mannheim, Strukturen des Denkens, Frankfurt/Main 1980, 211 ff.

(2) Gemeindepartnerschaft-Gruppe: «Wir wollten praktisch lernen, wie sie aus dem Glauben das ertragen – die Repression da in dem Land».

(3) Missionskreis-Gruppe: «Das wichtigste ist, man lässt uns selbstständig sein».

(4) Laden-Gruppe: «Also die Glaubwürdigkeit liegt dann halt wirklich darin, dass die Leute ehrenamtlich arbeiten».

(5) Kolping-Gruppe: «Man muss halt einfach sagen, es» – das Engagement in einem lateinamerikanischen Land – «ist für uns ein Charisma geworden».

(6) Jugendverband-Gruppe: «Irgendwie verinnerlicht man das und handelt dann vielleicht um so mehr».

(7) Hochschulgemeinde-Solidaritätsgruppe: «Jeder soll seinen adäquaten Kontakt kriegen – infizieren reicht».

(8) Hochschulgemeinde-Aktionsgruppe: «Wir arbeiten eben an der Basis und denke ich erreichen wir eine ganze Menge».

(9) Bildungshaus-Gruppe: «Wir wollten aus unserem Leben spirituell nach außen etwas prägen – und herausgekommen ist Professionalisierung».

(10) Basisgemeinde-Gruppe: «Unser paralleler Weg in die Radikalität».

Typenbildung beruht auf der Herausarbeitung von Differenzen in der Gemeinsamkeit. Die folgende Milieutypik von christlichen Dritte-Welt-Gruppen geht davon aus, dass die Gruppen vor ein gemeinsames Problem gestellt sind. Nachdem die im traditionellen katholischen Milieu enthaltenen Sinndeutungsmuster für Missions- und Entwicklungsarbeit und das entsprechende Modell der Verknüpfung von Glaube und gesellschaftsethischer Praxis ihre selbstverständliche Geltung eingebüßt haben, müssen die Gruppen zur Deutung ihrer Praxis Re- bzw. Neukonstruktionen entwickeln. Wie sie das Problem lösen, unterscheidet die Gruppen voneinander. Aus den Fallanalysen lassen sich drei Typen herausarbeiten, die differierende Lösungsmuster repräsentieren. Sie haben ihren Ort in drei unterschiedlichen Erfahrungsräumen, die nach Nähe und Ferne zum kirchlich-gemeindlichen Binnenmilieu differieren. Ein erster Erfahrungsraum hat sein Zentrum in den gemeindlichen und gemeindenahen verbandlichen Interaktionsprozessen. Ein zweiter Raum hat seinen Schwerpunkt an der Grenze des gemeindlichen Binnenmilieus und ist geprägt durch Entgrenzungs- und Vermittlungsprozesse. Der dritte milieuspezifische Erfahrungsraum liegt jenseits des Gemeindemilieus in einem neu sich bildenden Erfahrungsraum christlicher Bewegungen.

5.2 Deutungsmuster im Milieu der Gemeindenahen

Aus der massenstatistischen Umfrageforschung lassen sich Hinweise entnehmen, dass sich um den regelmäßigen Kirchgang und gemeindenahe Gruppenbildungen ein neues, kirchen- und gemeindenahes Milieu herausgebildet hat.[18] Missions- und Dritte-Welt-Arbeit stellen einen mehr oder weniger selbstverständlichen und unbestrittenen Teil dieses Milieus dar. Drei der von uns im qualitativen Untersuchungsteil erforschten Gruppen – die Kolping-Gruppe (Fall 5), der Missionsstrickkreis (Fall 3) und die MEF-Gruppe (Fall 1) – gehören dem Milieu der Gemeindenahen an und aktualisieren die hier in Geltung befindlichen Orientierungsmuster.[19]

Im Milieu der Gemeindenahen erhält Dritte-Welt-Arbeit Sinn und Plausibilität als sozial-caritatives Hilfehandeln. Die Formel von der «Hilfe zur Selbsthilfe» gibt einen breiten Konsens wieder. Anknüpfend an die Entgrenzung von solidarischen Bezügen, wie sie im klassischen Missionsverständnis enthalten waren, sind im Milieu Muster weltweiter Verantwortung in Geltung. Zum gemeindenahen Christsein gehört – zumindest als Anspruch – die Hilfe für die Fernsten und die Ärmsten dazu. Die Orientierungsfigur des Helfens steht im Milieu der Gemeindenahen allerdings dem Muster der Patenschaft näher als dem der Partnerschaft. Die Beziehung ist einseitig und in einer klaren Rollenverteilung strukturiert. Das Sinnmotiv der Erweiterung der eigenen Erfahrung und des eigenen Lernens und Beschenkt-Werdens im Kontakt mit den Menschen in der Dritten Welt spielt keine Rolle. Ebenso kennt die milieuspezifische Orientierungsfigur der Gemeindenahen nicht das Moment der notwendigen Veränderung des eigenen Bewusstseins und Handelns in den Helfer- und Geberländern. Entsprechend gehört auch die kritische Information über weltwirtschaftliche Zusammenhänge nicht zu Zielsetzungen innerhalb des gemeindenahen Milieus. In den Diskursen der Kolping-Gruppe und des Missionsstrickkreises tauchen die genannten Sinnzusammenhänge nicht auf. Wo die MEF-Gruppe unter dem Stichwort «neues Missionsver-

---

18 Vgl. Ingrid Lukatis, Wolfgang Lukatis, Protestanten, Katholiken und Nicht-Kirchenmitglieder. Ein Vergleich ihrer Wert- und Orientierungsmuster, in: Karl-Fritz Daiber (Hg.), Religion und Konfession, Hannover 1989, 68 ff.

19 Es ist darauf hinzuweisen, dass trotz Übereinstimmungen in den Ergebnistrends zwischen der quantitativen und qualitativen Teilstudie für die qualitative Studie selbstverständlich keine Repräsentativität im üblichen Sinn beansprucht wird. Ihre Gültigkeit beruht auf dem rekonstruktiven Verfahren der dokumentarischen Interpretation und nicht auf massenstatistischen Analyseverfahren.

ständnis» die Einseitigkeit der Hilfebeziehung überwinden möchte, sieht sie sich von der übrigen Gemeinde unverstanden und an den Rand gemeindlicher Plausibilitäten gedrängt. Das gemeindenahe Milieu spiegelt den Erfahrungsraum der Älteren wider und zeigt sich geprägt von konventionellen Lebensformen, wie sie für das traditionelle katholische Milieu typisch waren.[20] Wie das überraschend komplementäre Verhältnis der Kolping-Gruppe und des Missionsstrickkreises zeigen, erfolgt die Gruppenbildung entlang der Merkmale Geschlecht, Alter und geschlechtsspezifisches Arbeitsvermögen. Im Engagement beider Gruppen spielt das Einbringen geschlechtsspezifischer Kompetenzen in die Arbeit für Mission und Dritte Welt eine wichtige Rolle. Das Engagement bietet eine Chance, prekäre und gefährdete Kompetenzen aus der handwerklichen Berufsarbeit und der traditionellen Frauenarbeit vor Entwertung zu schützen. Insofern die Unterstützungsarbeit für die Menschen in der Dritten Welt die Möglichkeit gibt, die handwerklichen Fähigkeiten der Männer und das handarbeiterische Können der Frauen öffentlich zur Geltung zu bringen, gewinnt sie Bedeutung für alters- und geschlechtsspezifische Strategien der Lebensbewältigung. Auf diese lebensweltliche Verankerung dürfte zu einem guten Teil die von Wertkonjunkturen relativ unabhängige Stabilität des Engagements für die Dritte Welt im Milieu der Gemeindenahen zurückzuführen sein.

Die Arbeit für die Dritte Welt ist aber nicht nur eingebunden in die Interessen an der Verteidigung in Frage gestellter, konventioneller Lebenskonzepte. Sie stellt auch ein Feld der Rekonstruktion und Veränderung überkommener Sinnfiguren dar. So zeigen sowohl die Kolping-Gruppe als auch der Missionsstrickkreis die Tendenz zur Entdeckung eines eigenen Charismas. Es handelt sich um ein auf Eigenständigkeit pochendes Laiencharisma, das sich nicht mehr als Ableitung und Ausfluss eines Amtscharismas versteht. Dort, wo man es nicht unbedingt erwartet, beim Missionsstrickkreis der Frauen, spielt das Motiv der Eigenständigkeit eine zentrale Rolle. Die Eigenkontrolle bei der Auswahl der Adressaten der Hilfe und der Mittelverwendung sind aber auch für die Kolping-Gruppe von hoher Bedeutung. An dieser Stelle geraten auch

---

20 Die massenstatistische Milieuforschung, wie sie auf hohem Niveau von den beiden Arbeiten von Gerhard Schulze (Anm. 10), 630 ff. und Michael Vester u. a., Soziale Milieus im gesellschaftlichen Strukturwandel. Zwischen Integration und Ausgrenzung, Köln 1993, 376 repräsentiert wird, verweist auf eine Grenze etwa um die 40 Jahre herum als eine der milieuscheidenden Grenzen. Auch nach den Ergebnissen von Schulze stehen Kirchlichkeit und Religiosität dem Harmonie- und Integrationsmilieu der Älteren näher als den übrigen Milieus (ebd. 660).

die Hilfswerke als sich der Eigenkontrolle entziehende Großorganisationen in den negativen Gegenhorizont der Orientierungsfigur der Gruppen im gemeindenahen Milieu. Mit den Großorganisationen verbindet sich die Vorstellung einer anonymen, unkontrollierbaren, in irgendwelchen Kanälen versickernden Hilfe. Den positiven Gegenhorizont bildet die direkte und gezielte Hilfe an bestimmte Personen und in Projekten, die eine unmittelbare Identifikation ermöglichen. Das in der Missions- und Dritte-Welt-Arbeit entdeckte Laiencharisma ermöglicht die Rekonstruktion gefährdeter Ideale und Sinnhorizonte der Milieutradition. Auf exemplarische Weise rekonstruiert die Kolping-Gruppe das tradierte Verbandsideal und löst damit Probleme der Tradierung und Bestandssicherung der eigenen Gruppe. Was mit Blick auf die überkomplexe Realität der eigenen Gesellschaft nicht mehr ohne weiteres plausibel zu machen ist, lässt sich in symbolisch verdichteter Form am Kinderdorfprojekt der Kolping-Gruppe zur Darstellung bringen. Die offenkundigen Schäden des Gesellschaftslebens lassen sich – dies wird als tragende Vorstellung erkennbar – durch eine ganzheitliche, handwerklich-fachliche wie ethisch-religiöse Bildung und Schaffung eines Mittelstandes beheben. So setzt die Gruppe die Tradition der katholischen Arbeiter- und Handwerkerbewegung als Bildungsbewegung fort. Das Entwicklungsmodell ist das einer nachholenden Entwicklung im Verhältnis von Entwicklungs- und Industrieländern. Wie aus dem christlichen Glauben in der Vergangenheit sozialethisch motivierte Impulse kamen, die frühkapitalistische Klassengesellschaft durch die Schaffung eines Mittelstandes zu überwinden, so können im Prinzip auch die weltgesellschaftlichen Konflikte zwischen Nord und Süd einer Lösung zugeführt werden. Elemente der kirchlichen Sozialverkündigung, die seit dem Paradigmenwechsel kirchlicher Entwicklungspolitik durch die Sozialenzyklika Pauls VI. «Populorum Progressio» die Notwendigkeit tiefgreifender Veränderungen auch innerhalb der entwickelten Länder betonen, liegen außerhalb des erkennbar werdenden entwicklungspolitischen Sinnhorizonts im gemeindenahen Milieu. Ohne lebensweltliche Verankerung hat ihre Rezeption nur geringe Chancen:

Fördert die Dritte-Welt-Arbeit im gemeindenahen Milieu in der männlich geprägten Kolping-Gruppe die Rekonstruktion des traditionellen Kolping-Ideals, so stützt sie im weiblich überformten Milieu des Missionsstrickkreises die Ausbildung und Stabilisierung selbstständiger Formen einer religiös-rituellen Praxis. Der Priestermangel zwingt die Frauen ein Stück weit dazu, ihre alltagsbezogenen religiös-rituellen Bedürfnisse selbst in die Hand zu nehmen. Gleichzeitig bietet die Situation aber auch die Chance, einem eigenständigen religiösen Laiencharisma rituell Ausdruck zu verleihen.

Die MEF-Gruppe aktualisiert das Milieu der Gemeindenahen in der Form der Ambivalenz. Ihre enge Anbindung und Anlehnung an das Amt erschwert die Ausbildung von Formen und Elementen eines eigenständigen Laiencharismas. Trotz des für die Gruppe zentralen Motivkomplexes «neues Missionsverständnis» versteht sie sich vom Amtscharisma her und fühlt sich von ihm vernachlässigt. Wo sie sich im Rahmen der traditionellen Hilfe-Programmatik bewegt, erfährt sie Erfolg und Anerkennung in der Gemeinde und erlebt ihre Sternstunden. Wo sie in das Milieu der Gemeindenahen ein weltkirchliches, multikulturelles, den traditionellen Eurozentrismus überschreitendes Missionsverständnis vermitteln möchte, sieht sie sich erfolglos und an den Rand des gemeindlichen Sinnhorizonts gedrängt. So erlaubt die Orientierungsfigur der MEF-Gruppe einen spezifischen Blick auf Chancen und Grenzen von Missions- und Dritte-Welt-Arbeit im Milieu der Gemeindenahen. An den Rand der Gemeinde gedrängt, tauchen im Diskurs der MEF-Gruppe schon Elemente auf, die auf einen anderen milieuspezifischen Erfahrungsraum verweisen, der sich am Rande des Milieus der Gemeindenahen konstituiert hat.

5.3 Deutungsmuster von Solidarität im Grenz-Milieu

Die Orientierungsmuster von gemeindebezogenen, «kritischen» Dritte-Welt-Gruppen bieten einen Zugang zu Erfahrungsräumen, die sich am Rande und im Konflikt mit dem Milieu der Gemeindenahen herausgebildet haben. Zwei der untersuchten Gruppen lassen die Verankerung in einem Erfahrungsraum am Rande und an der Grenze des Milieus der Gemeindenahen erkennen. Sie erlauben einen Blick in einen Milieuzusammenhang, für den der Begriff «Entgrenzungsmilieu» eingeführt wird. Sowohl die Jugendverbandsgruppe (Fall 6) als auch die Gemeindepartnerschafts-Gruppe (Fall 2) kommen aus dem Gemeindemilieu, nehmen mit ihrer Dritte-Welt-Arbeit reflektierte Grenzpositionen am Rande der Gemeinde ein und bleiben mit einer wichtigen Dimension ihres Handelns auf das Gemeindemilieu im Sinne einer Praxis der Entgrenzung bezogen.

Was lässt sich über den geteilten Sinnhorizont der «Clowns» und «kleinen Propheten» – wie sich die Gruppen selbst stilisieren – am Rande der Gemeinden sagen? Was kennzeichnet ihre Orientierungsfigur von Dritte-Welt-Arbeit? In Differenz zum Milieu der Gemeindenahen bekommt in diesem Milieu Dritte-Welt-Arbeit Sinn erst jenseits einer einseitig strukturierten Hilfebeziehung. Patenschaftliche Beziehungen und eine auf das Aufbringen von Spenden beschränkte und konzentrierte Unterstützungspraxis für die Menschen in der Dritten Welt bilden einen negativen Gegenhorizont der Orientierungsfigur. In einem weiteren Punkt stoßen die Sinnfiguren des Dritte-Welt-Engagements in den beiden Milieus scharf aufeinander: das Engagement schließt konstitutiv einen kritischen Blick auf die eigene Gesellschaft mit ein. Die Notsituation in den Ländern der Dritten Welt wird in Zusammenhang mit Struktur- und Konfliktbeziehungen zwischen Erster und Dritter Welt und innerhalb der eigenen Gesellschaft gebracht.

In der Dritte-Welt-Arbeit geht es im Rahmen dieser Orientierungsfigur immer auch um Aufklärung und Bewusstseinsveränderung im eigenen Land. In dem von Harmonie- und Integrationsvorstellungen geprägten Milieu der Gemeindenahen trifft die Orientierungsfigur der Engagierten am Rande auf Unverständnis und Tendenzen der Abwehr. Innerhalb der lebensweltlichen Plausibilitäten der Gemeindenahen findet die Orientierungsfigur der kritischen Gruppen keine Anhaltspunkte. Entsprechend schwierig gestaltet sich die auf «Entgrenzung» gerichtete Praxis der Gruppen. Sie erleben ihre gemeindliche Bezugswelt als schwierig zugänglich, desinteressiert und wenig unterstützungsbereit. Für die Verarbeitung der Distanz- und Entfremdungserfahrungen gegenüber dem gemeindlichen Milieu spielt die Erfahrung von Zusammenhalt und Solidarität in der Eigengruppe eine wichtige Rolle. Als Gegengewicht suchen die Gruppen auch Bestätigung in Räumen, die über den Rahmen der Kirchengemeinde hinausgehen. Kooperationen und Zusammenschlüsse mit anderen in der Dritte-Welt-Arbeit engagierten Gruppen in der lokalen Öffentlichkeit kompensieren die mangelnde Resonanz im Milieu der Gemeindenahen.

Im Unterschied zu den Gruppen im Gemeindemilieu wählen die Gruppen im Entgrenzungsmilieu ihre Projekte auf einem Markt der möglichen Engagements aus. Auf diesem Markt haben die als kirchlich identifizierten Projekte weder eine Monopol- noch eine Vorrangstellung. Sie gelten als zur Auswahl verfügbare Angebote wie andere auch. Wie der Gruppendiskurs in beiden Gruppen des Entgrenzungsmilieus zeigt, entwickeln die Gruppen eigene Kriterien für die Projektauswahl. Im Diskurs der Jugendverbandsgruppe wird deutlich, dass übergreifende kirchenpolitische Erfahrungen und Einschätzungen die Marktchancen der kirchlichen Werke auf diesem Markt erschweren und beeinträchtigen können.

Die Jugendverbandsgruppe verweist auf eine spezifische soziale Basis der Gruppen im Entgrenzungsmilieu. Die kirchliche Jugend- und Jugendverbandsarbeit erscheint als ein wichtiges Interaktionsfeld für die Ausbildung des

Entgrenzungsmilieus. Kirchlich orientierten Jugendlichen mit einem höheren Bildungsniveau ermöglicht das Dritte-Welt-Engagement, sich im Übergang ins Erwachsenenalter vom Herkunftsmilieu schrittweise zu lösen und Formen einer selbstgewählten und selbstbestimmten religiös-ethischen Praxis zu entwickeln. Die Herkunftsgemeinde mit ihrem gemeindenahen Milieu bleibt einerseits als Bezugs- und Zurechnungspunkt von außen auch in der Phase des bis ins dritte Lebensjahrzehnt ausgedehnten Jugendalters erhalten. Andererseits ermöglicht der Gruppenzusammenschluss und das Gruppenhandeln Formen religiöser Selbstsozialisation in einer Phase der Lebensgeschichte, in der die Distanz zur kirchlichen Religion am größten ist.

Im Grenz-Milieu ist eine Tendenz zur Suche nach eigenständigen religiösen Deutungen des entwicklungspolitischen Handelns zu beobachten. Die im Gemeindemilieu dominierende Religions- und Glaubenspraxis wird als unbefriedigend erfahren. Eine von den übrigen Lebenszusammenhängen, insbesondere aber auch vom öffentlichen, politischen Handeln isolierte und abgetrennte Praxis des Glaubens als Erfüllung kirchlicher Rollenanforderungen stellt den negativen Gegenhorizont der eigenen Orientierungsfigur dar. Den positiven Gegenhorizont bildet eine Verschränkung von Glauben und Leben, von entwicklungspolitischer Praxis und religiöser Deutung. Die Gemeinde-Partnerschaftsgruppe macht ihren positiven Gegenhorizont eines integrativen Glaubens an der Praxis von Glaubensreflexion und Gottesdienstfeier ihrer religiös und politisch verfolgten Partnergemeinde in Mittelamerika fest. Durch die «anrührende» Vermittlung dieses authentischen Charismas erhofft sie sich Schritte der Entgrenzung des hiesigen Gemeindemilieus. Sie selbst kann ihre zum Gemeindemilieu alternative religiös-politische Praxis durchhalten, weil sie über eine am «Modell Basisgemeinde» gewonnene Utopie von Gemeinde verfügt. So löst sie über ihren Kontakt zur Partnergemeinde zentrale eigene Orientierungs- und Handlungsprobleme.

In beiden Gruppen des Entgrenzungsmilieus trägt die Verbindung von Glaube und gesellschaftsethischem Handeln Züge einer persönlichen Glaubenserfahrung. In der Jugendverbandsgruppe tritt das gesellschaftsethische Engagement als unmittelbarer Ausdruck eines verinnerlichten christlichen Glaubens teilweise an die Stelle der früher geübten herkömmlichen kirchlichen Religionspraxis. Die Verinnerlichung erlaubt das Überschreiten der Milieugrenzen und die Teilnahme an einem gesellschaftsethischen Engagement im plural strukturierten Raum der lokalen Öffentlichkeit. Das Christliche dieser Praxis identifiziert sich nicht über Enzykliken oder sonstige kirchliche Weisungen, sondern als direkt mit biblisch-christlichen Motiven in Verbindung gebrachte Praxis der Gerechtigkeit. Das Modell einer Doppelmitgliedschaft zeichnet sich ab. Die Teilhabe an der zwar nicht mehr konfessionell-katholischen, aber christlichen Gruppe dient als Medium der Vergewisserung einer christlichen Herkunft und Identität. Als Praxis der Gerechtigkeit hat der Glaube aber auch seinen angemessenen Ort in der lokalen, plural zusammengesetzten Initiative für das Projektland, was gleichzeitig die Handlungsmöglichkeiten für eine effiziente entwicklungspolitische Praxis erheblich erweitert. Zwischen dem Milieu der Gemeindenahen und dem christlichen Bewegungsmilieu angesiedelt, verweisen beide Gruppen schon auf den Erfahrungsraum sozialer Bewegungen, den die übrigen Gruppen der Studie in ihrem Diskurs aktualisieren.

5.4 Christliche Inspiration und solidarische Praxis im Bewegungsmilieu

Die Rekonstruktionsprozesse christlich-konfessioneller Solidaritätspraxis spielen sich nicht nur im und am Rand des gemeindlichen Binnenmilieus ab, sondern auch in einem Raum christlich inspirierter Gruppenbildungen, die – ohne Bezug zum Binnenmilieu – zu den neuen sozialen Bewegungen gerechnet werden können. Fünf der von uns untersuchten Gruppen aktualisieren in ihrem Diskursverlauf Elemente eines bewegungsbezogenen Erfahrungsraums mit christlichem Hintergrund. Während die Bildungshaus-Gruppe (Fall 9) und die Basisgemeinde-Gruppe (Fall 10) ihre Wurzeln im Bewegungsaufbruch der siebziger Jahre haben, stammen die beiden Hochschulgemeinde-Gruppen (Fall 7 und 8) und die Ladengruppe (Fall 4) aus den achtziger Jahren.

Welche Gemeinsamkeiten – so soll zunächst gefragt werden – weist die Orientierungsfigur der Gruppen des Bewegungsmilieus auf, die es erlauben, die Gruppen einem spezifischen Milieu zuzuordnen? Allen Gruppen ist gemeinsam, dass sie die gegenwärtigen gesellschaftlichen Verhältnisse für ungerecht halten und als Herausforderung für eine grundlegende gesellschaftliche Veränderung betrachten. Die Vorstellungen von Unrechtsstrukturen beschränken sich nicht auf Ungleichheit, Armut und Not in den Ländern der Dritten Welt, sondern richten sich an zentraler Stelle auf die Beziehungen zwischen den Industrieländern und den Entwicklungsländern sowie auf die gesellschaftliche Situation im eigenen Land. Allen Gruppen gemeinsam ist auch, dass sie für ihre an gesellschaftlicher Veränderung orientierte Praxis die formellen politischen Institutionen und Handlungsformen überschreiten und eine Nähe zu erweiterten, alternativen Formen von Politik und politischem Protest aufweisen. Dies gilt auch für die kirchenamtlich bereitgehaltenen Formen der Einflussnahme auf den Bereich der formellen Politik.

Die Gruppen aktualisieren in ihren Diskursen eine gemeinsame Wegrichtung, die sie hinter sich haben. Sie artikulieren einen Weg vom Innenraum kirchlicher Sozialzusammenhänge nach außen in die Gesellschaft hinein. Dieser Weg hat inzwischen ein Stadium erreicht, in dem das Milieu der Gemeindenahen nicht mehr als Adressat der Veränderung und Bekehrung auftaucht. Hier liegt die primäre Differenz zu den Gruppen im Entgrenzungsmilieu. Bezugspunkt des Handelns ist stattdessen die gesellschaftliche Öffentlichkeit, in der man Veränderungen herbeiführen möchte. Gleichzeitig wechselt tendenziell die eigene Verortung von einer Gruppe im oder am Rande des kirchlichen Milieus zu einer Initiative im Netz zivilgesellschaftlicher, entwicklungspolitischer Gruppen.

Die Gruppen teilen eine Orientierungsfigur, die ein Transzendieren der konventionellen Grenzen zwischen den segmentierten Lebensbereichen hochdifferenzierter Gesellschaften erlaubt. Die Entdifferenzierung betrifft vornehmlich die Grenzen zwischen Privatheit und Öffentlichkeit, zwischen Alltag und Politik, sowie nicht zuletzt zwischen Religion und Politik. Die Gruppen greifen mehr oder weniger explizit zur Orientierung, Motivation und Legitimation ihrer entdifferenzierenden Praxis auf das Christentum als religiöse Inspiration zurück. Die Vorstellung weltweiter Gerechtigkeit als zentraler Bezugspunkt der Orientierung übersteigt die rein politische Dimension und weist religiöse Momente auf. Inspirierend und motivierend für die Praxis der Entdifferenzierung wirkt das Beispiel der basisgemeindlichen Zusammenschlüsse in der Dritten Welt. Befreiungstheologische Argumentationsmuster in ihrer Mischung von sozialwissenschaftlicher Analyse, ethischer Bewertung und religiöser Deutung werden zur Orientierung und Legitimation herangezogen. Ein gemeinsamer Ort der Kristallisation der Orientierungsfigur ist eine Utopie von Kirche. Die Selbstverortung als Gruppen, die eine Praxis aufweisen, die eigentlich die Kirche leisten müsste, spielt eine erkennbare Rolle. Gegenüber der Utopie einer diakonischen Kirche der Armen gerät die institutionelle Ausprägung der real existierenden Amtskirche in den negativen Gegenhorizont der eigenen christlichen Inspiration.

Während insgesamt Elemente eines christlich-religiös motivierten Ganzheitsdenkens und holistischer Deutungsmuster zur Überwindung der Segmentierung modernisierter Lebens- und Bewusstseinsformen erkennbar sind, spielt das Moment apokalyptischer und eschatologischer Orientierungsmuster nur eine geringe Rolle.[21] Bei aller Fundamentaldistanz zu ihrer als kapitalistisch und individualistisch charakterisierten Umwelt versteht sich trotzdem auch die Basisgemeinde-Gruppe als «weltdistanzierteste» aller untersuchten Gruppen nicht als Prophetin des baldigen Untergangs einer verlorenen Welt. Bedeutsam dagegen ist das verbreitete Bild der konkreten, kleinen Schritte der Veränderung auf einem langen Weg, dessen Ende nicht abzusehen ist. Wenig Platz hat in der Orientierungsfigur der Gruppen auch das Sinnmotiv einer asketischen Lebensführung.[22] In den Vordergrund tritt stattdessen das Motiv des dichten Erlebnisses.

Das Erlebnis der Gemeinsamkeit im Gruppengeschehen spielt in fast allen Gruppen eine wichtige Rolle. Hinzu kommen Erlebnisformen alternativen, selbstbestimmten Arbeitens (Ladengruppe), der dichten, Spaß machenden Aktion im Raum der Öffentlichkeit (Hochschulgemeinde-Aktionsgruppe) und des herausfordernden Kontakts mit der fremden Kultur (Hochschulgemeinde-Ländergruppe). Das Erlebnismoment markiert eine deutliche Differenz zwischen den jüngeren, aus den achtziger Jahren stammenden Gruppen und den beiden Gruppen, die mit ihrer Gründungsphase in die siebziger Jahre hineinreichen. Hier nimmt die religiöse oder theologisch-sozialwissenschaftliche Reflexion die Stelle des Erlebnishaften in den jüngeren Gruppen ein. Während die Gruppen aus den siebziger Jahren sich stärker an eine «große Utopie» gebunden zeigen, wird in den Gruppen aus den achtziger Jahren erkennbar, dass die utopischen Entwürfe ihrer Vorgänger verblasst sind.

Ein Vergleich zwischen der Basisgemeinde-Gruppe und den übrigen Gruppen macht auf zwei differierende Tendenzen im Bewegungsmilieu aufmerksam. Als einzige entwickelt die Basisgemeinde-Gruppe eine Orientierungsfigur, die sich als «gegenmodernisierend» kennzeichnen lässt.[23] An zwei Punkten kommt dies am deutlichsten zum Ausdruck: Zum einen ist der reli-

---

21 Insofern lassen sich die Vermutungen von Volkhard Krech, Politischer Protest mit spirituellen Mitteln. Überlegungen zur Funktion religiöser Symbole in der politischen Kultur von neuen sozialen Bewegungen, in: Forschungsjournal Neue Soziale Bewegungen 3–4 (1993), 79 ff. über religiöse Elemente in der politischen Kultur sozialer Bewegungen an unserem Material nicht bestätigen. Er spricht von einer «apokalyptischen Grundhaltung» (81) in den neuen sozialen Bewegungen.

22 Gabriela B. Christmann kommt hier mit Bezug auf religiöse Aspekte in der Sinnwelt der von ihr untersuchten Ökologiegruppen zu einem anderen Ergebnis, vgl. dies., Wissenschaftlichkeit und Religion: Über die Janusköpfigkeit der Sinnwelt von Umwelt- und Naturschützern, in: Zeitschrift für Soziologie 21 (1992), 206 ff.

23 Die Perspektive einer gegenmodernisierenden Religiosität ist hier im Anschluss an Überlegungen von Ulrich Beck zu Phänomenen der Gegenmodernisierung entwickelt,

giös geprägte Diskurs in der Gruppe darauf gerichtet, Ambivalenzen aus-
zuschalten und absolute Sicherheit auf dem Weg der Gruppe als «Kontrast-
gesellschaft» zu erringen. Die Gruppe hält eine totalisierende, kollektive Identität als Mitglied der lebensgemeinschaftlich strukturierten Basisgemeinde
bereit und markiert sie religiös und rituell. Zum zweiten erhält im religiösen
Diskurs der Gruppe das individuell-biographische Element keine Artikulation. Der Diskurs bewegt sich vollständig auf der Ebene der Artikulation einer
Sinnsuche und religiösen Sinninterpretation als Gruppengemeinschaft bzw.
-kollektiv.

Im Kontrast dazu lassen sich die Orientierungsfiguren der übrigen Gruppen als modernisierend charakterisieren. Sie zeigen eine hohe Offenheit für
Ambivalenzen und artikulieren in ihren Diskursen Unsicherheit und Ratlosig-
keit. Die religiösen Orientierungen dienen eher zum Offenhalten und Ertragen von Alternativen und Unsicherheiten als zu ihrer Beseitigung. In einigen
Gruppen greift man auf das religiöse Ritual zurück, um Gemeinsamkeit trotz
Offenheit und Differenz zu artikulieren. Die religiöse Dimension des gesellschaftsethischen Engagements – dies ist die zweite Komponente von Modernität – kommt primär auf der Ebene individuell-biographischer Entscheidungen zum Ausdruck und nicht auf der Ebene des Gruppenkollektivs. Die
Gruppe bietet möglicherweise – aber auch nicht in allen Gruppen – einen
Verständigungsraum der eigenen biographisch bestimmten religiösen Selbst-
bindungsentwürfe und -entscheidungen. Gegen kollektive Selbstfestlegungen
im Religiösen artikulieren die Gruppen Distanz und Unbehagen. Der generalisierte Rahmen christlicher Inspiration, der als geteilte Orientierungsfigur erkennbar wird, ist so weit und offen, dass er genügend Raum lässt für individuelle und biographische Deutungen und Respezifizierungen. Die Gruppen
zeigen sich damit einem Niveau an strukturell bedingter Individualisierung
angepasst, wie sie die vielfältigen, pluralen, widersprüchlichen Lebensbedingungen in der entfalteten, radikalisierten Moderne verlangen. Aus ihnen hat
sich die Basisgemeinde-Gruppe zurückgezogen und setzt auf das prophetische
Zeugnis einer alternativen, gemeinschaftlichen Lebensexistenz.

---

vgl. ders., Die Erfindung des Politischen. Zu einer Theorie reflexiver Modernisierung,
Frankfurt/Main 1993, 99 ff.

6   Konsequenzen für das Verständnis von Solidarität

Theoretischer Ausgangspunkt der Studie war die These einer Transformation von Solidarität in drei Hauptdimensionen: zum einen in der Dimension der Reichweite der Solidarität («Entgrenzungsthese»), zum zweiten in der Dimension der sozialen Strukturierung der Solidarität («Auswahlthese») und drittens in der Dimension der religiösen Legitimation der Solidarität im Kontext des kirchlich-christlichen Engagements («Pluralisierungsthese»). Für alle drei Dimensionen des Wandels der Solidarität lassen sich im empirischen Material der Studie so viele Anhaltspunkte finden, dass sie als «bestätigt» gelten können.[24] Die Grenzüberschreitung bisheriger Limitierungen von Verantwortung für andere lassen sich in allen Gruppen ausmachen. Implizit oder explizit gehen die Mitglieder der Gruppen davon aus, dass alle Menschen ein Recht auf ein menschenwürdiges Leben besitzen, dass sie für sich selbst weitgehend eingelöst, bei den Adressaten ihres Solidaritätsengagements aber verletzt bzw. gefährdet sehen. Aus dieser Situation leiten sie die Verpflichtung ab, einen Beitrag zur Realisierung dieses als universal geltend gedachten Rechts zu leisten. Allerdings wurde nur wenig von dem erkennbar, was man sinnvollerweise als «Zwangssolidarität» kennzeichnen könnte. Wenn überhaupt, so ließ sich das Bewusstsein, einer weltweiten Risikogemeinschaft anzugehören, die zur wechselseitigen Solidarität verpflichte, «weil es jeden treffen könne», nur in Spuren beobachten.

Breite Bestätigung lässt sich für die «Auswahlthese» aus dem Material gewinnen. Alle Gruppen wählen aus Alternativen möglicher Solidaritäten aus und nutzen die Selektivität des Engagements zur spezifischen Sinngebung und Motivation. Für den größten Teil der Gruppen gehört die eigene «Auswahl» und die Prüfung der Sinnhaftigkeit des Engagements angesichts verfügbarer Alternativen zu den Selbstverständlichkeiten ihres Solidaritätshandelns. Ein Teil der gemeindenahen Gruppen sieht sich herausgefordert, die Autonomie in der Auswahl gegen Eingriffe von Außen zu verteidigen. Dabei bildet das Motiv der Wahrung der Gruppenautonomie eine zusätzliche Quelle und Ressource des Solidaritätshandelns. Im Extremfall kann sich eine Gruppe aber auch durch das Schicksal ihrer Partner so in die Pflicht genommen fühlen, dass der Aspekt der Auswahl aus dem Bewusstsein schwindet und der Einsatz

---

24 «Bestätigung» hier nicht verstanden im Sinne eines hypothesen-testenden Verfahrens, sondern im Sinne einer verstärkten Plausibilisierung und Verdeutlichung eines vermuteten Sinnzusammenhangs.

für die gefährdeten Anderen ein Moment der Zwanghaftigkeit annimmt. Für die einzelnen bildet die Zugehörigkeit zur und die Anerkennung und Bestätigung in der Gruppe ein wichtiges Motiv, das Solidaritätsengagement aufzunehmen und auch unter Widerständen und Enttäuschungen beizubehalten. Der Gruppenzusammenhalt nimmt damit modellhaft etwas von dem voraus, was sich die Engagierten für eine solidarische Gemeinschaft aller Menschen wünschen.

Wie ausgeprägt auch immer man die innere Pluralität schon im herkömmlichen katholischen Milieu einschätzt, die Studie belegt auf anschauliche Weise, dass die Dritte-Welt-Gruppen im kirchlichen Kontext zur Legitimation ihres Handelns nicht allein und nicht vornehmlich auf ein kirchlich definiertes, in den päpstlichen Entwicklungsenzykliken festgelegtes gemeinsames Ethos zurückgreifen. Sie schätzen zwar das formell formulierte kirchliche Ethos in Entwicklungsfragen überraschend hoch ein, besitzen aber nur geringe Kenntnisse über seine Inhalte. Der Bezug auf biblische Motive spielt in allen Gruppen eine größere Rolle als der Rückgriff auf die katholische Soziallehre. Ihr Handeln zeigt sich geprägt vom Bewusstsein der Gottebenbildlichkeit aller Menschen, das die selbstverständliche Grundlage für die Solidaritätsverpflichtung gegenüber allen Menschen darstellt. Sie gehen davon aus, dass die Güter der Erde primär dafür da sind, allen Menschen ein Leben in der Würde der Gottebenbildlichkeit zu ermöglichen. Die universale Solidaritätsverpflichtung gilt in der Orientierung der Gruppen vorrangig den Menschen, deren Menschenwürde erkennbar verletzt und gefährdet erscheint. Sie selbst sehen sich als die Verpflichteten des Rechts auf Solidarität, das sie allen zusprechen, die Menschenantlitz tragen. Ihre Glaubensüberzeugung wie ihre als privilegiert eingeschätzte Situation als Mitglieder der Staaten des reichen Nordens machen sie in ihren Augen zu Verpflichteten, die ihre Verantwortung auf niemand anderen abschieben können. Diese häufig implizit bleibende Grundüberzeugung erhält in den sich deutlich unterscheidenden milieuspezifischen Erfahrungsräumen, aus denen die Gruppen kommen und in deren Sinnhorizont sie agieren, differierende Ausprägungen. Bleiben sie bei den einen an einen asymmetrischen, paternalistischen Grundzug gebunden, so suchen die anderen die Asymmetrie der einseitigen Hilfebeziehung in den Hintergrund zu rücken und durch die Orientierung an der utopischen Hoffnung auf eine künftige symmetrische Menschheitsgemeinschaft zu erweitern.

Die Erhebungsphase der Studie liegt heute mehr als zehn Jahre zurück. In der Zwischenzeit haben sich weit reichende Veränderungen auch auf dem Feld des freiwilligen gesellschaftlichen Engagements ergeben.[25] Die rekonstruktive Sozialforschung mit ihrem Zugang zu den Tiefenstrukturen der Milieus reicht aber über die Oberflächenphänomene hinaus. Es kann davon ausgegangen werden, dass sich «konjunktive» Erfahrungsräume nur allmählich verändern und in ihren Tiefenstrukturen stärker kontinuieren als an ihrer Oberfläche. Es ist deshalb zu erwarten, dass die Ergebnisse des qualitativen Teils ihre Gültigkeit weitgehend behalten haben.

---

25 Einen guten Überblick über die neuere Forschungslage bietet Kampmann-Grünewald (Anm. 12), 32–185.

Solidarität im Spannungsfeld
von Eigen- und Gemeinwohlinteresse

Christel Gärtner, Frankfurt/Main

Im Anschluss an die Dritte-Welt-Studie[1], die Karl Gabriel in diesem Band vorstellt, erforschte die diesem Beitrag zugrunde liegende Fortsetzungsstudie das wissenschaftlich bis dahin noch wenig untersuchte Feld katholisch getragener bzw. verankerter Mittel- und Osteuropagruppen. Nachdem «Renovabis», das 1993 gegründete katholische Hilfswerk für Mittel- und Osteuropa, Interesse an einer quantitativ und qualitativ vorgehenden Untersuchung der Solidaritätspraxis mit Mittel- und Osteuropa geäußert hatte, wurde dieses 1999 in einem zweijährigen Forschungsprojekt im Auftrag der Wissenschaftlichen Arbeitsgruppe der Kommission für weltkirchliche Aufgaben der Deutschen Bischofskonferenz aufgegriffen und realisiert.[2]

Ziel des quantitativen Teilprojektes war es, einen möglichst breiten und differenzierten Überblick über das Spektrum christlich inspirierter Gruppen zu geben, die sich von Deutschland aus für Menschen aus mittel- und osteuropäischen Ländern engagieren. Auf der Basis der Untersuchung von Sozialstruktur, Rekrutierungsbasis, Organisations- und Aktionsformen, Kompetenzvermittlung und Anbindung an kirchliche Strukturen wurden die soziale Zusammensetzung der Gruppen sowie deren vorrangig verfolgte Praxisformen ermittelt. Das qualitative Teilprojekt ging mit Hilfe von Gruppendiskussionen der Frage nach, wie die Mitglieder von christlichen Mittel- und Osteuropa-Solidaritätsgruppen ihrem Engagement Sinn verleihen und welchen Stellenwert Motive christlicher Glaubenspraxis und religiöser Sinndeutung für ihr soziales Engagement in Mittel- und Osteuropa besitzen. Während die quantitative Teilstudie also eine Bestandsaufnahme der Gruppen

---

1 Franz Nuscheler, Karl Gabriel, Sabine Keller, Monika Treber, Christliche Dritte-Welt-Gruppen. Praxis und Selbstverständnis, Mainz 1995.
2 Karl Gabriel, Christel Gärtner, Maria-Theresia Münch, Peter Schönhöffer, Solidarität mit Osteuropa. Praxis und Selbstverständnis christlicher Mittel- und Osteuropagruppen. Teil 1: Theoretische Vorüberlegungen und Befragungsergebnisse; Teil 2: Motive christlichen Solidaritätshandelns, Mainz 2002.

leistet und vor allem über die Konstellationen und Bezugspunkte, in denen die Arbeit abläuft, Aufschluss gibt, steht im Mittelpunkt der qualitativen Studie die Frage, was Christen unter den Bedingungen zunehmender Säkularisierung und Pluralisierung motiviert, sich für Menschen in Mittel- und Osteuropa einzusetzen.

Dieses zentrale Erkenntnisziel unserer Mittel- und Osteuropastudie, die Motive solidarischen Handelns, werde ich im Folgenden aufgreifen.[3] Dabei werde ich zunächst die allgemeinen Ergebnisse präsentieren und diese dann hinsichtlich der generationen- und altersspezifischen Motive des Engagements differenzieren. Abschließend werde ich, ausgehend von den Jugendgruppen unserer Untersuchung, einen Begriff von Solidarität entfalten, der die Spannung von Eigeninteresse und Gemeinwohl einschließt.

1   Motivstrukturen solidarischen Handelns

Die Auswertung der Befragung ergab, dass die Gruppen sich in ihrem Engagement vor allem von «Impulsen aus dem Evangelium» leiten lassen; dem folgen «humanitäre Grundsätze» und das «Interesse am Zusammenwachsen Europas». Der Bezug auf die «katholische Soziallehre» als mögliche Leitperspektive spielt demgegenüber eine eher untergeordnete Rolle.[4]

Anhand der Gruppendiskussionen haben wir diese Klassifizierung spezifizieren und zudem eine Reihe weiterer Bedingungen rekonstruieren können, die ein Engagement tragen und fördern oder auch verhindern oder erschweren. Wir haben es häufig mit einem Bündel von Motiven zu tun, die sich auch im Laufe eines Engagements ändern können. Beispielsweise können die Vergemeinschaftung in der Gruppe oder die Wirkung der Gruppenaktivitäten auf das Gemeindeleben dazu führen, weiterzumachen. Umgekehrt ist eine Gruppe zur Aufrechterhaltung des Engagements auch auf Anerkennung aus der Gemeinde angewiesen: Resonanz kann zur Motivationssteigerung führen; wenn sie ausbleibt, kann es demotivierend sein. Zudem, so hat sich gezeigt, ist eine charismatische oder wenigstens engagierte Person (sei es der Pfarrer oder

---

3   Da der Auftraggeber der Studie, «Renovabis», primär ein praktisches Interesse hatte, beziehen sich in der quantitativen Erhebung (Teil 1) nur 4 Fragen (1, 49, 50, 51) auf Interesse, Ziel und Beweggründe. Von daher basiert ein großer Teil der Erkenntnisse zum Motiv für Solidaritätshandeln auf der Rekonstruktion der Gruppendiskussionen (Teil 2).

4   Gabriel u. a. (Anm. 1) Teil 1, 233.

ein Mitglied der Gruppe), die das Engagement initiiert und (mit)trägt, wichtig. Auch engagierte Einzelpersonen verfügen häufig über ein Charisma, das es ihnen ermöglicht, Helfer für Hilfstransporte zu rekrutieren. Letztere sind in der Regel Personen, die gerne helfen, sich aber überfordert fühlen, wenn sie die Verantwortung tragen müssen.

Im Laufe eines Projektes gewinnen Personen an Kompetenz und Knowhow im Organisieren und erweitern häufig ihre Kenntnisse über das Land der Partner. Diese Art der «Professionalität» ist nicht selten für die Weiterführung des Engagements ausschlaggebend. Auch das Gegenüber, also der Empfänger der Solidarität, ist wichtig, denn ein entscheidender Faktor, der zur Dauerhaftigkeit eines Engagements beiträgt, ist die Entwicklung einer konkreten Beziehung, also die Entstehung einer Partnerschaft, die über die bloß materielle Unterstützung hinausgeht. Im Unterschied zum Dritte-Welt-Engagement sind die Menschen in Osteuropa bis auf wenige Ausnahmen faktische Nachbarn, wodurch konkrete Beziehungen zwischen den Gemeinden erst ermöglicht werden. Das kann sowohl förderlich als auch hinderlich sein, weil Beziehungen immer eine Praxis darstellen, also mit Folgen verbunden sind. Im extremen Fall führt ein Missverstehen zum Abbruch von Beziehungen. In vielen Fällen entsteht jedoch eine symmetrische Beziehung, in der Geben und Nehmen ausgeglichen sind: Die Gruppen geben zunächst materielle Güter und erfahren als Gegengabe häufig eine im deutschen Kontext wenig verbreitete Gastfreundschaft, Herzlichkeit oder lebendige Glaubenspraxis.

Ferner sind wir auf ein ganz anderes Motiv gestoßen, das vor allem hinsichtlich säkularisierter Gesellschaften von Bedeutung ist: Solidarisches Engagement stellt für Christen (gerade auch für kirchenferne) ein wichtiges Bewährungsfeld dar. Wir beziehen uns dabei auf das von Ulrich Oevermann entwickelte «Strukturmodell von Religiosität»[5], das von drei Dimensionen der Bewährung ausgeht, die der Sinnstiftung dienen und einen Bezug zum Allgemeinen herstellen[6]:

1. die sexuelle Reproduktion, die den Bereich der Elternschaft, aber auch andere Formen der Realisierung generativ-kreativer Potentiale umfasst,

---

5 Im «Strukturmodell von Religiosität» begründet Oevermann, warum die Bewährungsdynamik den nicht substantiierbaren Kern von Religiosität ausmacht, universell gültig und diesseitig nicht stillstellbar ist, vgl. Ulrich Oevermann, Strukturelle Religiosität und ihre Ausprägungen unter Bedingungen der vollständigen Säkularisierung des Bewusstseins, in: Christel Gärtner, Detlef Pollack, Monika Wohlrab-Sahr (Hg.), Atheismus und religiöse Indifferenz, Opladen 2003, 339–387.
6 Vgl. ebd. 373 f.

2. die Bewältigung der Lebensnot; in diesen Bereich fallen vor allem Berufs-
ausübung und individuelle Leistungen, sowie

3. der Bereich der Stellung als Staatsbürger im Gemeinwesen, in den Religion
und soziales Engagement gehören.

Die Bewährung in diesem dritten Bereich, der hier vor allem interessiert,
nämlich sich für andere einzusetzen und zu engagieren, konkurriert dabei mit
den Bewährungsanforderungen der anderen beiden Dimensionen: der Weiter-
gabe des Lebens an eine kommende Generation und der Sicherung der materiellen Existenz bzw. der Sinnstiftung im Beruf. Dabei haben religiös-christ-
liche Motive eine besondere Nähe zur Bewährung auf dem Feld des
Gemeinwohls, weil sie ein Begründungspotential zur Übernahme bindender
Verpflichtungen enthalten und eine Antwort auf das gewissermaßen umge-
kehrte Theodizeeproblem bereitstellen (also: wenn es mir gut geht, muss ich
dies rechtfertigen, indem ich anderen helfe!). Dieser Kern der christlichen
Botschaft gilt auch für diejenigen, die der Institution Kirche kritisch und distanziert gegenüberstehen. Gleichwohl haben der institutionelle Rahmen sowie
die Infrastruktur der katholischen Kirche eine nicht zu unterschätzende Bedeutung: zum einen hinsichtlich der Aufnahme und Durchführung eines Engagements (sie erleichtern z. B. den Kontakt in die Empfängerländer). Zum
anderen bietet der Kontext religiös-christlicher Vergemeinschaftungen aber
auch die Chance, charismatisch begabte Initiatoren und ein stützendes Umfeld für die Begründung eines solidarischen Engagements zu finden.

2   Alters- und generationenspezifische Motivstrukturen

Ob und in welchem Maße man sich einsetzt, hängt stark von zeitlichen und
materiellen Ressourcen ab. Wegen der unterschiedlichen Anforderungen an
die Teilnahme am Erwerbsleben und die Kindererziehung spielt der sozial-
strukturelle Faktor Zeit eine wichtige Rolle für die Bewährung im Bereich des
(religiösen) Gemeinwohls. Dabei lassen sich grob drei Gruppen ausmachen,
die hinsichtlich der ihnen zur Verfügung stehenden Zeit je anders gelagerte
Ausgangsbedingungen aufweisen, nämlich ältere Menschen, Erwachsene, die
im Erwerbsleben stehen und eine Familie versorgen müssen, und Jugendliche.
Zudem gehören diese Gruppen unterschiedlichen Generationen an, was sich
aufgrund der je anderen religiösen Sozialisation und hinsichtlich der religiösen Bindung auf die Motive des solidarischen Handelns auswirkt.

2.1 Ältere Menschen (über 60 Jahre)

Die Rekonstruktion der Gruppendiskussionen bestätigte gedankenexperimentelle Überlegungen, denen zufolge ältere Menschen nach dem Ausscheiden aus dem Beruf ein (freiwerdendes) Potential besitzen müssten, sich für andere zu engagieren; zum einen, weil sie wieder mehr Zeit haben, zum anderen, weil sie häufig über Know-how und materielle Ressourcen verfügen. Da in modernen Gesellschaften dieser Übergang nicht mehr automatisch geregelt ist, sondern individuell gefüllt werden muss, stellt das Ausscheiden aus dem Erwerbsleben für Rentner und Vorruheständler – sofern sie kein ausgeprägtes Hobby besitzen, das sie absorbiert, Enkel, die sie betreuen müssen, oder andere Interessen, denen sie sich nun ganz widmen wollen – eine Krise dar, die mit dem Verlust von Anerkennung zusammenhängt und zur Isolation führen kann (Sterbefälle häufen sich bekanntlich mit dem Eintritt in den Ruhestand). In solchen Fällen kann ein soziales oder religiöses Engagement eine Möglichkeit der Krisenbewältigung sein; und zwar deswegen, weil Menschen auf diese Weise neue Kontakte aufbauen und die gewonnene Zeit mit etwas Neuem «sinnvoll» füllen können.

Die Generation der gegenwärtig älteren Katholiken wurde noch zum Teil im katholischen Milieu vor dem Zweiten Weltkrieg sozialisiert, so dass es für sie zum selbstverständlichen Element religiöser Lebensführung gehört, sich für andere einzusetzen; aber auch für nicht-religiös sozialisierte Personen ist das Gemeinwohlengagement ein habitueller Bestandteil ihrer Identität, da sie im Nationalsozialismus mit der Ideologie der «Volksgemeinschaft» sowie dem Grundsatz «Gemeinwohl geht vor Eigeninteresse!» aufwuchsen.

Die Fragebogenerhebung ergab, dass das Engagement für Osteuropa sehr stark von älteren Menschen getragen wird und die Altersstruktur insgesamt sehr hoch ist. Das lässt sich zunächst immanent durch die Dauer des Engagements erklären und dadurch, dass diejenigen, die sich aus biographischen Gründen engagieren, z. B. weil sie aus ihrer Heimat vertrieben wurden, der Sache nach in einem fortgeschrittenen Alter sind. Bei ihnen stiften der persönliche Bezug zu Osteuropa aufgrund der Erfahrung von Teilung und Vertreibung sowie das Wissen um Kriegsverbrechen und Unrecht vielfach die Bereitschaft zur Solidarität. Dass sich im Hinblick auf Osteuropa mehr ältere Menschen als im bundesdeutschen Durchschnitt engagieren, hängt neben den schon genannten biographischen Motiven auch mit der in der Regel höheren Kirchenbindung älterer Christen gegenüber den jüngeren zusammen: Die katholische Kirche stellt ihnen generell gut entwickelte Institutionen und Strukturen für ein gemeinwohlbezogenes Engagement zur Verfügung.

Die Gruppendiskussionen zeigen aber auch, dass solidarisches Handeln älterer Menschen auf unterschiedlichen persönlichen Motiven beruht. Diejenigen, die ein erfülltes Familien- und Arbeitsleben hinter sich haben, setzen sich gerne für andere ein, weil für sie Helfen zum christlichen Leben dazugehört. Dabei spielen eigeninteressierte Motive wie der Wunsch nach Anerkennung durchaus eine Rolle.[7] Wenn das Engagement erfolgreich ist, erfüllt sie das mit Stolz und motiviert sie zum Weitermachen. Zudem erleben sie es als befriedigend, eine Aufgabe zu haben und nicht untätig zu Hause herumsitzen zu müssen. Dadurch fühlen sie sich länger jung. Voraussetzung für eine solche Haltung ist in der Regel die selbstverständliche Einbettung in eine Gemeinde.

Zu dieser Haltung kontrastiert die der gleichaltrigen Mitglieder der «Gebetsgruppe».[8] Gerade weil sie – das trifft vor allem auf die Leiterin zu – nicht zufrieden auf ihre Bewährung in der Elternschaft zurückblicken können, suchen sie durch ihr Engagement forciert nach einer neuen Bewährungschance im religiösen Bereich. Sie versuchen, ihre Lebenskrise bzw. Identitätsprobleme durch den Rückgriff auf ihnen vertraute traditionalistische Frömmigkeitspraktiken zu lösen. In der Verbindung von strenger Gebetspraxis und ausgeprägtem Engagement für Arme in Osteuropa finden sie zwar Halt und Sicherheit, gehen jedoch keine verbindliche Vergemeinschaftung mit einem konkreten Partner ein, sondern belassen das Engagement auf einer asymmetrischen Ebene. Während sie eindeutig die Geberrolle einnehmen, ist die zuvor genannte Gruppe dagegen bemüht, die Hilfe über eine bloß materielle Ebene hinaus auf die einer symmetrischen Partnerschaft zu transformieren und auch die Kontrolle über die gespendeten Geldmittel aufzugeben. Der Umgang mit dem Fremden stellt für sie, auf der Basis einer gesicherten Identität, eine Bereicherung und Erweiterung des eigenen Lebenshorizonts dar. Dagegen bleiben die Empfangenden für die «Gebetsgruppe» Fremde, die der Hilfe bedürfen; umgekehrt ist die Gruppe auf Dankbarkeit angewiesen und bricht die Beziehung ab, wenn ihre Erwartung enttäuscht wird.

---

7 Vgl. z. B. die «Gemeindepartnerschaftsgruppe im Schoß der Weltkirche», Gabriel u. a. (Anm. 1) Teil 2, 60 ff.

8 Vgl. ebd. 323 ff.

2.2 Erwachsene (zwischen 25/30–60 Jahre)

Die Erwachsenen im mittleren Lebensalter wurden meist (noch) im katholischen Milieu nach dem Krieg sozialisiert. Parallel zu ihrem Eintritt ins Berufs- oder Studentenleben brach dieses Milieu auf; sie mussten sich zu der liberaler, pluralistischer und säkularer werdenden Gesellschaft in irgendeiner Weise positionieren. Anders als die Älteren können sie sich nicht mehr auf die begründungslose Selbstverständlichkeit des Glaubens berufen (wobei hier Milieudifferenzen und Stadt-Land-Gefälle berücksichtigt werden müssen). Da sie vorrangig mit Familiengründung, Existenzsicherung und Berufskarriere beschäftigt sind und ihr gemeinwohlorientiertes Engagement großenteils in beruflichen und auf die Kindererziehung bezogenen Bereichen gebunden ist,[9] schätzen wir die Erschließung des Potentials der Erwachsenen bezüglich eines (religiösen) Engagements für Osteuropa als sehr voraussetzungsreich ein. Dass sie aufgrund ihrer Verpflichtungen wenig(er) Zeit haben, drückt sich rein quantitativ in der geringeren Anzahl gegenüber den Gruppen der über 60jährigen aus. Sie sind aber gerade deswegen besonders interessant, weil ihrem Engagement eine starke (religiöse) Motivation zugrunde liegen muss. In den von uns untersuchten Gruppen sind das ein besonders lebendiger Gemeindezusammenhang sowie ein entschiedener, reflektierter und weltzugewandter Glaube oder gewissermaßen als Äquivalent dazu die Einbindung in die selbstverständliche soziale Praxis einer milieugesicherten religiösen Gemeinschaft. In allen Fällen kommt dabei charismatischen Personen mit einer religiösen Deutungskompetenz eine zentrale, katalysatorisch wirkende Bedeutung zu. Charisma und Gemeinschaft sind also notwendige Motivationsstützen für die mittlere Generation.

Die Mitglieder der «Gemeindepartnerschaftsgruppe unter Begründungspflicht»[10] sind moderne Christen, die sich den säkularen Anforderungen des Lebens stellen. Ihre Bewährung hinsichtlich Berufskarriere und Elternschaft hat ein gewisses Niveau erreicht, so dass sie sich – quasi zur Abrundung der

---

9 Diese Altersgruppe engagiert sich zwar stark, aber meist in Bereichen, die mit der Kindererziehung (Kindergarten, Schule, Sportvereine) oder mit der beruflichen Situation (Gewerkschaft, Berufsverband, Vorstandstätigkeit) zusammenhängen, vgl. Bernhard von Rosenblatt, Freiwilliges Engagement in Deutschland: Gesamtbericht, in: BMFSFJ (Hg.): Freiwilliges Engagement in Deutschland – Freiwilligensurvey 1999 – Ergebnisse der Repräsentativerhebung zu Ehrenamt, Freiwilligenarbeit und bürgerschaftlichem Engagement, Bd. 1, Stuttgart, Berlin, Köln 2000, 137 ff.
10 Vgl. Gabriel u. a. (Anm. 1), Teil 2, 23 ff.

Lebensbewährung – im religiösen Bereich engagieren. Sie verstehen sich als weltzugewandte Christen und verkörpern in gewissem Sinne einen Idealtypus, wie sich unter der Bedingung einer modernen (sich zunehmend säkularisierenden) Gesellschaft ein religiös fundiertes Gemeinwohlengagement sinnvoll in die Tat umsetzen lässt. Das Spezifische an der Gruppe ist, dass die Kerngruppe sich aus Personen der gleichen Altersgruppe (sie sind zwischen 40 und 50 Jahre alt) und des gleichen (hohen) Bildungsstandes rekrutiert. Als Pendler sind sie zudem sehr mobil. Die beiden Momente, die Zugehörigkeit zur gleichen Alters- wie auch zur gleichen Bildungsgruppe, tragen insofern zur Dauerhaftigkeit des Engagements bei, als auf diese Weise ein Austausch zwischen individuierten Personen auf einem vergleichsweise hohen Reflexionsniveau ermöglicht wird. Einerseits besitzen die Mitglieder der Gruppe aufgrund ihrer Sozialisation einen religiösen Hintergrund, an den sie positiv anschließen können, andererseits ist ihre Gemeinwohlorientierung das Ergebnis einer am Verantwortungsprinzip orientierten Reflexion. Sie haben eine starke moralische und religiöse Bindung sowie den Anspruch, glaubwürdig als Christ leben zu wollen. Dazu gehört für sie konkret praktizierte Nächstenliebe, die zum Motiv des Engagements wird.

Die Mitglieder der ostdeutschen «Pax-Christi-Gruppe»[11] sind in vieler Hinsicht vergleichbar, obwohl dort das Engagement unter den Sonderbedingungen der DDR aufgenommen wurde. Demgegenüber engagieren sich die Mitglieder der «Gemeindepartnerschaftsgruppe im Schoß der Weltkirche»[12] eher aus ihrem Selbstverständnis als religiöse Gemeinschaft. Zwar engagieren sich die Mitglieder der mittleren Altersgruppe vor allem dann, wenn sie zeitlich nicht zu sehr in den anderen Bereichen beansprucht werden (z. B. Frauen, die aufgrund der Kindererziehung nicht berufstätig sind), haben aber kein persönliches Bewährungsproblem, das sie auf diese Weise individuiert lösen wollen. Das Engagement ist vielmehr integraler Bestandteil des christlichen Lebens und dient vor allem der Reproduktion der Gemeinschaft. Wieder anders verhält es sich bei den Mitgliedern der «Ökumenischen Versöhnungsgruppe».[13] Sie sind entschieden religiös, und zwar im Hinblick auf alle drei Bewährungsbereiche, wobei hier einschränkend hinzugefügt werden muss, dass wir nicht wissen, ob die Mitglieder dieser Gruppe eigene Familien haben; in der Gruppendiskussion wurden (von den beiden Frauen) nur die Herkunftsfamilien

---

11 Ebd. 274 ff.
12 Ebd. 60 ff.
13 Ebd. 218 ff.

erwähnt. Wenn das so wäre, würde das bedeuten, dass sie sich gerade deshalb so bedingungslos auf die religiöse Lebensführung einlassen können, weil sie – wie der katholische Pfarrer der Gruppe – von der Verpflichtung familialer Bindungen entlastet sind (anders der evangelische Pfarrer). Neben der Sonderbedingung der DDR wäre das eine plausible Erklärung dafür, dass sie das Religiöse als Begründungsmaßstab ins Zentrum ihres Lebens stellen.

2.3 Jugendliche (unter 25 Jahre)

Die Jugendlichen wurden in den 1980er/90er Jahren, also nicht mehr im klassisch katholischen Milieu sozialisiert und sind dementsprechend relativ säkularisiert. Auch Jugendliche besitzen ein hohes Potential für ein gemeinwohlorientiertes Engagement, weil sie auf der einen Seite über die Ressource Zeit verfügen, solange sie nicht ganz im Erwerbsleben stehen und noch keine eigene Familie gegründet haben, die sie versorgen müssen. Auf der anderen Seite sind sie, sobald sie in die Adoleszenzkrise kommen, mit dem Problem der Identitätsfindung und Bewährung konfrontiert, d. h. sie müssen einen «individuellen» und für ihr Leben tragfähigen Lebensentwurf entwickeln. Das Engagement in Mittel- und Osteuropa bietet ihnen die Chance, eine mögliche Antwort auf das Bewährungsproblem generieren zu können.

Dieses Potential drückt sich aber nicht in dem Ergebnis unserer Fragebogenuntersuchung aus, da sich vergleichsweise wenig Jugendliche für Osteuropa engagieren, insgesamt nur 11 %. Demgegenüber liegt das Engagement von Jugendlichen im bundesdeutschen Durchschnitt etwas über dem Anteil der aktiven Erwachsenen; mehr als ein Drittel aller Jugendlichen (37 %) geht einem freiwilligen Engagement nach, und ein weiteres Drittel hat zumindest prinzipiell die Bereitschaft, sich zu engagieren.[14] Die Differenz lässt sich auf die fortgeschrittene Säkularisierung zurückführen: Jugendliche gaben in der Befragung selten religiöse Items als Beweggrund für ihr Engagement an. Andererseits ist der Bereich des Gemeinwohls einer der Bereiche, in denen Jugendliche sich – noch unter Moratoriumsbedingungen – erproben können; und in diesem Bereich sind die Kirchen eine wenn auch wenig wahrgenommene Institution, die den Rahmen für ein solches Engagement anbieten. Jugendliche lassen sich, so zeigen die Gruppendiskussionen, unter bestimmten

---

14 Vgl. Sibylle Picot, Jugend und freiwilliges Engagement, in: von Rosenbladt (Anm. 8), 149–158, hier 149.

Bedingungen auf ein Engagement im kirchlichen Rahmen ein: wenn sie glauben, für ihre Identitätsbildung wichtige Erfahrungen machen zu können, sich in Ernstsituationen bewähren zu können, sich mit Gleichaltrigen im Dienste einer Sache (anderen Helfen) vergemeinschaften zu können, und wenn die Institution ihnen religiöse Offenheit gewährt.

Die Jugendlichen der «Jugendhausgruppe»[15] erleben das Engagement in Bosnien als eine Möglichkeit der Lebenserfüllung; es gibt ihnen deshalb eine Antwort auf ihr Bewährungsproblem, weil sie erfahren, von anderen «wirklich» gebraucht zu werden. Allerdings muss man davon ausgehen, dass das Engagement temporär ist und nach Bewältigung der Adoleszenzkrise zugunsten der beiden anderen Bewährungsbereiche Beruf und Familiengründung zurückgestellt wird. Wichtig ist, dass viele von ihnen in der Lage sind, (sich) – zumindest zeitweilig – bedingungslos (hin)zu geben. Aufgrund der Authentizität der Erfahrung besteht dann die Möglichkeit – so unsere Prognose –, dass diese Jugendlichen, wenn sie als Erwachsene sesshaft geworden sind, wieder ein soziales oder auch religiöses Engagement aufgreifen können. Das gilt im Prinzip auch für die ostdeutschen Jugendlichen, die in der «Pax-Christi-Gruppe» thematisch waren (die Eltern nahmen an der Gruppendiskussion teil): Sie haben sich während ihrer Adoleszenzphase für Osteuropa engagiert, dieses Engagement jedoch in dem Moment aufgegeben, als sie beruflich stärker gefordert waren und eine eigene Familie gründeten, ihnen also die Zeit fehlte. Ob sie sich später wieder kirchlich engagieren werden, ist jedoch fraglich, da der Abstand zur Kirche noch größer ist als bei westdeutschen Jugendlichen.

Anders verhält es sich bei den Jugendlichen der «Jugendverbandsgruppe».[16] Ihr Engagement ist aufgrund der generationalen und religiösen Bindung an das Herkunftsmilieu eher auf Dauer angelegt. Religion und Gemeinwohl nehmen viel Platz im Leben der Jugendlichen ein und bestehen tendenziell gleichwertig neben den anderen Bewährungsbereichen.

---

15 Vgl. Gabriel u. a. (Anm. 1), Teil 2, 105 ff.
16 Ebd. 165 ff.

3 Solidarität in der Realisierung von Eigen- und Gemeinwohlinteresse

Hinsichtlich der Motivstruktur haben wir in der quantitativen Studie in einer Clusteranalyse drei Motivkomplexe unterschieden: «eigeninteressierte», «religiöse» und «politisch-ethische».[17] Während ein großer Teil der Gruppen, insbesondere Pfarrgemeinde- und (Erwachsenen)Verbandsgruppen, «politisch-ethische» mit «religiösen» Motiven verbindet, treten bei Jugendlichen eindeutig eigeninteressierte Motive in den Vordergrund. In der Rekonstruktion der Gruppendiskussionen ließ sich zeigen, dass das Verfolgen von eigenen Interessen nicht dem Verfolgen von gemeinwohlorientierten entgegenstehen muss, sondern dass beide Seiten miteinander verflochten sind. Man könnte sogar sagen, dass die Chance auf Universalisierung der Solidarität umso größer ist, je stärker beide Momente in ein Engagement involviert sind, und dass sich die Erwartung einer Dankbarkeitsverpflichtung in dem Maße verringert, in dem die eigenen Interessen nicht verleugnet werden. Diese These möchte ich am Beispiel der Jugendlichen diskutieren.

Dass das Engagement von Jugendlichen meist wenig mit einer klassisch altruistischen Haltung gemein hat, wurde schon in der Shell-Jugendstudie von 1997 festgestellt: « … hinter jedem Engagement steckt eine gehörige Portion Eigennutz!»[18], und von der jüngsten Shell-Studie bestätigt: Jugendliche folgen mit ihrem Engagement nicht mehr einem Gefühl der Verpflichtung, sondern handeln «im Wesentlichen aus Eigeninteresse mit dem Ziel der Selbstentfaltung».[19] Ich will im Weiteren versuchen zu erklären, warum das Verfolgen von Eigeninteresse «durchaus auch im Sinne des Gemeinwesens liegen»[20] kann.

Für die Jugendlichen sind Lebensentwürfe und Sinnfragen nicht mehr kollektiv verbürgt, sondern müssen von ihnen je individuell durch lebenspraktische Entscheidungen vollzogen und – zumindest auf lange Sicht – mit Bezug auf ein Allgemeines begründet werden. Kehrseitig zu den Möglichkeiten, ei-

---

17 Vgl. Gabriel u. a. (Anm. 1), Teil 1, 235 ff.

18 Jugendwerk der deutschen Shell (Hg.), Jugend '97. Zukunftsperspektiven – Gesellschaftliches Engagement – Politische Orientierungen, Opladen 1997, 82.

19 Klaus Hurrelmann, Ruth Linsse, Mathias Albert, Holger Quellenberg, Eine Generation von Egotaktikern? Ergebnisse der bisherigen Jugendforschung, in: Deutsche Shell (Hg.), Jugend. Zwischen pragmatischem Idealismus und robustem Materialismus, Frankfurt/Main 2002, 31–51, hier 44.

20 Ebd.

gene Interessen zu verfolgen und zu entscheiden, wie sie ihr Leben führen möchten, müssen sie aber auch die Verantwortung dafür tragen. Sie befinden sich also viel stärker als die Älteren in dem nicht stillzustellenden Kampf zwischen Gemeinwohl- und Eigeninteresse, der immer wieder von neuem gelöst werden muss: Letztlich müssen sie beides realisieren.

Hinsichtlich der Frage, ob das Verfolgen des Eigeninteresses in modernen Gesellschaften das Gemeinwohl notwendig ausschließt, schlägt Ulrich Oevermann vor, beide Logiken als eine widersprüchliche Einheit zu fassen und über die Bewährungsdynamik zu verklammern. Er plädiert dafür, Gemeinwohl und Eigeninteresse dialektisch als komplementäre, «eine Spannung aufmachende Pole derselben Strukturlogik und Strukturdynamik, die angetrieben wird durch das Bewährungsproblem, das eine nicht stillstellbare Bewährungsdynamik entbindet»,[21] zu fassen. Beide sich in ihrer Eigengesetzlichkeit widersprechenden Logiken ließen sich dann realisieren, wenn das Individuum sich dem Bewährungsproblem stellt, und zwar deswegen, weil man sich nur an Inhalten bewähren kann, die einen Bezug zum Allgemeinen haben. Die Bearbeitung des Bewährungsproblems als solches führt nach Oevermann also zu einer Gemeinwohlorientierung, soweit diese in der tendenziell bedingungslosen Hingabe an eine Sache enthalten ist. «Dies ist eine strukturelle Quelle der Gemeinwohlorientierung vor jeder bewussten Verzichtsleistung in der Logik der Entscheidung gegen die Realisierung des Eigeninteresses».[22]

Da den meisten Jugendlichen unserer Untersuchung ein adoleszentes Moratorium zur Verfügung steht, befinden sie sich in der privilegierten Lage, etwas strukturell ausbilden zu können, was unter der Bedingung des Erwachsenseins nur mehr erschwert möglich ist. Interessant ist, dass die von uns befragten Jugendlichen keine Events suchen und sich nicht in den Bereichen Konsum, Freizeit[23] oder «Fun» erproben wollen, sondern auf dem Gebiet des

---

21 Ulrich Oevermann, Die Bewährungsdynamik des modernen Subjekts als Triebfeder des Spannungsverhältnisses von Gemeinwohlbindung und Eigeninteresse-Rationalität in der Entfaltung der Krise der Arbeitsgesellschaft, unveröffentlichtes Manuskript, Delmenhorst 2000, 21.

22 Ebd. 13.

23 In der Literatur werden Freizeit und Konsum immer auch als Statuspassagen genannt, in denen Heranwachsende Kompetenzen erwerben müssten, vgl. etwa Hurrelmann (Anm. 18). M. E. sind diese Bereiche nur abgeleitet. Freizeit kann dann – im Gegensatz zu «Arbeitszeit» – z. B. relevant werden als Möglichkeit zur Annäherung zwischen den Geschlechtern oder zur Muße, in der man über «Gott und die Welt», also Fragen nach dem Sinn des (eigenen zukünftigen) Lebens diskutiert. Das ist z. B. der Fall bei den Jugendlichen unserer Studie (vgl. Gabriel u. a. (Anm. 1) Teil 2, 165 ff.), die ge-

Gemeinwohls. Auf der Suche nach Selbstverwirklichung geben sie sich einer für sie idealen Sache hin und entwerfen daran mögliche Antworten für ein sinnerfülltes Leben. Sie nutzen das Engagement aber auch dazu, das Eingehen von Bindungen und Verpflichtungen auszuprobieren. Folgt man der These Oevermanns, kann Selbstverwirklichung nur «durch die Hingabe an das All-gemeine einer Sache, an deren eigenen Gesetzlichkeiten man sich zu bewähren versucht»,[24] gelingen. Dadurch, dass die Jugendlichen sich also an das Gegen-über einer Sache hingeben, ist ihre Suche nach Bewährung und Selbstverwirk-lichung nicht mehr nur durch das Verfolgen von Eigeninteresse geprägt, son-dern enthält immer schon eine Gemeinwohlorientierung in sich.

Neben der Suche nach Selbstverwirklichung zeigt sich in den Gruppendis-kussionen auch die Fähigkeit der Jugendlichen, offen auf andere, Fremde, zu-zugehen und etwas zu geben, ohne dafür Dankbarkeit (oder eine konkrete Ge-gengabe) zu erwarten. Das offenbart, dass sie über ein beachtliches Vertrauen ins Leben verfügen, was wiederum auf eine gelungene Sozialisation schließen lässt und mit der Auffassung konvergiert, dass die Familie als primäre Ver-gemeinschaftung (nach wie vor) eine materialisierte Quelle der Sittlichkeit und Bindungskraft darstellt. Von daher führt die vielfach diagnostizierte «Ero-sion der Familie» nicht nur zur Auflösung traditionaler Solidarbeziehungen, sondern es entsteht eine neue Qualität von Generativität, die die Jugendlichen befähigt, sich auf Formen erweiterter Solidaritätspraxis einzulassen.[25]

Warum eine gelungene Sozialisation eine solidarische Haltung fördert, lässt sich unter Rückgriff auf das strukturalistisch konzipierte Modell des Genera-tionenvertrages Lévi-Strauss' verstehen.[26] Er untersucht anhand des Gegensat-zes von Deszendenz und Allianz die Reziprozität von Geben und Nehmen, die schon in der Natur angelegt ist. Im Bereich der Natur ist diese kontinuier-lich und symmetrisch, d. h. man gibt (durch Vererbung) das weiter, was man erhalten hat. Im Gegensatz dazu erhält das Individuum im Bereich der Kultur immer mehr, als es gibt, nämlich die ganzen Kulturleistungen qua Erziehung,

---

meinsam eine Woche in einem Zeltlager verbringen und diese mit einem über die Frei-zeit hinausgehenden Ziel verbinden.

24 Oevermann, Bewährungsdynamik (Anm. 20), 15 f.

25 Vgl. dazu auch Karl Gabriel, Alois Herlth, Klaus Peter Strohmeier, Solidarität unter den Bedingungen entfalteter Modernität, in: dies. (Hg.), Modernität und Solidarität. Konsequenzen gesellschaftlicher Modernisierung, Freiburg i. Br. 1997, 13–27, hier 21.

26 Vgl. Claude Lévi-Strauss, Die elementaren Strukturen der Verwandtschaft, Frankfurt/Main ³1984.

und gibt gleichzeitig mehr, als es erhält, den eigenen Kindern oder der Gesellschaft beim Erbringen einer innovativen (Kultur-)Leistung. Diese Asymmetrie von Geben und Nehmen, der sich ein Individuum (im Sinne des Generationenvertrages) nicht entziehen kann, erzeugt Schuld, die nie ganz beglichen werden kann. Dass man (strukturell) immer etwas «schuldig» bleibt, führt letztlich zur Ausbildung von Sittlichkeit und ist eine Quelle von Solidarität.[27] In dieser Struktur weist der Generationenvertrag einen inneren Zusammenhang zur Bewährungsdynamik auf, und zwar sowohl im Hinblick auf die bedingungslose Hingabe an ein Allgemeines (z. B. Familie oder eine andere Kulturleistung) als auch hinsichtlich der Entfaltung einer der okzidentalen Rationalisierung entsprechenden Dynamik.[28]

Eine Bedingung für eine gelingende Sozialisation, so die These, liegt also darin, dass Eltern bereit sind, an ihre Kinder zu geben, ohne die Garantie zu besitzen, etwas zurückzubekommen. Je stärker diese sich auf die Tragfähigkeit des zuvor von den Eltern gewährten Schonraumes verlassen können, umso einfacher gelingt die Ablösung (spätestens in der Adoleszenzkrise), die jedoch mit Schuld verbunden ist, weil man dem primären (Liebes-)Objekt untreu

---

27 Vgl. dazu auch Hermann-J. Große Kracht, Solidarität: «... die bedeutendste Entdeckung unserer Zeit» (Heinrich Pesch). Unvollständige Spurensuche zu einem Leitbegriff der europäischen Moderne, in: ders. (Hg.), Solidarität institutionalisieren. Arenen, Aufgaben und Akteure christlicher Sozialethik. Beiträge aus dem «Institut für Christliche Sozialwissenschaften». Karl Gabriel zum 60. Geburtstag, Münster 2003, 23–45, hier: 36 f.

28 Ulrich Oevermann hat mehrfach auf die gemeinsame Strukturgesetzlichkeit zwischen der von ihm entwickelten Konstruktion der Nicht-Stillstellbarkeit der Bewährungsdynamik, der jüdisch-christlichen Schöpfungsgeschichte, dem Ödipus-Mythos und dem Entwicklungsprozess in der Ontogenese hingewiesen. «In allen diesen Fällen geht es darum, dass ein objektive Schuld bedeutendes Geschehen der Vorgeschichte angenommen wird, das subjektiv-ethisch nicht zurechenbar ist, das aber als lebensgeschichtlich konstitutives Geschehen nicht getilgt werden kann und zu irgendeiner rekonstruktiven Bearbeitung drängt, die nachträglich aus der Perspektive des ethisch verantwortlichen Subjektes diese objektive Schuld in eine subjektiv zu bearbeitende verwandelt.» Ulrich Oevermann, Freuds Neo-Lamarckismus als Chiffre für eine Theorie der sozialen Konstitution in der Ontogenese und eine Theorie der Erklärung der Entstehung des Neuen, Vorwort zu: Roland Burkholz, Reflexe der Darwinismus-Debatte in der Theorie Freuds. Stuttgart-Bad Cannstatt, IX–XXI, hier XV. Aus der Dynamik dieser Schuldverstrickung entsteht das Bewährungsproblem, das in der Praxis gelöst werden muss, vgl. dazu auch Christel Gärtner, Eugen Drewermann und das gegenwärtige Problem der Sinnstiftung. Eine religionssoziologische Fallanalyse, Frankfurt/Main 2000, 141 ff.

werden muss. Eine gelungen vollzogene Ablösung von den Eltern ist die Voraussetzung für Eigenständigkeit und erzeugt zugleich die Fähigkeit, sowohl Schuld ertragen als auch Verantwortung für das eigene Leben übernehmen zu können.

In dieser Hinsicht sind die von uns untersuchten Jugendlichen vergleichsweise privilegiert aufgewachsen. Das katholische Milieu, in dem die Eltern noch sozialisiert wurden, zeichnete sich immer schon durch eine deutliche Verankerung des Gemeinwohls und hohe Wertschätzung familialer Sozialisationsleistungen aus. Man könnte die Generation der hier thematischen Jugendlichen als «Wunschkindgeneration» bezeichnen,[29] für die die Erfahrung, dass die Eltern selbstverständlich für sie sorgen, die Normalität darstellt, in die sie hineinsozialisiert wurden. Entsprechend suchen sie in der Adoleszenzkrise nach einer Kontrasterfahrung, nämlich für die Gemeinschaft nützlich zu sein und gebraucht zu werden. Von daher ist das Engagement für andere für diese Generation bewährungsrelevant.

Die Schuldverstrickung ist somit paradoxerweise umso größer, je erfüllter die Kindheit ist. Wenn man es als selbstverständlich erfahren hat, viel zu bekommen, trägt man auch – als Kehrseite davon – die Verpflichtung in sich, etwas (zurück) zu geben: man muss das, was man von den Eltern bekommen hat, zurückgeben, aber nicht an diese, sondern an die eigenen Kinder bzw. – sofern (noch) keine vorhanden sind – an das Gemeinwohl. Nimmt man den oben ausgeführten Gedanken Oevermanns wieder auf, gehört in der Moderne schon das Bemühen um Bewährung im eigenen Leben zur Kategorie des Gebens, sofern es sich in der «Hingabe an eine Sache» vollzieht. Zu dieser «Sache» gehören z. B. alle Handlungen, die der Aufrechterhaltung der Gemeinschaft, der man angehört, dienen. Das können sowohl Sozialisationsleistungen sein, die allgemein unter die Kategorie des Generationenvertrages fallen, ehrenamtliche oder politische Tätigkeiten, künstlerische oder kulturelle Innovationen, aber auch die Anerkennung von Mitmenschen durch Zuwendung.

Die von uns untersuchten Jugendlichen, so die abschließende These, stellen sich der Aufgabe der Adoleszenzkrise, indem sie gemeinsam mit Gleichaltrigen nach Erfahrungen suchen, die ihnen Antworten im Hinblick auf ein sinnerfülltes Leben geben. Vermittelt über ihr Engagement geben sie sich dem «Prinzip der Solidarität» hin, indem sie anderen helfen, die auf Hilfe angewie-

---

29 Christel Gärtner, Egotaktiker mit spontanen Solidaritätsverpflichtungen? Zur Wahrnehmung jugendlicher Engagementbereitschaft in der Jugendforschung, in: Große Kracht (Anm. 26) 97–111, hier 107.

sen sind, und verbinden so das eigene Leben mit dem aller anderen. In dem Maße, in dem die Jugendlichen das Engagement als authentisch und erfüllend erfahren, wird die «Solidarität mit anderen» zur bewährungsrelevanten Antwort, die die Hoffnung auf die zukünftige Erlösung von der Schuldverstricktheit beinhaltet.

Solidarität, Milieu und Religion
in der Deutschschweiz

Michael Krüggeler, St. Gallen

1   Die Deutschschweizer Studie «Solidarität und Religion»

Die Studie «Solidarität und Religion» hat in einem Zeitraum von 1997 bis 2001 12 Solidaritätsgruppen in der Deutschschweiz untersucht.[1] Es ging dabei um die Frage, in welchen Formen die traditionelle Verbindung von «Solidarität» und «Religion» in der heutigen Gesellschaft gelebt wird. Haben sich die Formen und Inhalte der Verknüpfung von Solidarität und Religion mit der heutigen Pluralisierung und Individualisierung gewandelt? Gibt es neue Ansätze für gewandelte Formen von Solidarität und Religion, für die sich Menschen heute bewegen lassen? Grundlage dieser Analyse war nicht eine statistische Befragung, sondern die Interpretation von Gruppendiskussionen. Jede der ausgewählten Gruppen hat sich zumeist am Abend zu einer eigens anberaumten Sitzung getroffen und mit zwei Interviewern ein Gespräch geführt. Diese Gespräche verliefen auf kurze Anregungen der Interviewer hin weitgehend selbstständig. So konnten die Gruppenmitglieder ihre eigene Perspektive auf ihr solidarisches Handeln und die damit verbundenen (religiösen) Einstellungen frei zum Ausdruck bringen. Die Gespräche wurden aufgezeichnet und später von einem Forschungsteam gründlich analysiert und interpretiert.

Wie aber sind wir zu einer Auswahl der 12 Gruppen gelangt? Dazu haben wir einerseits hinsichtlich «Religion» *kirchennahe* von *kirchenfernen* Gruppen unterschieden. Unsere Gruppen sind also nicht nur kirchliche oder christliche Gruppen, in ihnen finden sich vielmehr Mitglieder mit ganz unterschiedlichen Meinungen und Einstellungen. Hinsichtlich «Solidarität» haben wir zusätzlich einen Kontrast gesetzt zwischen *Selbsthilfe-* und *Fremdhilfegruppen*: In

---

1   Michael Krüggeler, Markus Büker, Alfred Dubach, Walter Eigel, Thomas Englberger, Susanne Friemel, Peter Voll, Solidarität und Religion. Was bewegt Menschen in Solidaritätsgruppen?, Zürich 2002.

beiden Gruppenformen setzen sich Menschen für sich und/oder andere ein zur Verbesserung einer gegebenen Situation.

Schaubild 1

		Solidarität	
		Fremdhilfe	Selbsthilfe
Religion	Kirchenfern	FAIRER HANDEL KUBA MENSCHENRECHTE	HERZKINDER MÄNNER ALKOHOL
	Kirchennah	PFARREI MISSION BEFREIUNG	MITEINANDER ERWERBSLOSE BLINDE

Auf diese Weise kommen wir zu einer Auswahl von 12 Solidaritätsgruppen (Schaubild 1): Die Gruppen FAIRER HANDEL, KUBA und MENSCHEN-RECHTE stellen kirchenferne Fremdhilfegruppen dar; die Gruppen HERZ-KINDER, MÄNNER und ALKOHOL sind kirchenferne Selbsthilfegruppen. Kirchennahe Fremdhilfegruppen sind die Gruppen PFARREI, MISSION und BEFREIUNG; und kirchennahe Selbsthilfegruppen die Gruppen MIT-EINANDER, ERWERBSLOSE und BLINDE.

Dieser Auswahl der Gruppen soll jedoch *keine vorentscheidende inhaltliche* Bedeutung für die Analyse zukommen. Aufgrund unserer Interpretation der Gruppen hat sich dann auch eine ganz neue Ordnung der Gruppen hergestellt, die in der folgenden Typologie sichtbar wird (Schaubild 2). Unterschieden werden drei Typen von Solidaritätsgruppen hinsichtlich ihrer je spezifischen Verbindung von Solidarität und Religion: der Milieutyp, der Funktionstyp und der Identitätstyp.

Schaubild 2

Milieutyp: Solidarität aus Religion	Funktionstyp: Solidarität ohne Religion	Identitätstyp: Religion aus Solidarität
PFARREI BLINDE MISSION	HERZKINDER ERWERBSLOSE KUBA FAIRER HANDEL	BEFREIUNG ALKOHOL
	MÄNNER MENSCHENRECHTE	
MITEINANDER		

In einer ersten Annäherung können diese drei Typen folgendermaßen charakterisiert werden:

- Im *Milieutyp* ist das solidarische Handeln zutiefst von Religion durchdrungen; die Mitglieder verstehen sich untereinander, weil sie jeweils zu einem konfessionell-kirchlichen Milieu gehören, in dessen Rahmen sie ihr solidarisches Handeln leben.
- Im *Funktionstyp* vollzieht sich das solidarische Handeln der Gruppen zunächst ohne Religion; Religion ist hier privatisiert und auf die Seite der individuellen Motivation der einzelnen Gruppenmitglieder verschoben.
- Im *Identitätstyp kann* Religion eine Rolle spielen, wenn sie einen sinnvollen Beitrag zu leisten vermag zur solidarischen Identitätsarbeit der Gruppenmitglieder.

Die drei Gruppen MÄNNER, MENSCHENRECHTE und MITEINANDER bilden Mischtypen, welche verschiedene Merkmale der Typologie in sich vereinen.

Unsere Ausgangsheuristik zur Auswahl der Gruppen ist somit in eine ganz neue Ordnung gebracht: Im «Milieutyp» finden wir kirchennahe Selbst- und Fremdhilfegruppen; im «Funktionstyp» sammeln sich kirchenferne und kirchennahe Selbst- und Fremdhilfegruppen und im «Identitätstyp» steht eine kirchennahe Fremdhilfegruppe neben einer kirchenfernen Selbsthilfegruppe.

2 Theoretische Ausgangspunkte

Für die Analyse der Verbindung von «Solidarität und Religion» in diesen Deutschschweizer Solidaritätsgruppen haben wir auf zwei unterschiedliche Theorieansätze zurückgegriffen. Mit ihnen verbunden sind auch unterschiedliche Perspektiven auf «Solidarität».

2.1 Solidarität als moralisches Handeln

Im wissenssoziologischen Ansatz von Karl Mannheim und Ralf Bohnsack[2] geht es bei der Analyse von kollektiven Orientierungsmustern um den Verweis auf kollektive Erfahrungsräume, in denen die jeweilige Orientierung einer

---

2 Vgl. zu diesem Ansatz Ralf Bohnsack, Rekonstruktive Sozialforschung. Einführung in die Methodologie und Praxis qualitativer Forschung, Opladen [3]1999, bes. 34 ff.

Gruppe entstanden ist. Nach Karl Mannheim wird jedes kollektive Orientierungsmuster von einem Erfahrungshintergrund geprägt, der durch eine spezifische *Lagerung* von Gruppen von Menschen gekennzeichnet ist. Die jeweils gemeinsame Lagerung – etwa einer Klasse oder einer Generation – verbindet die zugehörigen Menschen derart miteinander, dass sie sich unmittelbar zu verstehen vermögen. Diese Art des Verstehens ist vorreflexiv, sie gründet in alltäglichen Gemeinsamkeiten und wird von Mannheim als «konjunktiv» bezeichnet. So unterscheidet Karl Mannheim zwei Arten der Verständigung im Alltag:

- Im «konjunktiven» Erfahrungsraum ist die Verständigung durch eine gemeinsame soziale Lage unmittelbar möglich. Die Menschen verstehen und verständigen sich auf einer *vorreflexiven* Ebene aufgrund alltäglicher Übereinstimmung.
- Im «kommunikativen» Erfahrungsraum dagegen muss das gegenseitige Verstehen durch *reflexiv-begriffliche* Kommunikation erst hergestellt werden; es geht dabei immer um einen Prozess gegenseitiger Abstimmung von *unterschiedlichen* Perspektiven.

Beide Arten der Verständigung – die konjunktive und die kommunikative – sind in der Alltagskommunikation immer gleichzeitig präsent und stehen in Spannung zueinander. «Solidarität» im Sinne der Wissenssoziologie bezieht sich also zunächst und primär auf diesen grundlegenden konjunktiven Erfahrungsraum alltäglicher Sozialität, in dem die betreffenden Handelnden sich unmittelbar zu verstehen vermögen. Solidarität erscheint als moralisches Handeln, wenn die Mitglieder einer Gruppe sich ihrer sozialen Herkunft aus einem gemeinsamen Milieu werthaft versichern und sich deshalb altruistisch füreinander einsetzen. Über diese Milieubindung hinaus scheint es aber auch nicht ausgeschlossen, dass Solidarität auf einer Ebene kommunikativer Verständigung milieuübergreifend bewusst hergestellt werden kann.

2.2 Solidarität als Gruppenbindung

In einer zweiten Perspektive analysieren wir «Solidarität» als die Struktur von Gruppen im Sinne der wechselseitigen Bindung ihrer Mitglieder. Die gegenseitige Bindung der Gruppenmitglieder kommt durch drei Mechanismen zustande:

- *Kontrolle:* Das Verhalten der Mitglieder wird an den Normen der sozialen Gruppe ausgerichtet und gemessen.

- *Austausch:* Akteure tauschen aufgrund ihrer gegenseitigen Abhängigkeit und in Kooperation Güter miteinander.
- *Affekte:* Die Mitglieder einer Gruppe entwickeln füreinander und für die Gruppe als solche positive Gefühle (z. B. durch Religion).

Aus der soziologischen Bewegungsforschung haben wir zusätzlich die Perspektive übernommen, dass Gruppen auf eine Ressourcenmobilisierung aus ihrer *Umwelt* angewiesen sind: vor allem auf die Ressourcen Geld, Zeit und Aufmerksamkeit.

Schließlich analysieren wir in dieser Perspektive die Gruppenstruktur auch mit Hilfe der Rational-Choice-Theorie. Hier soll Solidarität als stabile Bindung zwischen Akteuren auch dann gedacht werden können, wenn den Akteuren nur egoistische Neigungen unterstellt werden. Das Kollektiv der Gruppe gilt also nicht als vorgegeben, es wird vielmehr hergestellt aus den individuellen Interessen der Gruppenmitglieder. Deren Teilnahme an der Gruppe wird als rationale Entscheidung aufgefasst: Auch Mitglieder von Solidaritätsgruppen kalkulieren ihre Kosten und Nutzen angesichts der von ihrer Gruppe produzierten Güter. Sie profitieren zudem von materiellen Vorteilen, sozialen Kontakten und inhaltlichen Belohnungen als den sozialen Anreizen ihrer Mitgliedschaft.

Aus der Sicht dieser Ansätze zur Gruppenbindung erscheint «Solidarität» also nicht primär normativ, als moralisches Handeln, sondern als ein Handeln aus den gemeinsamen Interessen der Gruppenmitglieder, aufgrund derer eine gegenseitige Bindung entsteht. Diese Bindung kann durchaus variabel sein, und je nachdem, wie groß die Abhängigkeit der Mitglieder von der Gruppe ist, können sich Gruppenbindungen – und also Solidarität – auch wandeln.

2.3 Solidarität und Gruppe

Wir haben diese beiden Theorien eines wissenssoziologischen Zugangs und einer Theorie rationaler Handlungswahl aus zwei Gründen gleichzeitig und nebeneinander zu berücksichtigen versucht:
- Gruppensoziologisch verweist zunächst der wissenssoziologische Zugang auf die Gruppe als einen Raum, in dem die Stimmen der einzelnen als Ausdruck ihrer kollektiv-konjunktiven Erfahrung gehört werden. Orientierungen in Gruppen erscheinen als Ausdruck kontinuierlicher Gemeinsamkeit. Demgegenüber versteht der handlungstheoretische Zugang die Gruppe immer auch als einen Ort, an dem aktuell divergierende individuelle Interes-

sen zum Ausdruck kommen und verhandelt werden. «Nicht nur das vor-kommunikative Einverständnis der Gruppenmitglieder» sollte also rekonstruierend beobachtet werden, «sondern auch eine absichtsvolle Selbstpräsentation der Mitglieder, die auf eine Unterscheidung in der Gemeinsamkeit zielt und sich der gemeinsamen Erfahrungsgrundlage und der kollektiven Repräsentationen durchaus strategisch zu bedienen weiss.»[3]

- In soziologischer Perspektive vermag die Theorie der rationalen Handlungswahl eine Theorie der Solidarität vorzulegen, welche das Zustandekommen von Solidarität – als Gruppenbindung – aus dem individuellen Handeln heraus erklärt und *nicht* als generelle Dimension und Bedingung von Sozialität *voraussetzt*. Auch wird der *partikulare* Ausgangspunkt von Solidarität offen gelegt, wenn Solidarität nicht auf die Gesellschaft als den letzten Bezugspunkt soziologischer Analyse, sondern auf abgrenzbare soziale Verbände in ihrer Konkurrenz gegen andere Verbände bezogen wird.

3 Typen der Verbindung von Solidarität und Religion

Aufgrund der Analyse der Gruppendiskussionen wurde nun eine Typologie entfaltet, in welcher jeder Typ die Verbindung von Solidarität und Religion auf seine je besondere Weise zum Ausdruck bringt: eine enge Durchdringung von Solidarität und Religion im Milieutyp, die Privatisierung der religiösen Einstellungen gegenüber dem eigentlich solidarischen Handeln im Funktionstyp und die mögliche Thematisierung von Religion im solidarischen Handeln des Identitätstyps, wenn diese zur Selbstthematisierung der Mitglieder einen Beitrag leistet.

3.1 Der Milieutyp

Einen ersten Typ von Gruppen haben wir also als «*Milieutyp*» identifiziert. Zu ihm gehören Pfarreigruppen, die Spenden sammeln und die kirchliche Gruppe der Blinden. Diese Gruppen sind in ihrem solidarischen Einsatz für andere ganz von Religion durchdrungen. So entsteht etwa in der Gruppe BLINDE aus der Verbundenheit in Sachen Religion eine Gemeinsamkeit, weil Menschen mit einer ähnlichen Behinderung und den daraus resultieren-

---

3 Krüggeler u. a. (Anm. 1), 138.

den Problemen auf dem gleichen Weg Kraft suchen. Zugleich bezieht sich aber der solidarische Einsatz der Gruppen des Milieutyps primär auf Mitglieder der eigenen Kirche oder Konfession. Wir fassen diese Gruppen deshalb als «Milieutyp» zusammen, weil die Gruppenmitglieder aufgrund ihrer Zugehörigkeit zu bestimmten religiösen Milieus sich auf der Ebene dieses konjunktiven Erfahrungshintergrunds unmittelbar verstehen.

Auch hinsichtlich der Gruppenbindung spielt Religion hier eine große Rolle: Affekte werden in den Gruppen des Milieutyps vermittelt durch das Gebet füreinander und durch regelmäßig gemeinsam gefeierte Gottesdienste. In der Dimension der Kontrolle folgen die Gruppenmitglieder den Normen ihrer Kirchen. In diesen Gruppen werden nicht Güter getauscht, sondern symbolische Gaben gegenseitiger religiöser und sozialer Anerkennung. Die Gruppen werden auch direkt durch Religion mobilisiert: Sie wollen Werte im Sinne religiöser Deutungsmuster verwirklichen und aus dieser Aktivität eine soziale Anerkennung in ihren religiös-sozialen Kontexten erhalten; dadurch erfolgt auch eine gegenseitige Bestätigung ihres gemeinsamen religiösen Orientierungsmusters.

Der «Milieutyp» macht deutlich, wie wichtig soziale Bindungen, sozialer Kontakt und die gegenseitige Abstützung religiös-werthafter Überzeugungen für die Religion sind. Nur in mehr oder weniger abgegrenzten sozialen Milieus lassen sich «Werte und tief sitzende weltbildkonstitutive Überzeugungen»[4] auf lange Sicht hin aufrecht erhalten. In diesem Sinn wären auch die christlichen Kirchen aufgefordert, in ihrem Raum religiös-soziale Milieus auszuprägen und einzubinden (allerdings vermutlich unterschiedliche, was die Sache nicht einfach macht), in denen sich positive religiöse Identitäten auch in der kulturellen Vielfalt der modernen Gesellschaften entwickeln und am Leben halten lassen.

3.2 Der Funktionstyp

Einen zweiten Typ haben wir dann als «*Funktionstyp*» identifiziert. Zu ihm gehören Gruppen mit dem Versuch der Lösung spezifischer Probleme, etwa von Arbeitslosigkeit und Krankheit oder der weltweiten Ungerechtigkeit. Die konjunktive Gemeinsamkeit der Gruppenmitglieder ist durch die Betroffenheit

---

4   Hans Joas, Einleitung, in: ders. (Hg.), Was sind religiöse Überzeugungen?, Göttingen 2003, 9–17, hier 10.

von solchen spezifischen Problemen gegeben. Dann stellt sich heraus, dass diese Gruppen *nicht* auf Religion zurückgreifen müssen, um ihre Probleme im solidarischen Einsatz zu lösen. Religion ist hier privatisiert, und wenn Religion einmal thematisiert wird – etwa in der religiösen Deutung der Betroffenheit von Krankheit in der Gruppe HERZKINDER –, dann müssen sich die Mitglieder *über* Religion erst mehr oder weniger mühsam verständigen. Da dies unter Umständen zu Konflikten führt, welche das gemeinsame Handeln der Gruppen gefährden können, wird eine solche *kommunikative* Thematisierung von Religion in diesen Gruppen weitgehend vermieden.

Auch das solidarische Handeln dieser Gruppen in Austausch, Affekt und Kontrolle kommt ganz ohne Religion zustande. Affekte werden etwa über den gemeinsamen Spaß an der Sache vermittelt. Bemerkenswert ist dann aber, dass Religion und Kirchen in der Umwelt dieser Gruppen doch eine bedeutsame Rolle spielen: Sei es, dass die Gruppen sich häufig in kirchlichen Räumlichkeiten treffen, sei es, dass sich viele ihrer Mitglieder privat durch eine hohe kirchliche Bindung und eine entsprechende religiöse Motivation auszeichnen. Das bedeutet aber: Obwohl Religion im Handeln der Gruppen des Funktionstyps privatisiert ist, können Religion und Kirchen für den halb-öffentlichen Raum dieser Gruppen doch beachtliche Ressourcen zur Verfügung stellen: durch die Motivation individueller Mitglieder, durch Geld und Personal für die Organisation von Gruppen oder durch das Verschaffen öffentlicher Aufmerksamkeit auf Kirchentagen oder anderen Veranstaltungen.

3.3 Der Identitätstyp

Ein dritter Typ der Verknüpfung von Solidarität und Religion in Gruppen lässt sich schließlich als «*Identitätstyp*» identifizieren. Zu diesem Typ gehören eine Gruppe von «Anonymen Alkoholikern» und ihren Angehörigen sowie ein Bildungskurs, in dem sich Menschen mit ihrer europäischen Identität vor dem Hintergrund der Nord-Süd-Problematik auseinander setzen. Diesen Gruppen gemeinsam ist das Anliegen ihrer Mitglieder, die eigene Identität in einem geschützten Raum zur Sprache zu bringen. Die Gruppen dieses Typs bilden selbst einen konjunktiven Milieuzusammenhang aus, indem sie intensiv nach kollektiver Übereinstimmung in ihren individualisierten Problemlagen *suchen*. In diesen Suchprozessen nach Befreiung aus alten Zwängen und nach neuer Identität *kann* Religion, wenn es für einzelne Mitglieder aus der Perspektive ihrer Selbstthematisierung heraus stimmig ist, sowohl in Austauschbeziehungen, wie auch als religiöse Norm und als religiös geladener Affekt eine Rolle spielen – allerdings nicht (mehr) als kollektiv vorgegebene Selbstverständlichkeit.

Die Gruppen des Identitätstyps machen deutlich, dass auch die prekären Probleme der heutigen Identitätsbildung in neuen solidarischen Formen bearbeitet werden können. Auf diese Weise kann es in diesem Rahmen auch zu neuen Verknüpfungen von Solidarität und Religion kommen: Die Selbsthilfe der Alkoholabhängigen wird nicht individualistisch verstanden, sondern in den Zusammenhang der Hilfe durch die Gruppe und der Hilfe durch eine «Höhere Macht» eingebaut. Und in der Bildungsgruppe artikulieren religiöse Handlungen wie Meditation, Feiern und Mahlzeiten die solidarische Grundhaltung der Gruppe auf eine symbolisch-aktionistische Art. Religion ist hier als Suchprozess präsent, aber auch als solche bedarf sie eines sozialen Fundus an vorhandenen religiösen Deutungsangeboten und an symbolischer Kultur.

4   Solidarität, Milieu und Religion

Der Sinn eines interdisziplinären Gesprächs über «Solidarität» als Grundbegriff christlichen Handelns und theologischen Denkens ist ja darin zu sehen, Solidarität nicht nur als moralischen Sachverhalt appellativ einzuklagen, sondern Solidarität auch in den Strukturen aktuellen sozialen Handelns in ihrer sozusagen «objektiven» Möglichkeit ins Auge zu fassen. Welche Möglichkeiten solidarischen Handelns bieten sich unter den spezifisch komplexen Bedingungen der modernen Gesellschaft, und welche Restriktionen werden dem solidarischen Handeln hier auferlegt? Warum finden sich auch in individualisierten Gesellschaften (alte und) neue Realisierungen solidarischen Gemeinschaftshandelns, und wie werden sie gestaltet?

4.1   Individualisierung und Milieu

Wenn heute unter dem Druck einer weitergetriebenen Individualisierung Solidarität auf den ersten Blick zu verschwinden scheint, so kann man zunächst unter einem historischen Blickwinkel darauf hinweisen, dass es bereits in den ersten Phasen der modernen Industrialisierung zu solidarischen Mobilisierungen auf konfessionell-religiöser Grundlage kam. In den großen konfessionellen Sozialmilieus des 19. und 20. Jahrhunderts ergab sich eine spezifische und sehr moderne Verbindung von Solidarität und Religion: Solidarität entstand unter modernen Bedingungen auf der Grundlage gemeinsamer konfessioneller Merkmale. Auch hier erstreckte sich die soziale Reichweite der Solidarität auf die Mitglieder der eigenen Konfession.

Im Blick auf das typologische Ergebnis der Deutschschweizer Studie lässt sich aus dieser Beobachtung schließen: Ebenso wie damals suchen und finden auch heute, unter den Bedingungen einer stärker individualisierten gesellschaftlichen Situation, die Individuen neue soziale Zusammenhänge und Milieus – etwa in der Verbindung von Solidarität und Religion entlang unserer Gruppentypologie. So spiegelt sich im Milieutyp noch der Bestand des katholischen Sozialmilieus in der Schweiz, während der Identitätstyp deutlich zu machen vermag, dass und wie es unter den Ansprüchen prekärer Identitätsbildung heute auch zu neuen solidarischen Gruppenbildungen zu kommen vermag. Das aber heißt: Auch eine im hohen Maße individualisierte biographische Orientierung setzt einen kollektiven Rahmen habitueller Übereinstimmung, also Milieubildung voraus. Individualisierung geschieht immer *mit* einem Milieu *gegen* ein Milieu.

4.2 Partikulare oder universale Solidarität?

Man hat darauf hingewiesen, dass im kirchlichen und theologischen Sprachgebrauch der Begriff der christlichen «Brüderlichkeit» durch den Begriff der «Solidarität» abgelöst und ersetzt worden ist: «Und so überrascht es nicht, dass die Brüderlichkeit bis in den Sprachgebrauch von Theologen hinein durch ‹die Solidarität› – als Orientierungsformel und ‹Markenzeichen› des Christlichen – abgelöst worden ist; dabei ist die Bedeutungsnähe (und das Sukzessionsverhältnis) von ‹Solidarität› und ‹Brüderlichkeit› aber noch ‹präsent›.»[5] Wenn die christliche Theologie den Begriff der Solidarität als Markenzeichen des Christlichen anstelle des Begriffs der Brüderlichkeit – oder Geschwisterlichkeit – rezipiert, dann muss sie folgerichtig auch den Begriff der Solidarität mit der höchsten Weihe des christlichen Universalismus ausstatten – und dies auch gegen die Begriffsgeschichte, in welcher der Solidaritätsbegriff als sozio-

---

5   Hartmann Tyrell, Die christliche Brüderlichkeit. Semantische Kontinuitäten und Diskontinuitäten, in: Karl Gabriel, Alois Herlth, Klaus Peter Strohmeier (Hg.), Modernität und Solidarität. Konsequenzen gesellschaftlicher Modernisierung, Freiburg i. Br. 1997, 189–212, hier 189.

logischer Integrations- und politischer Kampfbegriff durchgängig partikular gemeint war. Christlich-theologisch geht es heute also immer um «universale Solidarität».[6]

Gegenüber diesem normativen Anspruch verweist die alltägliche soziale Praxis der meisten Gruppen in der Deutschschweizer Studie zunächst auf den Zusammenhang einer milieuhaft-partikular gelebten Solidarität.[7] Dieser Sachverhalt lässt sich auch soziologisch-theoretisch einsichtig machen: Solidarität im Sinne des konjunktiven Erfahrungsraums Karl Mannheims beinhaltet eine deutliche Unterscheidung von Gruppen von Menschen nach ihrer jeweils spezifischen sozialen Lagerung. Diese Lagerung führt zu vorkommunikativen Abgrenzungen im gegenseitigen Verständnis der verschiedenen Gruppen. Und in der Theorie rationaler Handlungswahl entsteht Solidarität aufgrund von gemeinsamen Interessen, die gerade in den komplexen Interessenlagen der modernen Gesellschaft zu mehr oder weniger scharfen Abgrenzungen gegen andere Interessen führen müssen.

In der gelebten Praxis unserer Gruppen zeigen sich daher zunächst im Milieutyp Ausprägungen einer partikularen Solidarität: So besteht das Orientierungsmuster der freikirchlichen Gruppe MISSION in einer deutlichen Grenzziehung zwischen «Innen» und «Außen»: Dem engen inneren Kommunikationszusammenhang zwischen der schweizerischen Gemeinde und ihren Missionarinnen und Missionaren in der Dritten Welt steht die unbekehrte Welt als äußerer Block gegenüber. Von einer ebenso intensiven Kommunikation mit den zu missionierenden Menschen ist hier keine Rede. In einer Mission im Sinne einer Bekehrung zu den freikirchlichen Werten des westlichen Christentums ist ein Beitrag der Missionierten zu ihrer Mission nicht vorgesehen.

Auch in den Gruppen des Funktionstyps zeigt sich eine partikulare Solidarität, wenn etwa die Gruppe HERZKINDER Eltern, deren Kinder an ihrer Herzkrankheit schon gestorben sind, nicht in ihre Gruppe aufnimmt. In der Gruppe ERWERBSLOSE wird gar ein offener Konflikt thematisiert zwischen einer universalen Ausrichtung der Gruppenorientierung bei *Tanja* einerseits

---

6 Vgl. dazu grundlegend den Beitrag von Helmut Peukert in diesem Band.

7 Zum Beleg für diese Behauptung vgl. die «Portraits» der 12 Solidaritätsgruppen im Kapitel 6 der Studie Krüggeler u. a. (Anm. 1), 191 ff. Auch Hermann-J. Große Kracht weist in seinem Beitrag zu diesem Band des Öfteren darauf hin, dass der Aspekt einer partikularen (Interessen-) Solidarität sowohl in der Geschichte des Solidaritätsbegriffs wie in Texten der katholischen Sozialverkündigung eine durchaus affirmative Verwendung gefunden hat und ganz selbstverständlich so gemeint war.

und einem partikularen Selbstverständnis angesichts des Unterschieds zwischen Arbeitsplatzbesitzenden und Arbeitslosen bei *Yvonne* andererseits:

Tanja: *Das ist meine Vision für die ganze Welt (lacht) dass sie alle endlich einmal begreifen dass wir im- auf dem gleichen Planeten sind und das wir gleich sind und dass ja-ja dass der eine ohne den andern nicht sein kann, denn man braucht sich gegenseitig und ich finde das ist sehr wichtig dass wir dies endlich mal verstehen, eine Einheit und nicht eine Getrenntheit*

Interv.:   *Ist es das was Sie gerade gesagt haben was Sie als Gruppe trägt oder was trägt Sie als Gruppe?*

Tanja: *also ich glaube schon dass wir äh uns sehr gut verstehen und äh auch als solches ja als Einheit*

Eduard: *am gleichen Strick ziehen*

Tanja: *bist du nicht einverstanden?*

Yvonne: *ähm, ich glaub nicht, aber ich könnte jetzt auch nicht gleich, also so wie du es sagst dass ja, wir leben alle auf dem gleichen Planeten und wir sollten eine Einheit sein und nicht eine Getrenntheit ja-ja aber aber, es ist einfach nicht so*

Eduard: *komm mir nicht zu nahe*

mehrere: *(lachen)*

Yvonne: *ja genau, genau, weisst du ich weiss jetzt nicht, ob ich jetzt hier dabei bin, ich weiss oder verstehe ich die Frage nicht richtig oder? ich bin doch dabei, weil ich weiss was Arbeitslosigkeit bedeutet ich bin in meinen verschiedenen Lebenssituationen arbeitslos gewesen und ähm ich weiss was das heisst und darum eigentlich bin ich hier dabei*

Tanja: *ja was heisst denn in*

Yvonne: *ob dies und nicht weil wir eine Einheit sein sollen und weiss nicht was alles*[8]

Demgegenüber zeigt sich nun im Identitätstyp mit der Gruppe BEFREIUNG der Ansatz einer explizit universalen Solidarität. Die Mitglieder dieser Gruppe stellen ihre europäische Herkunftsidentität bewusst infrage angesichts der Herausforderung durch eine weltweit ungerechte Verteilung von Gütern und Le-

---

8   Vgl. zu diesem Interviewauszug das Portrait der Gruppe ERWERBSLOSE in Krüggeler u. a. (Anm. 1), 243–258 (Zitat S. 246 f.); für die bessere Lesbarkeit wird das Zitat technisch vereinfacht dargestellt.

benschancen. Im Kurzzusammenhang wird dieser Grundgedanke einer universalen Solidarität auch in religiöser Form zum Ausdruck gebracht, indem gemeinsame Feiern, Tänze und Mahlzeiten die universale Solidarität symbolisch-aktionistisch artikulieren. Dabei kommt in der Gruppe BEFREIUNG – ebenso wie in der Gruppe ALKOHOL – die Haltung eines «Neuen Altruismus» zum Tragen: Selbstthematisierung, Selbstverwirklichung einerseits und altruistische Solidarität andererseits stehen nicht (mehr) in einem antagonistischen Verhältnis zueinander, schließen sich gegenseitig nicht (mehr) aus. Die hier praktizierte Solidarität zeichnet sich vielmehr aus «durch innere Selbstbestätigung bzw. emotionale Befriedigung», durch «autonome moralische Selbstverwirklichung» und durch «soziale Reputation im privaten und öffentlichen Raum».[9]

Wenn man vor diesem Hintergrund noch einmal das Mannheimsche Modell der gleichzeitig – und miteinander in Spannung stehenden – konjunktiven *und* kommunikativen Verständigung im Alltag aufnimmt, so wird man den Anspruch der universalen Solidarität relativ eindeutig in die Zuständigkeit der *kommunikativen* Verständigungsleistung einordnen können. Eine universale Solidarität ist auf milieuübergreifende Verständigung angewiesen, der Blick über den Zaun der eigenen Gruppensolidarität ist nur aufgrund einer bewusst kommunikativen Verständigungsbemühung zu leisten.

Dabei kann die unhintergehbare Interessenvielfalt in der modernen Gesellschaft dieser Art der Kommunikation sogar förderlich sein. Uns ist etwa in der Gruppe HERZKINDER aufgefallen, dass die betroffenen Eltern neben ihrer Gruppenzugehörigkeit aufgrund der Herzkrankheit ihrer Kinder gleichzeitig noch in eine große Vielfalt anderer Milieus, Interessengruppen und Zugehörigkeiten eingebunden sind. Die Multiplikation von Interessen und Zugehörigkeiten in modernen Gesellschaften kann, wenn sie bewusst als unhintergehbare Gegebenheit wahrgenommen und akzeptiert wird, darauf aufmerksam machen, dass ein multipler Interessenausgleich nicht (mehr) mit Gewalt, sondern nur auf der Basis herrschaftsfrei geregelter und gewaltfreier Kommunikation möglich werden kann. Eine solche Kommunikation wird damit zur Voraussetzung für die Wahrnehmung universaler Solidarität.

Dieser optimistische Blick muss allerdings eingeschränkt werden durch den Hinweis auf das mögliche Scheitern auch von Solidarität. Versteht man unter

---

9   Ingo Bode, Hanns-Georg Brose, Die neuen Grenzen organisierter Reziprozität. Zum gegenwärtigen Wandel der Solidaritätsmuster in Wirtschafts- und Nonprofit-Organisationen, in: Berliner Journal für Soziologie 9, 179–196, hier 190.

Solidarität den Zusammenschluss von Menschen aufgrund vergleichbarer Interessenlagen, so ist denkbar, dass es Menschen gibt, die aufgrund einer absoluten Exklusion von allen anderen vergessen und damit ausgeschlossen sind: «Sie haben nichts zu bieten, was sie in solidaritätsgenerierende Prozesse einbringen könnten – niemand tauscht etwas mit ihnen (weil sie gar nichts anzubieten haben), niemand kontrolliert sie und niemand empfindet etwas für sie, weder Sympathie noch Antipathie.»[10]

Hier findet sich der Ansatzpunkt für normative, theologisch-religiös gefüllte Begriffe von Solidarität, die sich einerseits in universaler Ausrichtung auch auf jene erstrecken, welche die Bibel als die absolut Marginalisierten ins Auge fasst, und die andererseits auf einer asymmetrischen Solidarität als dem Ernstfall von Solidarität bestehen.[11] Dabei ist sogleich zu ergänzen, dass eine asymmetrische Solidarität mit Ausgeschlossenen diese niemals in der Form von Paternalismus oder Assistentialismus in eine neue Abhängigkeit führen darf, statt mit ihnen eine befreiende Praxis zu beginnen. Vielmehr muss auch und gerade eine asymmetrische Solidarität die Menschenwürde und die Selbstbestimmung der zu befreienden Menschen von vornherein in ihr praktisches Engagement integrieren.

4.3   Schluss: Solidarität in Globalität

Selbst wenn aber das Christentum eine in diesem Sinn normative universale Solidarität in die globale Kultur einzubringen hat, muss man dann nicht darauf hinweisen, dass ein universal solidarisch orientiertes Christentum seinerseits zu einer partikularen Gruppe werden kann? Dann nämlich, wenn in anderen Kulturen der Zusammenhang von Solidarität und Religion in bewusster Zuspitzung auf eine abgrenzende religiös-kulturelle Identität nur für die eigene Religion und/oder Kultur Verwendung finden soll, werden universal-religiöse Ansprüche zurückgewiesen. Fundamentalismen in allen Religionen sind der Beweis für eine sich von anderen (Kulturen) bewusst abgrenzende religiös-kollektive Identität.

Zygmunt Bauman hat darauf aufmerksam gemacht, dass in der «postmodernen» Situation der Begriff der Solidarität nicht mehr mit Ideologien von geschichtlicher Notwendigkeit und historischen Gesetzen verbunden wer-

---

10 Krüggeler u. a. (Anm. 1), 156.
11 Vgl. dazu den Beitrag von Christa Schnabl in diesem Band.

den kann – Vorstellungen, durch die der Solidaritätsbegriff im 19. Jahrhundert seine außerordentliche Mobilisierungsfähigkeit gewonnen hatte. «Man kann das Vertrauen zur Solidarität nicht aus irgend etwas auch nur entfernt so Solidem und dementsprechend Tröstlichem ableiten wie gesellschaftlichen Strukturen, Gesetzen der Geschichte oder der Bestimmung der Nationen und Rassen, auf die moderne Projekte ihren Optimismus, ihr Selbstvertrauen und ihre Entschlossenheit gründeten. Die Brücke, die von der postmodernen Situation zur Solidarität führt, ist nicht aus Notwendigkeiten erbaut.»[12]

Wenn es keine Brücke der Notwendigkeit zur solidarischen Bewegung (mehr) gibt, dann ist dies vielleicht der Einsatzpunkt für Religionen, welche die Bewegung(en) zur (universalen) Solidarität in den offenen Horizont ihres Grundvertrauens einbauen können. «Solidarität ist die Chance der Toleranz».[13] Ob aber die – global gesehen – äußerst vielfältigen konjunktiven Bindungen einerseits und die gleichzeitig mit der Gruppensolidarität verbundenen unterschiedlichen Interessen andererseits sich auf der kommunikativen Ebene zu einer Praxis zwangloser und herrschaftsfreier Kommunikation gegenseitiger Anerkennung zu verständigen vermögen, das wird weiterhin eine offene Frage und gleichzeitig die Herausforderung jeder sozialen – auch der kirchlichen – Praxis bleiben müssen.

---

12 Zygmunt Bauman, Moderne und Ambivalenz. Das Ende der Eindeutigkeit, Frankfurt/Main 1995, 313.
13 Ebd.

II Biblische und historische Perspektiven

«Solidarität» biblisch
Fallbeispiele und erste Systematisierungen

Martin Ebner, Münster

Den Begriff «Solidarität» gibt es biblisch nicht, wohl aber das Phänomen. Und wie seit der Mitte des 19. Jahrhunderts in Reaktion auf gesellschaftliche Prozesse ganz unterschiedliche Konzepte von «Solidarität» entwickelt wurden,[1] so finden sich auch in biblischen Schriften ganz unterschiedliche Vorstellungen dessen, was man «Solidarität» nennen könnte. Ich beginne deshalb mit zwei Fallbeispielen, um das Phänomen «Solidarität» authentisch aus biblischen Textzeugen zu beschreiben. Erst in einem zweiten Schritt versuche ich einige Systematisierungen und ziehe dazu weiteres Material aus biblischen Schriften heran. Abschließend werden Thesen formuliert, die als Brückenköpfe für ein Gespräch mit den Christlichen Sozialwissenschaften gedacht sind.

1 Zwei Fallbeispiele

Zur Phänomenbeschreibung wähle ich zwei Evangelien: das Lukas- und das Markusevangelium. Anders als man es aufgrund seiner Schilderung der Gütergemeinschaft in der Urgemeinde von Jerusalem (vgl. Apg 2,42–47; 4,32–35) vermuten möchte, erweist sich Lukas,[2] wenn man sein ganzes Werk im Blick hat, durchaus als Realist in sozialethischen Fragen; ganz anders als Markus, der schon eher in die Kategorie der Sozialromantiker einzuordnen

---

1 Vgl. den Beitrag von H.-J. Große Kracht in diesem Band, sowie H.-J. Große Kracht, Solidarität: «... die bedeutendste Entdeckung unserer Zeit» (Heinrich Pesch). Unvollständige Spurensuche zu einem Leitbegriff der europäischen Moderne, in: ders. (Hg.), Solidarität institutionalisieren. Arenen, Aufgaben und Akteure christlicher Sozialethik (SICSW 50), Münster 2003, 23–45.

2 «Lukas» wie auch «Markus» stehen der einfacheren Lesbarkeit halber für die Verfasser der jeweiligen Evangelien, ohne dass damit bestimmte Personen gleichen Namens gemeint wären.

wäre. Er denkt in gesellschaftlichen Strukturen und nimmt in der Theorie seines Evangeliums einschneidende Veränderungen vor. Lukas dagegen appelliert an die Reichen und erwartet von ihnen finanzielle Großzügigkeit, aber durchaus mit Maß und Ziel. Sein Begriff für dieses Konzept lautet: «Barmherzigkeit» (ἐλεημοσύνη).[3] Bei Markus fungiert als Leitbegriff «Diakonia» (διακονία).[4] Auffällig ist: Lk konzentriert sich auf ökonomische Fragen, Markus dagegen überhaupt nicht. Geld, Immobilien und wirtschaftliche Prozesse werden bei ihm nur nebenbei erwähnt. Er hat auch nicht speziell die Reichen im Blick. Ihm geht es um die Demaskierung von Herrschaftsstrukturen. Intendiert Lukas eine Milderung des sozialen Gefälles, so strebt Markus den Umbau der Gesellschaft an.

1.1 Das Lukasevangelium: geforderte Solidarität der Reichen[5]

Lukas ist als Evangelist der Armen bekannt.[6] Die erste öffentliche Rede, die er Jesus in den Mund legt, ist ein flammendes Plädoyer im Sinn einer Option für die Armen. Sozusagen bei seiner Antrittspredigt in der Synagoge von Nazaret lässt Lukas seinen Jesus als Motto für sein Wirken folgendes Zitat aus dem Propheten Jesaja finden: «Der Geist des Herrn ruht auf mir; denn er hat mich gesalbt. Er hat mich gesandt, um den Armen eine gute Nachricht zu bringen …» (Lk 4,18 = Jes 61,1 f.). Lukas weiß, wovon er spricht. In seinem Evangelium zeichnet er konkrete Szenarien aus der Landschaft der Ökonomie. Sowohl die staatsrechtliche als auch die privatrechtliche Ebene werden berücksichtigt. Mit den Zöllnern, speziell dem Oberzöllner Zachäus kommt die römische Steuereintreibung in den Blick.[7] Oder: Lukas lässt uns einen Wettbewerb zwischen hohen königlichen Beamten miterleben. Sie sollen zei-

---

3   Vgl. Lk 11,41; 12,33; Apg 3,2.3.10; 9,36; 10,2.4.31; 24,17.
4   Vgl. Mk 9,33–35; 10,41–45.
5   Zur sozialkritischen Stoßkraft des Lukasevangeliums vgl. vor allem R. Krüger, Gott oder Mammon. Das Lukasevangelium und die Ökonomie, Luzern 1997; P. F. Esler, Community and Gospel in Luke – Acts. The Social and Political Motivations of Lukan Theology (MSSNTS 57), Cambridge 1987, 164–200. Er resümiert die Forschungsgeschichte folgendermaßen: «Generations of scholars, in their seminaries and universities, have been so successful in making Luke's message on possessions palatable for bourgois tastes that its genuinely radical nature has rarely been noted» (ebd. 170).
6   Eine Auflistung der einschlägigen Texte findet sich z. B. bei J. Ernst, Lukas. Ein theologisches Portrait, Düsseldorf 1985, 74–104 («Lukas und die soziale Frage»).
7   Vgl. Lk 3,12–14; 5,27–32; 7,29.34; 15,1; 18,9–14; 19,1–10.

gen, ob sie es verstehen, Geld statt Hände arbeiten zu lassen. Wer aus einer bestimmten Anfangssumme den meisten Gewinn zieht, bekommt Verfügungsgewalt über zehn Städte. So die lukanische Lesart des Talentegleichnisses (Lk 19,11–27) – im Grunde eine Bloßstellung von ökonomischen Strategien, von denen sich Lukas natürlich absetzen will.[8] Für ihn ist eindeutig der Sklave Vorbild, der sich diesem Wettbewerb verweigert.[9] Auf der privatrechtlichen Ebene geht es um das Leihen von Geld (vgl. Lk 6,34 f.) und um Schuldner, die nicht bezahlen können. Wir sehen Landpächter, die mit ihren Pachtschulden für Weizen und Öl im Rückstand sind (vgl. Lk 16,1–8), und auf der anderen Seite einen Großbauer, der plant, noch größere Scheunen für seine Ernte zu bauen (vgl. Lk 12,16–21). Das soll die Basis dafür sein, dass er sich's gut gehen lassen kann (vgl. V. 19). Hinter seiner Vorfreude dürfte ganz nüchtern ökonomische Spekulation stecken: Die Vorräte sind nicht für den eigenen Gebrauch gedacht. Dafür bräuchte es keine weiteren und größeren Scheunen. Durch das Horten von Getreide sollen vielmehr die Preise hochgetrieben werden (vgl. Offb 6,6).[10] Außerdem kann in ertragsschwachen Jahren das dann ohnehin hoch dotierte Getreide nach Belieben auf den Markt geworfen werden.[11] Dazu kommen ausgesprochene Milieustudien, wie etwa das klassische

---

8 Zu dieser Interpretation des Textes, die vom Mainstream der Exegeten abweicht, vgl. D. Schirmer, «Du nimmst, wo du nichts hingelegt hast» (Lk 19,21). Kritik ausbeuterischer Finanzpraxis, in: K. Füssel, F. Segbers, (Hg.), «… so lernen die Völker des Erdkreises Gerechtigkeit». Ein Arbeitsbuch zu Bibel und Ökonomie, Luzern, Salzburg 1995, 179–186.

9 Der König dieses Gleichnisses fungiert als Gegenkönig zum wahren «König» Jesus, in dessen Gegenwart der Oberzöllner Zachäus sich einem neuen Lebensstil verschreibt (Lk 19,8: «… die Hälfte meines Besitzes gebe ich den Armen …»), und dem im Lukasevangelium unmittelbar nach der Erzählung des Gleichnisses von den talentierten Ökonomen beim Einzug in Jerusalem von seinen Schülern der Lobpreis gesungen wird: «Gesegnet der Kommende, *der König*, im Namen des Herren; im Himmel Friede und Herrlichkeit in den Höhen!» (Lk 19,38). Werkimmanent ist das gleichzeitig als Kontrastaussage zu Kaiser Augustus zu lesen (vgl. Lk 2,14 f. im Rahmen von 2,1–20).

10 Vgl. die entsprechenden Vorwürfe, gegen die sich Dio Chrysostomus während einer Getreideknappheit in seiner Heimatstadt Prosa verteidigen muss: «An der gegenwärtigen Knappheit ist niemand schuldloser als ich. Habe ich etwa das allermeiste Getreide angebaut, halte es unter Verschluss und treibe damit die Preise hinauf? Ihr selbst kennt ja den Ertrag meiner Ländereien und wisst, dass ich, wenn überhaupt, nur spärlich Getreide verkauft habe und nur, wenn die Ernte über Erwarten reich ausgefallen war; dass ich aber in solchen Jahren wie dem jetzigen nicht einmal für mich selbst genug habe, sondern meine gesamten Einnahmen von Wein und Vieh beziehe …» (Or 46,8).

Bild vom armen Lazarus, der vor der Tür des reichen Prassers buchstäblich vor die Hunde geht (Lk 16,19–31).

Keine Frage: Lukas ist sich der sozialen Gegensätze bewusst. Und er entwickelt ein in sich stringentes Konzept, wie innerhalb der christlichen Gemeinde diese Gegensätze abgefedert werden können.

1.1.1 Das lukanische Solidaritätskonzept in den Sprüchen von der «Feindesliebe» (Lk 6,27–35)

Ein exemplarischer Text, an dem wir das lukanische Konzept studieren können, sind die sogenannten Sprüche von der «Feindesliebe» (Lk 6,27–35). Die lukanische Relecture dieser Überlieferung aus der Logienquelle (vgl. Mt 5,38–48)[12] stellt die «Feindesliebe» in einen spezifisch sozial-ökonomischen Horizont. Adressaten der Forderung zur Feindesliebe sind bei Lukas die Reichen. Ihnen gelten die unmittelbar vorausgehenden Weherufe, die nur Lukas an die Seligpreisungen (Lk 6,20–23 par Mt 5,3–12) anschließt:

24 Jedoch: Weh euch, den Reichen, denn ihr habt euren Trost bereits erhalten. 25 Weh euch, die ihr jetzt gesättigt seid, denn ihr werdet hungern. Weh euch, die ihr jetzt lacht, denn ihr werdet trauern und weinen. 26 Weh euch, wenn alle Menschen euch schön reden. Denn genauso haben es eure Väter den Lügenpropheten getan.

Die einzige Chance für die Reichen, der Bestrafung im Gericht durch die Umkehrung der gegenwärtigen Verhältnisse zu entkommen, besteht darin, auf die Sprüche der «Feindesliebe» zu hören und sie zu praktizieren. Präzise mit diesem Rückbezug lässt Lukas seine Spruchreihe in Lk 6,27 beginnen:

27 Aber euch (sc. den Reichen) sage ich, den Hörenden: Liebt eure Feinde ...

---

11 Vgl. W. Schottroff, Art. Armut. I. Im AT, in: NBL I (1991), 171–173, der eigens darauf hinweist, dass Getreidehorten oft genug auch Ursache für Hungersnöte war. F. Crüsemann, Armut und Reichtum. Ein Kapitel biblischer Theologie, in: ders., Maßstab: Tora. Israels Weisung für christliche Ethik, Gütersloh 2003, 208–221, spricht von «Manipulierung des Marktes durch Zurückhaltung notwendiger Waren» (ebd. 216) und verweist z. B. auf Spr 11,26.

12 Zum rekonstruierten Text der Logienquelle vgl. P. Hoffmann, C. Heil, Die Spruchquelle Q. Studienausgabe Griechisch und Deutsch, Darmstadt, Leuven 2002, 40–42. Zum ursprünglichen Sitz im Leben der Einzelsprüche sowie ihrer Relecture auf den verschiedenen Redaktionsebenen vgl. M. Ebner, Feindesliebe – Ein Ratschlag zum Überleben? Sozial- und religionsgeschichtliche Überlegungen, in: From Quest to Q (FS J. M. Robinson), Leuven 2000, 119–142.

Wie nicht anders zu erwarten, hat Lukas auch spezielle Interaktionspartner für die Reichen im Blick. Das lässt sich an den Konkretionen erkennen, die Lukas in die alten, aus der Logienquelle überkommenen Sprüche von der Feindesliebe einschreibt. Besonders deutlich wird die Absicht des Lukas bei der Wiederaufnahme des Leitspruchs von der Feindesliebe in Lk 6,35. Von der Rhetorik her handelt es sich um eine *inclusio*: Diese Wiederaufnahme legt einen Rahmen um die Spruchreihe von der Feindesliebe. Von der Logik her handelt es sich um eine Schlussfolgerung, die eine Alternative aufzeigen will, die einzige, die den Reichen zu ihrer Rettung übrig bleibt:

35 Jedoch: Liebt eure Feinde und tut Gutes und leiht ohne etwas zurückzuerhoffen. Und es wird euer Lohn groß sein, und ihr werdet Söhne des Höchsten sein, weil er selbst gütig ist zu den Undankbaren und Bösen.

Soviel wird auf den ersten Blick klar: Die Feinde der Reichen sind die Armen. Sie sind darauf angewiesen, Geld geliehen zu bekommen, und ihnen ist es oft nicht möglich, die Schulden zurückzuzahlen. Lukas projiziert also die «Feindesliebe» in die Sozialstrukturen seiner Gemeinden (irgendwo in der römischen Provinz Asia), in denen es – vermutlich ähnlich wie in den paulinischen Gemeinden (vgl. 1Kor 1,26) – neben vielen Handwerkern, Lohnarbeitern und Sklaven eben auch ein paar wenige Einflussreiche und Reiche gibt. Paradigmatisch dafür stehen die wenigen Namen mit gutem Klang, die Lukas in seiner Apostelgeschichte mit Stolz zum Besten gibt (der römische Hauptmann von Cäsarea, der Prokonsul Sergius Paulus auf Zypern, die reiche Purpurhändlerin Lydia in Philippi).[13] Von Leuten wie ihnen wird innerhalb der christlichen Gemeinde ein verändertes Sozialverhalten gefordert. Ein gelungener Fall wird bereits in der Jesusgeschichte erzählt: der Oberzöllner Zachäus, der die Hälfte seines Vermögens den Armen schenken (!) will (Lk 19,1–9).

Von der inkludierenden Schlussfolgerung Lk 6,35 her gelesen, können die traditionellen Sprüche von der Feindesliebe, mit denen Lukas seine Reihe beginnt, als Ausdruck von Sozialneid gelesen werden, der sich in Aversionen gegen die Reichen (Hass, Fluch, Beschimpfung) niederschlägt und evtl. sogar in aggressives Verhalten oder in kriminelle Übergriffe umschlagen kann (Schlag, Raub):

---

13 Apg 10,1; 13,7; 16,14.

27 Aber euch, den Hörenden, sage ich: Liebt eure Feinde, tut recht[14] denen, die euch hassen, 28 segnet die euch verfluchen, betet für die, die euch beschimpfen. 29 Dem, der dich auf die Wange schlägt, biete auch die andere, und von dem, der dir das Obergewand wegnimmt, halte auch das Untergewand nicht zurück. 30 Jedem, der dich bittet, gib, und von dem, der das Deine wegnimmt, fordere nicht zurück!

Wie schnell Zahlungsunfähige zu Feinden werden können, davon weiß schon Sir 29,4–6 ein Lied zu singen:

4 Viele Schuldner bitten um ein Darlehen, doch dann verärgern sie ihre Helfer. 5 Bis er etwas bekommt, küsst er dem anderen die Hand und redet mit ihm unterwürfig wegen seines Geldes. Am Tag der Rückzahlung aber enttäuscht er ihn, weil er erst nach langer Zeit zurückerstattet. 6 Ist er auch zahlungsfähig, bringt er kaum die Hälfte und betrachtet es wie einen Fund; ist er es nicht, bringt er ihn um sein Geld und macht sich ihn leichtfertig zum Feind. Fluchen und Schimpfen zahlt er ihm zurück, statt mit Ehre vergilt er mit Schmach.

Hier klingt bereits ein gesellschaftlich etablierter Erwartungshorizont auf Seiten der Reichen an, den Lukas nicht ohne weiteres übergehen kann: angefangen von den Schmeicheleien, um überhaupt Geld geliehen zu bekommen, bis hin zu erwarteten Ehrerweisen seitens der Schuldner. Vor seine provozierende Relecture der «Feindesliebe» in Lk 6,35 baut Lukas deshalb zwei Filter ein: Eine positive Motivierung zum veränderten Verhalten mit Hilfe der interkulturell anerkannten «Goldenen Regel» (Lk 6,31) und eine scharfe Kritik am gesellschaftlich etablierten Gegenseitigkeitsethos (Lk 6,32–34). Beginnen wir mit Letzterem. Auch in diesem Fall hat Lukas den aus der Logienquelle übernommenen Sprüchen (vgl. Mt 5,46 f.) seine eigene Handschrift in der Perspektive einer sozialökonomischen Relecture aufgeprägt, was durch Fettdruck angedeutet werden soll:

32 Und wenn ihr liebt, die euch lieben, welcher **Dank** ist euch? Denn auch die **Sünder** lieben diejenigen, die sie lieben. 33 Und wenn ihr **Gutes tut** denen, die euch **Gutes tun**, welcher **Dank** ist euch? Auch die **Sünder** tun das Gleiche. 34 **Und wenn ihr leiht, von denen ihr (zurückzu)erhalten hofft, welcher Dank ist**

---

14 Diese Formulierung (καλῶς ποιεῖτε) wird in der *inclusio* Lk 6,35 durch einen Terminus aufgegriffen (ἀγαθοποιεῖτε), der in der hellenistischen Ethik verankert ist und sich auf das Erweisen von Wohltaten im Sinn des Gegenseitigkeitsethos (s. u.) bezieht; vgl. W. C. van Unnik, Die Motivierung der Feindesliebe in Lukas VI 32–35, in: NT 8 (1996), 284–300, 289–295.

euch? Auch die Sünder leihen Sündern, damit sie zurückempfangen das Gleiche.

Lukas hat die sozialen Konventionen des Gebens und Nehmens im Blick, die den gesellschaftlichen Alltag seiner Zeit regeln. Es handelt sich um regelrechte Reziprozitätsmechanismen, die Geber und Nehmer in die Pflicht nehmen. Philosophische Traktate von Seneca *(De Beneficiis)* und Cicero (*De Officiis* II 15,52–24,90) verschaffen uns einen detaillierten Einblick in die konkreten Vorgänge.[15] Generell geht es bei diesem gesellschaftlich etablierten «Güteraustausch» nicht nur um Geld, sondern auch darum, den einen «mit Bürgschaft, einen anderen mit Einfluss, einen anderen mit Rat, wieder einen anderen mit heilsamen Lehren» zu unterstützen (Ben I 2,4) oder auch den Zugang zu begehrten Ämtern zu verschaffen (vgl. Ben I 5,1). Dabei kann durchaus mit ungleicher Münze «zurückerstattet» werden. Nur muss die Rückerstattung stattfinden.

Während die sozial gleich gestellten *amici* noch am ehesten «Gleiches mit Gleichem vergelten» können, etwa die Verschaffung eines Amtes mit einer bestimmten Geldsumme, bleibt den sozial nicht gleich gestellten Klienten, die auf den Reichen als ihren einflussreichen *patronus* und Geldgeber angewiesen sind, meistens nichts anderes übrig, als seine Wohltaten mit Ehre und Unterwürfigkeit «zurückzubezahlen». Jeden Morgen stehen sie zum Morgengruß ihres *patronus* parat und begleiten ihn dann zum Forum, um seinen Reden Beifall zu klatschen und seinen Einfluss eindrucksvoll zur Schau zu stellen.[16]

---

15 Vgl. G. Stansell, Gabe und Reziprozität. Zur Dynamik von Gaben in den synoptischen Evangelien, in: W. Stegemann, B. J. Malina, G. Theißen (Hg.), Jesus in neuen Kontexten, Stuttgart 2002, 185–196; zu Senecas Traktat *De Beneficiis* im Rahmen des antiken Gegenseitigkeitsethos vgl. G. W. Petermann, Paul's Gift From Philippi. Conventions of Gift-Exchange and Christian Giving (MSSNTS 92), Cambridge 1997, 51–89; S. Joubert, Paul as Benefactor. Reciprocity, Strategy and Theological Reflection in Paul's Collection (WUNT II/124), Tübingen 2000, versucht eine Differenzierung zwischen der im römischen Kulturraum praktizierten «patronage» und der im griechischen Kulturraum beheimateten «benefaction». Typisch für die «patronage» ist ein einseitig festgelegtes Rollensystem unabhängig vom tatsächlich erfolgten Güter*austausch*, im Fall der «benefaction» herrschen beim Güteraustausch wechselseitige Erwartungen, wobei der «benefactor» selbst zum «beneficiary» werden kann. A. Batten, God in the Letter of James. Patron or Benefactor?, in: NTS 50 (2004), 257–272, spitzt diesen Ansatz noch zu: Der «benefactor» verzichtet auf Rückforderungsansprüche.

16 A. W. Lintott (Übers. A. Beuchel), Art. Cliens, clientes, in: DNP III (1997), 32 f.; ders. (Übers. A. Heckmann), Art. Patronus, in: DNP IX (2000), 421–423; sowie die satiri-

Man kann im Blick auf diese gesellschaftlich etablierten Verhaltensmuster durchaus von interpersonalen Solidaritätsstrukturen sprechen – nach dem Motto: Eine Hand wäscht die andere. In der Wertung des Lukas, der diese Strukturen in Lk 6,32–34 gezielt im Blick hat, spiegelt sich darin jedoch das Verhalten von «Sündern». Dabei wird «Sünde» in diesem Kontext strukturell verstanden. Präzise ist damit die Art von Solidarität gemeint, die sich auf die Unterstützung von Gleichgestellten beschränkt bzw. die sozial niedriger stehenden Klienten in eine abhängige und zum Teil demütigende Position zwingt, wenn sie ihren «Dank» für Geld und juristische Unterstützung abstottern müssen. Genau an diesem Punkt bricht Lukas die Vorstellung vom Gegenseitigkeitsethos auf, nicht ohne neue Perspektiven anzubieten. Er hinterfragt die Qualität des menschlichen «Dankes» (χάρις)[17], der dafür in Empfang genommen werden darf. Lukas hat den Reichen mehr zu bieten: himmlischen Lohn (μισθός), der identisch ist mit der eschatologischen Rettung – alternativ zur Gerichtsandrohung der Weherufe. Aber die Reichen werden bei ihm nicht nur auf die Zukunft vertröstet. Auch für die Gegenwart wird ihnen eine Gegengabe versprochen, die in der konventionellen Werteskala beim Austausch der Wohltaten hohen Rang besitzt. Sie bekommen einen Ehrentitel: «Söhne des Höchsten» dürfen sie sich nennen (vgl. Lk 6,35). Damit bleibt das gesellschaftlich eingeschliffene Reziprozitätsdenken prinzipiell in Geltung, allerdings wird in den Austausch der Wohltaten eine dritte Größe eingeschleust: Gott. Und damit gilt: Die Armen, denen von den Reichen großzügig Wohltaten erwiesen werden, sind von der Verpflichtung des materiellen bzw. ideellen «Zurückbezahlens» befreit. Diese Rolle übernimmt Gott.[18]

Diese theologische Überhöhung des Reziprozitätsdenkens, die den Reichen nicht nur in der Gegenwart eine Ehrenstellung zubilligt, sondern ihnen auch die eschatologische Rettung verheißt, gilt allerdings nur dann, wenn sie aus

---

schen Darstellungen des täglichen Kampfs um die *sportulae*, die Tagesgabe des *patronus* an seine Klienten, etwa bei Juvenal 1,95–141 und Martial VI 88.

17 In der hellenistischen Welt ist damit vor allem der *menschliche* Dank gemeint. Vgl. G. Theissen, Gewaltverzicht und Feindesliebe (Mt 5,38–48/Lk 6,27–38) und deren sozialgeschichtlicher Hintergrund, in: ders., Studien zur Soziologie des Urchristentums (WUNT 19), Tübingen ³1989, 160–197, 166–168; W.C. van Unnik (Anm. 14), 295–299.

18 Das Reziprozitätsmuster kann stringent durchgehalten werden: Almosen, die die Reichen geben, werden im Himmel als «Schatz» gutgeschrieben (vgl. Lk 12,33); der Maßstab des Gerichtes richtet sich nach der Großzügigkeit der gegebenen Almosen (vgl. Lk 6,38), ebenfalls ein von Lukas in die Überlieferung der Spruchquelle eingetragener Zusatz.

den eingefahrenen gesellschaftlichen Mustern aussteigen, d. h. gerade denen Geld leihen, von denen nichts zurückzuerhoffen ist – und von ihnen auch keinen Dank erwarten. Nur dann steht ihnen zu Recht der Ehrentitel «Söhne des Höchsten» zu, wenn sie im Sinn der *imitatio dei* handeln wie Gott, der – so Lk 6,35 – «selbst gütig ist zu den Undankbaren und Bösen».[19] Im Klartext: Die Reichen brauchen auch in der christlichen Gemeinde nicht auf einen Ehrentitel zu verzichten und können auf eschatologische Rettung hoffen, wenn sie – anders als es die gesellschaftlichen Konventionen vorschreiben – großzügig Almosen verteilen, ohne dass die Beschenkten von den Reziprozitätsmechanismen in die Pflicht genommen würden. Ausdrücklich lässt Lukas seinen Jesus im Abendmahlssaal davor warnen, sich wie die Könige der Völker, die ihre Untergebenen ausbeuten, «Wohltäter» (εὐεργέται) zu nennen (Lk 22,25).

Allerdings ist dieser durchaus verlockende Hoffnungsschimmer für die Reichen an ihre eigene Initiative gebunden. Sie sind es, die den ersten Schritt tun müssen. Dazu will der erste Filter, durch den die konventionellen Sprüche von der «Feindesliebe» gebrochen werden, motivieren (Lk 6,31):

31 Und wie ihr wollt, dass euch die Menschen tun sollen, tut ihr ihnen genauso!

Die in der gesamten Antike bekannte «Goldene Regel» wird hier in ihrer positiven Variante zitiert. Das ist nicht unerheblich;[20] denn während die negative Fassung – in der Formulierung «Was du nicht willst, dass man dir tu', das füg auch keinem anderen zu»[21] bis heute sprichwörtlich – im Sinn einer fun-

---

19 Erstaunlich genug: Es ist das gleiche Motiv, mit dem auch Seneca für den Verzicht auf die Rückerstattung von Wohltaten zu werben versucht: «Wenn du die Götter», heißt es, «nachahmst, dann erweise auch undankbaren Menschen Wohltaten, denn auch Verbrechern geht die Sonne auf, auch Seeräubern stehen die Meere offen» (Ben IV 26,1; vgl. auch Mt 5,45). Dabei geht Seneca in seinem Traktat *De Beneficiis* von den praktizierten Konventionen aus, stachelt zu einem gegenseitigen Wettbewerb im Geben und Nehmen von «Wohltaten» an und stößt schließlich bis zu der idealen Haltung vor, auf die Rückerstattung erwiesener Wohltaten zu verzichten. Die Differenzierung zwischen «patronage» und «benefaction», die Joubert und Batton (Anm. 15) einzubringen versuchen, ist auf diesem Hintergrund eher als interne Systemkritik zu kennzeichnen, die im Ergebnis dem Ziel des Lukas sehr nahe kommt.
20 Vgl. die instruktiven Differenzierungen von G. Theissen, Die Goldene Regel (Mt 7:12/Lk 6:31). Über den Sitz im Leben ihrer positiven und negativen Form, in: Biblical Interpretation 11 (2003), 386–399.
21 Vgl. Hist. Augusta 51,7 f.: *Quod tibi fieri non vis, alteri ne feceris.*

damentalethischen Maxime sowohl im paganen Kulturraum als auch im Judentum generell jeden Menschen im Blick hat, bezieht sich die positive Form, die ja ein Initiativhandeln verlangt, nur auf besondere soziale Beziehungen: auf Familienangehörige, auf Freunde, oder hat besonders Mächtige, eben Herrscher, im Visier. Wenn Lukas diese positive Form der goldenen Regel[22] den Reichen als Verhaltensmaxime gegenüber den Armen ans Herz legt, dann verlangt er von ihnen ein königliches Ethos bzw. macht Ernst mit der Familienmetaphorik für all diejenigen, die das Wort Gottes hören (vgl. Lk 8,19–21; 6,27). Die Perspektive, die Lukas verfolgt, ist klar: Wenn die Reichen den bestehenden Sozialneid beenden und damit den Ehrabschneidungen und Schädigungen von Seiten der Armen entgehen wollen, dann müssen sie den Vorschuss an Vertrauen, den sie gewöhnlich nur ihresgleichen bzw. ihren Klienten entgegenbringen, auch denen gegenüber zeigen, die sie bisher von ihren gesellschaftlichen Interaktionen ausgegrenzt haben. Das ist nach Lukas die Voraussetzung dafür, um in einen «geregelten Austausch» mit ihnen zu kommen. Dass es dann letztendlich Gott ist, der für die Armen «einspringt» und die Rückgabe der «Güter» übernimmt (vgl. Lk 6,35), steht auf einem anderen Blatt.[23] Das lukanische Interesse an den Sprüchen von der «Feindesliebe» besteht darin, «soziale Feinde in die Solidaritätsbeziehung der Reziprozität wieder zurückzuholen».[24]

1.1.2 Die Durchführung im Werk

Die Sprüche von der ganz anderen Feindesliebe, die den Reichen in der lukanischen Gemeinde ihren einzig möglichen «Fluchtweg» aufzeigt, wenn sie nicht den Weherufen von Lk 6,24–26 verfallen wollen, bleiben keine bloßen

---

22 Sie war offensichtlich in der so genannten programmatischen Rede der Spruchquelle verankert. Matthäus bietet sie am Ende der Bergpredigt (Mt 7,12). Die Negativformulierung der goldenen Regel ist in einer Textvariante zu Apg 15,29 bezeugt.

23 Gott als «Dritter im Bunde»: Darin besteht die Pointe der biblischen Rezeption des Reziprozitätsgedankens; vgl. schon Sir 12,1–6; vgl. W. C. van Unnik (Anm. 14) 290; G. W. Petermann (Anm. 15) 89; H. Moxnes, Patron-Client Relations and the New Community in Luke-Acts, in: J. H. Neyrey (Hg.), The Social World of Luke-Acts. Models for Interpretation, Peabody (MA) 1991, 241–268.

24 So die gelungene Formulierung von W. Stegemann, Kontingenz und Kontextualität der moralischen Aussagen Jesu. Plädoyer für eine Neubesinnung auf die sogenannte Ethik Jesu, in: ders., B. J. Malina, G. Theissen (Hg.), Jesus in neuen Kontexten, Stuttgart 2002, 167–184, 184, dessen sozialgeschichtlicher Auslegung ich mich voll und ganz anschließen kann, sofern die Überlegungen auf die Sicht des Lukas – und nicht des historischen Jesus – bezogen werden.

Worte. Im narrativen Duktus seines Evangeliums lässt Lukas den Leser miterleben, wie sich an dieser Art von Feindesliebe die Geister scheiden. An konkreten Figuren und Situationen spielt Lukas sein Konzept vom innergemeindlichen Sozialausgleich plastisch durch. Der reiche Kornbauer und der reiche Prasser gehören als typische Negativbeispiele genauso dazu wie der Oberzöllner Zachäus und der so genannte «ungerechte» Verwalter als strahlende Vorbilder. Hier erfahren wir auch, wo der eigentlich *materiale* Bezugspunkt für das Sozialkonzept des Lukas liegt: in der Tora als Ideal gerechten Handelns. Das wird unmittelbar ins Wort gesetzt in der Geschichte vom reichen Prasser, während es sich an der «kreativen Umschreibung von Schuldscheinen»[25] des «ungerechten» Verwalters nur indirekt ablesen lässt. Dem reichen Prasser, der wegen seiner Hartherzigkeit gegenüber dem Armen vor seiner Tür im Feuer der Hölle schmort und wenigstens seine Brüder vor so einem Ausgang bewahren möchte, schlägt Abraham die gut gemeinte Bitte, Lazarus aus dem Totenreich in sein Elternhaus zu schicken und die Seinen zu warnen, schroff ab – mit der vielsagenden Begründung: «Wenn sie auf Mose und die Propheten nicht hören, werden sie sich auch nicht überzeugen lassen, wenn einer von den Toten aufersteht» (Lk 16,31).

Wird hier explizit auf die Tora und ihre Fortschreibung durch die Propheten verwiesen, so setzt sie der «ungerechte» Verwalter (Lk 16,1–8) durch die Umschreibung der Schuldscheine implizit wieder in Kraft: Denn er erlässt nicht mehr und nicht weniger als den auf die Pachtschuld aufgerechneten Zinsbetrag. Sozialgeschichtliche Forschungen verweisen auf den sogenannten ἄτοκος-Typ unter den Urkunden. Die Bezeichnung («zinslos»-Urkunden) ist euphemistisch. Denn auf derlei Urkunden erscheint zwar kein eigens ausgewiesener Zinsbetrag, dafür ist er in die Gesamtsumme eingerechnet![26] Da-

---

25 F. Crüsemann, Armut (Anm. 11), 220.
26 Vgl. J. D. M. Derrett, Take Thy Bond ... and Write Fifty (Luke XVI. 6). The Nature of the Bond, in: ders., Studies in the New Testament. Volume One: Glimpses of the Legal and Social Presuppositions of the Authors, Leiden 1977, 1–3; aufgenommen von D. Pauly, «Ihr könnt nicht beiden dienen, Gott und dem Mammon» (Lk 16,13). Die Wiederherstellung einer gerechten Ökonomie und die Bekehrung eines Managers, in: K. Füssel, F. Segbers (Hg.), «... so lernen die Völker des Erdkreises Gerechtigkeit». Ein Arbeitsbuch zu Bibel und Ökonomie, Luzern, Salzburg 1995, 187–202, 189; er weist darauf hin, dass wir uns die «Schuldscheine» als kleine hölzerne, wachsüberzogene Täfelchen vorzustellen haben; nachdem der Verwalter die Schuldner die entsprechenden Beträge selbst ausbessern lässt, dürfte es sich um so genannte «Holographen» handeln, also von den Schuldnern eigenhändig geschriebene Schuldurkunden ohne Zeugenunterschriften (ebd. 190).

mit wird den Gläubigern Tür und Tor geöffnet. In unserem Fall beläuft sich der Zinssatz für Weizen auf 25 %, der fürs Öl gar auf 100 %. Das hängt damit zusammen, dass bei Öl die Gefahr des Panschens besonders groß war.[27]

Auf diesem Hintergrund betrachtet, erscheint der «ungerechte Verwalter» als ein Vorbild der «Umkehr» im lukanischen Sinn. Ähnlich wie der «verlorene Sohn» hat auch er das Vermögen seines Herrn «verschleudert» (Lk 16,1 vgl. 15,13). D. h. er lebt in Saus und Braus. Jedenfalls wird ihm das vorgeworfen.[28] Aber als er unter Druck gerät, weil sein Herr, als dessen *alter Ego* er selbstständig in Finanzgeschäften handeln darf, ihn zu Rechenschaft ziehen will (vgl. Lk 16,1 f.), hält er sich an das, was Maßstab für eine gerechte Sozialordnung sein könnte: die Tora. Er setzt ihr Zinsverbot in Kraft.[29] Und damit geht er eigentlich gegen ein ungerechtes System vor. Genauso wird er auch im griechischen Text vorgestellt. Als «Verwalter der Ungerechtigkeit»[30] wird er in V. 8 wegen seiner Klugheit gelobt. Denn ganz auf der Linie der Tora geht er gegen ein ungerechtes System vor, als dessen Verwalter er bisher agiert hat, und erweist sich dadurch als wirklich gerecht. Kein Wunder, dass er in V. 9 (den Reichen und Einflussreichen) als Vorbild vor Augen gestellt wird. Wer so wie er mit Geld umgeht und sich Freunde mit Hilfe des ungerecht angeeigneten Reichtums macht, den werden, wenn es mit ihm zu Ende geht,[31] die von ihm Beschenkten «in die ewigen Wohnungen aufnehmen»[32]. Im Klartext:

---

27 Vgl. J. D. M. Derrett, Fresh Light on St Luke XVI. The Parable of the Unjust Steward, in: NTS 7 (1960/1961), 198–219, bes. 211–217.

28 Vgl. dazu S. Pellegrini, Ein «ungetreuer» οἰκονόμος (Lk 16,1–9). Ein Blick in die Zeitgeschichte Jesu, in: BZ NF 48 (2004), 161–178, 164–168.

29 Vgl. Ex 22,25; Lev 25,36 f. (gegenüber Armen); Dtn 23,20 (gegenüber allen Israeliten – und auch den «Fremden» im Land; nur erlaubt gegenüber im Ausland lebenden Fremden, also Großhändlern); vgl. dazu F. Crüsemann, Gottes Fürsorge und menschliche Arbeit. Ökonomie und soziale Gerechtigkeit in biblischer Sicht, in: Ders., Maßstab: Tora. Israels Weisung für christliche Ethik, Gütersloh 2003, 190–207, 198 f.

30 So im griechischen Text; die Genitivkonstruktion eines ausgewiesenen hellenistischen Schriftstellers wie Lukas lässt sich deshalb nicht ohne weiteres als Hebraismus erklären und auf dieser Basis der Genitiv zu einem Adjektiv machen!

31 Hier ist der Tod gemeint. V. 4 wird hier in eschatologischer Perspektive aufgegriffen. Vgl. B. Heininger, Metaphorik, Erzählstruktur und szenisch-dramatische Gestaltung in den Sondergutgleichnissen bei Lukas (NTA NF 24), Münster 1991, 176 f.

32 Die griechische Satzkonstruktion bezieht diese Tätigkeit auf niemanden anders als diejenigen, die wegen des ungerecht einbehaltenen Geldes, das sie als «Geschenk» zurückbekommen, zu Freunden der Reichen werden. Vgl. F. Bovon, Das Evangelium nach Lukas. 3. Teilband: Lk 15,1–19,27 (EKK III/3), Düsseldorf, Neukirchen-Vluyn 2001, 80: «Nutznießer des Teilens unserer Güter».

Die Armen werden die Richter der Reichen sein. Die Drohungen der Wehe-rufe (Lk 6,24–26) genauso wie die Verheißung für die «Hörenden» unter den Reichen (Lk 6,27–35) werden von den betroffenen Armen als letztgültigen Richtern selbst in die Tat umgesetzt. Dabei wird von den Reichen nichts Un-mögliches verlangt. Sie müssen sich eigentlich nur an die Tora – in unserem Fall speziell an das Zinsverbot – halten. Hört man auch die lukanische Feindesliebe in diesem Kontext, so bedeutet die dort geforderte «Freigebigkeit» gegenüber den Armen eigentlich nichts anderes als: das ungerecht einbehaltene Geld zurückgeben.[33] Genau so wie Zachäus.

1.1.3 «Solidarität» bei Lukas

Lukas sieht die sozialen Missstände, die Belastung der finanziell Schwachen und der Ärmsten. Und: Er durchschaut ökonomische Strukturen. Er wendet sich an die Reichen. Von ihnen fordert er einen Sozialausgleich. Es geht ihm nicht um eine strukturelle Lösung. Auch denkt Lukas nicht generell an Besitzverzicht.[34] Die Gütergemeinschaft der Urgemeinde ist ein Idealfall der goldenen Anfangszeit.[35] Im Übrigen werden nur dann Häuser verkauft, wenn Not am Mann ist.[36] Den Normalfall markieren die genannten Vorbildfiguren, der

---

33 Ganz anderes und viel mehr verlangt Neh 5,11, wo im hebräischen Text eindeutig davon die Rede ist, dass die Schuldner ihre Äcker und Weinberge usw. hundertfach zurückerstattet bekommen. Damit geben die Reichen auch den Gewinn zurück, den sie unterdessen mit dem ursprünglichen Eigentum der Armen erzielt haben. Dazu vgl. nur J. S. Croatto, The Debt in Nehemiah's Social Reform. A Study of Nehemiah 5:1–19, in: L. E. Vaage (Hg.), Subversive Scriptures. Revolutionary Readings of the Christian Bible in Latin America, Valley Forge (PA) 1997, 39–59.

34 Wie er etwa von den Jüngern gefordert wird, vgl. Lk 14,33.

35 Im Hintergrund stehen alttestamentliche (vgl. Dtn 15,4: «Doch eigentlich sollte es bei dir gar keine Armen geben …», vgl. Apg 4,34) und hellenistische Motive (Saturnisches Zeitalter). Vgl. H.-J. Klauck, Gütergemeinschaft in der klassischen Antike, in Qumran und im Neuen Testament, in: ders., Gemeinde – Amt – Sakrament. Neutestamentliche Perspektiven, Würzburg 1989, 69–100; G. Theissen, Urchristlicher Liebeskommunismus. Zum ‹Sitz im Leben› des Topos ἅπαντα κοινά in Apg 2,44 und 4,32, in: Texts and Contexts. Biblical Texts in Their Textual and Situational Contexts (FS L. Hartman), Oslo 1995, 689–712, der auf die Entwicklung aufmerksam macht, die Lukas auf der narrativen Ebene vornimmt. G. Jankowski, «… und hatten alles gemeinsam» (Apg 4,32). Ökonomische Fragen in der Apostelgeschichte, in: K. Füssel, F. Segbers (Hg.), «… so lernen die Völker des Erdkreises Gerechtigkeit». Ein Arbeitsbuch zu Bibel und Ökonomie, Luzern, Salzburg 1995, 139–146.

36 Genau besehen wird vermutlich zunächst nur Landbesitz verkauft; vgl. Apg 4,37; 5,1.3.8. Die Häuser werden nämlich als Versammlungsräume gebraucht.

Oberzöllner Zachäus[37] und der «Verwalter der Ungerechtigkeit». Inhaltlich orientiert sich Lukas am Wertesystem der Tora als gesellschaftlicher Option für die Gegenwart – und als Maßstab für das Gericht am Ende, wodurch die Forderungen des Lukas besonderen Nachdruck erhalten.

Auf Schlagwörter gebracht können wir von einer vertikalen Solidarität[38] sprechen, die von einer asymmetrischen Gerechtigkeitsvorstellung ausgeht und auf den Binnenraum der Gemeinde beschränkt bleibt.

1.2 Das Markusevangelium: Umbau der Gesellschaftsstrukturen als Basis für Solidarität

Gehen wir sofort *medias in res*. In Mk 3,21 wird Jesus von seinen leiblichen Verwandten gesucht. Sie halten ihn für verrückt und wollen ihn aus dem Verkehr ziehen. Gemäß der von Markus entworfenen Szenerie steht die leibliche Familie draußen vor dem Haus (vgl. Mk 3,20 f.31), während Jesus drinnen (als Lehrer) sitzt, auf seine neue Familie *(familia dei)* schaut und folgendes Deutewort spricht: «Siehe, meine Mutter und meine Brüder. Wer nämlich den Willen Gottes tut, der ist mein Bruder und meine Schwester und meine Mutter» (Mk 3,34 f.).

Eine Familie *ohne Vater*. In unseren Tagen ist das nichts Besonderes. In der Antike ist das anders. Wenn der «Vater» fehlt, fehlt das, was ein «Haus» ausmacht: der *pater familias*. Es handelt sich jeweils um das älteste männliche Familienmitglied, dem rechtlich die Leitung des «Hauses» zukommt, das wir uns als Produktionsgemeinschaft vorzustellen haben. Außer den Familienangehörigen, die in mehreren Generationen vertreten sein können, gehören vor allem auch die Sklaven dazu, die für die Arbeit im Haus und auf den Landgütern zuständig sind. Der *pater familias* vertritt das Haus nach außen, etwa in der Volksversammlung (Repräsentation); er ist Verwalter der Güter (Ökonomie) und hat volle Verfügungsgewalt nach innen (Recht).[39] Diese patriarchalische Struktur des Hauses ist Grundzelle der gesamten römischen Gesellschaft. Was der *pater familias* im Haus ist, ist der Kaiser für das Imperium.

37 Vgl. H.-J. Klauck, Die Armut der Jünger in der Sicht des Lukas, in: ders., Gemeinde – Amt – Sakrament. Neutestamentliche Perspektiven, Würzburg 1989, 160–194.

38 Zur Begriffsprägung vgl. J. Assmann, Ma'at. Gerechtigkeit und Unsterblichkeit im Alten Ägypten, München 1990, 250, der seinerseits auf Leo Baeck zurückgreift.

39 Vgl. G. Schiemann, Art. Patria potestas, in: DNP IX (2000), 402–404.

In der markinischen Konzeption wird der Kardinalpunkt im Haus zur «Leerstelle». Diese strukturelle Veränderung der römischen Gesellschaftsstruktur am wichtigsten und empfindlichsten Punkt wird bewusst vollzogen und im gesamten Evangelium konsequent durchgehalten. Eine besonders auffällige Kontrollstelle ist der Doppelspruch in Mk 10,29 f. Im Nachgespräch (Mk 10,23–31) zur Begegnung mit dem Reichen (Mk 10,17–22) werden Verlust und Gewinn bei der Nachfolge gegenseitig aufgerechnet:

Mk 10,29		Mk 10,30	
Keiner ist, der verlassen hat		ohne dass er erhält Hundertfaches jetzt in dieser Zeit	
	Haus		Häuser
oder	Brüder	und	Brüder
oder	Schwestern	und	Schwestern
oder	Mutter	und	Mütter
oder	Vater		
oder	Kinder	und	Kinder
oder	Äcker	und	Äcker
meinetwegen oder wegen des Evangeliums		mit Verfolgungen und in der kommenden Welt ewiges Leben	

«Väter» im Sinn des patriarchalischen Systems gibt es strukturell gesehen in der christlichen Gemeinde nach Markus nicht mehr. Wer biologisch Vater ist, nimmt innerhalb der Gemeinde den Status eines «Bruders» ein. Ganz deutlich werden damit egalitäre Strukturen angezielt.[40] Die ökonomische Perspektive bildet nur einen Nebenaspekt. Wenn niemand mehr die Position des «Vaters»

---

40 Das lässt sich auch an anderen Motiven ablesen. In der Hausszene Mk 3,32–35 sitzt Jesus – wie es sich für einen Lehrer in der Antike gehört. Aber diejenigen, die ihm als seine Schüler zuhören, stehen nicht, wie in der Antike üblich, sondern sitzen ebenfalls (vgl. Mk 3,34). In der Szene mit dem Bettler Bartimäus (Mk 10,46–52) ist es gar der Bettler, der sitzt, während Jesus stehend auf ihn zugeht. Nimmt man das Konfliktgespräch mit den beiden Zebedaiden, das der Bartimäus-Geschichte unmittelbar vorausgeht (Mk 10,35–40), als Hintergrundfolie, dann nimmt der Bettler genau den Platz ein, den sich die beiden Brüder Jakobus und Johannes für ihre Zukunft in der Gottesherrschaft erträumen: links und rechts von Jesus zu *sitzen* (Mk 10,37), was im Kontext der Vorstellung vom Erscheinen Jesu «in Herrlichkeit» (Mk 8,38) geradezu den Sinn von «thronen» annimmt. Nachdem im Griechischen in beiden Geschichten das gleiche Wort für «sitzen» gebraucht wird, kann diese Nuance auch bei der Schilderung des Bettlers am Ortsausgang von Jericho mitgehört werden.

im Sinn des *pater familias* einnimmt, dann fällt auch das Verfügungsrecht über das Eigentum in die Hände der gleichberechtigten Geschwister.

Soviel ist klar: das markinische Gemeindemodell basiert auf veränderten Gesellschaftsstrukturen. Markus tilgt die Position, die den Eckpunkt für die patriarchalischen Abstufungen und eine nach Ständen gegliederte Gesellschaft ausmacht.[41]

1.2.1 Klare Absage an das gesellschaftlich erwartete Dominanzverhalten

Mit der Eliminierung des *pater familias* nicht genug. Markus hat auch das *Verhalten* der einzelnen Rollenträger im Blick. Normalerweise herrscht in der römischen Gesellschaft ein soziales Gefälle zwischen Elite und Nicht-Elite, römischen Bürgern und Fremden, Mann und Frau, Freien und Sklaven usw. Je besser in diesen Beziehungen der jeweils Übergeordnete Dominanzverhalten an den Tag legt, desto höher rückt er im Bewertungsmaßstab der eigenen Gruppe. In der sozialen Hierarchie innerhalb der eigenen Statusgruppe erhöht er seinen *relativen Status*.

Der markinische Jesus stellt diese gesellschaftlich praktizierte Bewertungsregel auf den Kopf: «Wer Erster sein will, soll von allen der Letzte sein, d. h. aller *diakonos*» (Mk 9,35), lautet die diesbezügliche Maxime, die im Mittelteil des Evangeliums nicht nur einmal vorkommt (vgl. Mk 10,43 f.). *Diakonos* ist weder ein bestimmter Stand oder Status, sondern bezeichnet die Übernahme eines Rollenverhaltens, wie es eigentlich für die jeweils *untergeordneten* Positionen in der Gesellschaftsordnung typisch ist.[42]

Wie die beiden *Diakonos*-Maximen in Mk 9,35 und 10,43 f. sowie ihre Konkretisierungen im dazwischen liegenden Textteil zeigen, geht es Markus nicht um einen Rollentausch. Nirgends wird auch nur ein Wort davon gesagt, dass diejenigen in untergeordneten Positionen die Rolle eines Herrschenden übernehmen sollten. Sondern: Die Rolle eines *Diakonos* ist die einzig angemessene in einer christlichen Gemeinde. Deswegen hat der markinische Jesus mit seinen Ermahnungen zu einem Rollen*wechsel* ausschließlich diejenigen im Blick, deren natürlicher bzw. delegierter Status sie auf die Seite der jeweils Überlegenen gestellt hat und von denen man gesellschaftlich Dominanzverhalten erwartet. Und die römische Gesellschaft hat äußerst sensibel darauf rea-

---

41 Zum römischen Gesellschaftsmodell vgl. z. B. G. Alföldi, Gesellschaftsordnung der Prinzipatszeit, in: ders., Römische Sozialgeschichte (Wissenschaftliche Paperbacks Sozial und Wirtschaftsgeschichte 8), Wiesbaden [3]1984, 85–132.

42 Vgl. vor allem die Untersuchung von J. N. Collins, Diakonia. Re-interpreting the Ancient Sources, New York (NY) 1990, der als Grundbedeutung «go between» festhält.

giert, wenn jemand trotz seines natürlichen Status das entsprechende Dominanzverhalten nicht gezeigt hat.[43] In der markinischen Gemeinde wird gerade von ihnen dasjenige Rollenverhalten gefordert, das sie eigentlich den ihnen jeweils Untergebenen aufzuzwingen gewohnt sind. Im Textabschnitt, der zwischen die beiden *Diakonos*-Regeln eingespannt ist, werden dafür exemplarische Szenen erzählt: vom Reichen (Mk 10,17–31), vom Ehemann (Mk 10,1–12), aber auch von den zwölf *männlichen* Schülern im Sinne eines Elitegremiums (vgl. Mk 9,35; 10,41), dem die jesuanische «Vollmacht» (ἐξουσία) gegeben ist (vgl. Mk 6,7) – im Gegenüber zu nicht offiziell von dieser Gruppe Autorisierten (vgl. die Erzählung vom fremden Exorzisten in Mk 9,38–40).[44] Wenn es aber in der markinischen Gemeinde überhaupt nur noch «Diakone» gibt, dann sind nicht nur die Herrschaftsstrukturen aufgelöst, sondern ist zugleich eine neue gesellschaftliche Matrix geschaffen, die durch und durch aus einem Netz von Hilfestellung und gegenseitiger Unterstützung besteht. Darauf hat es Markus offensichtlich abgesehen.

Die markinische Konzeption von «Solidarität» steht auf zwei Pfeilern: Da ist zum einen die strukturelle Egalität, die durch die Eliminierung der Rechtsstellung des *pater familias* erreicht wird. Und da ist zum anderen der neue Bewertungsmaßstab für die Statusrealisierung, die das gewohnte Rollenverhalten der jeweils Übergeordneten auf den Kopf stellt. Hohe Bewertung erhält gerade nicht das von ihnen gesellschaftlich erwartete Dominanzverhalten, sondern genau die gegenteilige Haltung, die eigentlich typisch für die ihnen jeweils Untergeordneten ist: Dienst- und Unterstützungsverhalten.

1.2.2 Woher stammt die Idee für diesen gesellschaftlichen Umbau?

Anders als Lukas nimmt Markus die Idee für seine geradezu utopische Sozialstruktur weder aus der Tradition Israels noch aus den Motivvorräten der hellenistischen Literatur, sondern aus der momentan erlebten Gesellschaft. Das wird bei der zweiten Zitation der Diakonos-Regel im Zentralteil des Markusevangeliums ganz deutlich (Mk 10,42–45). Den Gegenhorizont bildet die Herrschaftsstruktur des Römischen Reiches:

---

43 Nach Sueton, Claudius 29,1, handelt Kaiser Claudius nicht wie ein Kaiser, sondern wie ein Diener (*non principem, sed ministerium egit*), weil er in seiner näheren Umgebung freizügig Ehrenämter und Kommandostellen verteilt. Sueton wertet das negativ als «Hörigkeit» (vgl. auch 25,5).

44 Zu diesem Komplex vgl. ausführlich M. Ebner, «Kinderevangelium» oder markinische Sozialkritik? Mk 10,13–16 im Kontext, in: JBTh 17 (2002), 315–336.

42 … Ihr wisst,
dass diejenigen, die zu herrschen meinen, auf die Völker herunterherrschen (κατα-κυριεύουσιν)
und ihre Großen (μεγάλοι) ihre Vollmacht gegen sie missbrauchen (κατ-εξουσιάζουσιν).
43 So ist es nicht bei euch:
Sondern: Wer groß (μέγας) werden will unter euch, sei euer Diakonos (διά-κονος),
44 und wer Erster (πρῶτος) unter euch sein will, sei euer aller Sklave (δοῦλος).
45 Denn auch der Menschensohn ist nicht gekommen, sich bedienen zu lassen (διακονηθῆναι), sondern um selbst zu dienen (διακονῆσαι) und sein Leben als Lösegeld für viele hinzugeben.

Die Verhaltensregel innerhalb der Gemeinde steht im eklatanten Kontrast zur imperialen Struktur des Römerreiches. Die Termini «Erster» *(princeps)* und «Kyrios» (zu hören im Verb «herunterherrschen») sind typische Titel für den Kaiser. Seine «Vollmacht» wird mit ἐξουσία (= *imperium*) bezeichnet. Er kann sie in gestufter Fülle an die Statthalter, also die «Großen» seines Reiches, delegieren. Der mit wenigen Strichen gezeichneten Herrschaftspyramide des Römischen Reiches (Mk 10,42) steht damit in Mk 10,43 f. die Diakonie-Pyramide der christlichen Gemeinde als Kontrastprogramm gegenüber. Der höchste Platz, den man erstreben kann, ist dann erreicht, wenn man einander «zu Diensten» ist, wenn man nicht sich selbst, sondern den anderen groß herauskommen lässt. Der Mainstream der römischen Gesellschaft bewertet derartiges Verhalten negativ. Verzicht auf Dominanz, gleichgesetzt mit fehlendem Durchsetzungsvermögen, wird mit entsprechendem Verlust an Ehre und Ansehen «honoriert». Ganz anders in der markinischen Gemeinde: Die bewusste Übernahme der *Diakonos*-Rolle gerade durch diejenigen, für die das in der römischen Gesellschaft verpönt ist, wird gemäß Mk 10,43 f. mit dem Emblem «Größe» versehen. Wer dazu bereit ist, darf sich in eine Linie mit Jesus selbst stellen: Mk 10,45 interpretiert Jesu Tod am Kreuz als *Diakonos*-Dienst für andere. Die Usancen des «Sklavenfreikaufs»[45] im Hinterkopf, will diese metaphorische Verschränkung besagen: Jesus setzt sein eigenes Leben wie ein

---

45 Hinter dem Stichwort vom «Lösegeld» erscheint das antike Konzept des Sklavenfreikaufs. Sklaven müssen selbst erspartes Geld einsetzen, damit es in einem virtuellen Kaufvertrag ihrem ehemaligen Herrn zur Auslösung gegeben werden kann. Vertragspartner ist eine Gottheit, die den Sklaven «kauft», um ihm dann die Rechte eines «Freigelassenen» zu verbürgen. Vgl. G. Klaffenbach, Griechische Epigraphik, Göttingen 1957, 83–88.

Sklave *als Lösegeld* ein, aber nicht um sich selbst, sondern um andere «freizukaufen», d. h. die Spuren für eine Gemeindeordnung zu legen, in denen es nur Freie gibt und diese gleichberechtigt miteinander kommunizieren.

1.2.3 Zeitgeschichtliche Einordnung

Man kann den Kontrasthorizont des markinischen Entwurfs noch präziser fassen. Es geht um ein Kontrastprogramm zur Aufsteigermentalität der frühen siebziger Jahre im 1. Jh. n. Chr. Es ist die Zeit der flavischen Kaiser, denen es nach dem Dreikaiserjahr (68/69 n. Chr.) mit den bürgerkriegsähnlichen Wirren im Reich gelungen ist, wieder eine stabile und dauerhafte Dynastie zu etablieren. Die Flavier kommen aus dem Ritterstand und erringen den Kaiserthron, der eigentlich nur für Mitglieder aus dem Hochadel vorgesehen war. Eigentlich überspringen sie damit tabuisierte Statusgrenzen. Aber einmal in dieser Position, die ihnen die Gunst der Stunde und kluges Taktieren zugespielt hat, entwickeln die Flavier Solidarität mit allen, die auf ihrer ehemaligen Statusebene stehen. Sie hieven Leute gerade aus dem Ritterstand in Positionen, die ihnen eigentlich unzugänglich gewesen wären, z. B. in den römischen Senat.[46] Ein Ruck geht durch das Reich. Im Schatten der Flavier entsteht eine neue Führungsschicht. Durch Loyalität zum Kaiserhaus und entsprechend erwartetes Dominanzverhalten lässt sich der eigene soziale Aufstieg organisieren. Es entsteht eine ausgesprochene Aufsteigermentalität. Offensichtlich hat diese Haltung mit allzu berechtigten Hoffnungen auch vor den Türen der christlichen Gemeinde nicht Halt gemacht. Gegen diese Mentalität schiebt Markus einen Riegel vor. Sein Jesus propagiert freiwilligen Statusverzicht und vor allem Verzicht auf Dominanzverhalten. Das wird als höchster Statusgewinn interpretiert – in Loyalität zu Jesus.

Spitzen wir den Befund zu. (1) Gegen das Römische Reich und die flavischen Kaiser wird nicht gekämpft. Aber die christliche Gegenwelt wird im Markusevangelium mit dem Königtum Gottes gleichgesetzt, das mit dem Auftreten Jesu begonnen hat (vgl. Mk 1,14 f.). In der Sicht des Evangelisten beginnt also *innerhalb* des Römischen Reiches ein neues Reich zu wachsen, das durch Kontraststrukturen zum Römischen Reich geprägt ist. Den imperialen Herrschaftsstrukturen stehen solidarische Diakonie-Strukturen gegenüber. Das Markusevangelium ist von der Überzeugung geprägt, dass dieses

---

46 Vgl. J. Bleicken, Verfassungs- und Sozialgeschichte des Römischen Kaiserreiches (UTB 838), Bd. 1, Paderborn [4]1995, 293 f.; W. Eck, Art. Vespasianus, in: DNP XII/2 (2002), 125–130, 126 f.

Gegenreich subversiv, sozusagen in feindlicher Übernahme, das andere verschlingen wird. Aus diesem Geist heraus sind Sätze formuliert wie: «Überall auf dieser Welt, wo dieses Evangelium verkündet wird ...» (vgl. Mk 13,10; 14,9).

(2) Man kann diesem neuen Gesellschaftsentwurf auch «beitreten». Im Markusevangelium findet sich so etwas wie ein Bündnisvertrag. Als die Zebedaiden Jesus darum bitten, rechts und links von ihm sitzen zu dürfen (Mk 10,37) – das entspricht den Strukturen des römischen Kaiserreiches –, fragt er sie: «Könnt ihr den Becher trinken, den ich trinken werde ...?» (Mk 10,38). Metaphorisch wird damit auf den Kreuzweg Jesu verwiesen, der im Markusevangelium als *Diakonos*-Weg interpretiert wird.

Es ist nun äußerst auffällig, dass in der Perikope vom letzten Abendmahl die Erzählnotiz «und sie tranken alle daraus» (Mk 14,23) so positioniert ist, dass sie *vor* dem entsprechenden Deutewort steht: «Er nahm den Becher, sprach das Dankgebet und gab ihn ihnen (sc. seinen Jüngern) – und sie tranken daraus alle. Und er sagte ihnen: Dies ist mein Blut des Bundes, das vergossen wird für viele» (Mk 14,23 f.). Diese ungewöhnliche Abfolge scheint ganz bewusst so gestaltet zu sein. Sie ist bereits Matthäus und Lukas, die Markus als eine ihrer Quellen benutzen, aufgefallen. Beide Evangelisten kehren die Reihenfolge um. Nehmen wir den Text des Markusevangeliums ernst, dann sind bei ihm die Deuteworte auf die unmittelbar zuvor vollzogene Handlung, eben das gemeinsame Trinken aus dem Becher zu beziehen. Die Deuteworte besiegeln sozusagen die vorausgehende Handlung. Im Hintergrund dürfte ein alttestamentliches Vertragsschlussmodell stehen. Konkret: Mit den gleichen «Deuteworten» nämlich wird in Ex 24,8 die Tora in Kraft gesetzt. Mose besprengt das Volk mit Blut und sagt: «Dies ist das Blut des Bundes ...» Für die Feier des Herrenmahls in der markinischen Gemeinde bedeutet das: Wer von «diesem Becher» trinkt, verpflichtet sich auf die Regeln und Satzungen der Jesusgemeinde.[47] Und das heißt: auf das gesellschaftliche Kontrastmodell der Diakonie-Struktur.

---

47 Dazu ausführlich: M. Ebner, Die Etablierung einer «anderen» Tafelrunde. Der «Einsetzungsbericht» in Mk 14,22–24 mit Markus gegen den Strich gelesen, in: Paradigmen auf dem Prüfstand. Exegese wider den Strich (FS K. Müller) (NTA NF 47), Münster 2004, 17–45.

1.3 Zwei Konzeptionen im Vergleich

Im Blick auf gesellschaftlich etablierte Strukturen nimmt das Markusevangelium eine gravierende Veränderung vor: Durch die Eliminierung der Position des *pater familias* entstehen in der narrativen Welt des Evangeliums egalitäre Strukturen. Außerdem setzt das Markusevangelium einen neuen Bewertungsmaßstab für das gesellschaftliche Rollenverhalten in Kraft. «Aufstieg» geschieht durch Diakonie, nicht durch Dominanz. Das Solidaritätsnetz, das durch die markinische Diakonie-Pyramide entsteht, ist damit das Ergebnis, sobald sich Menschen auf diese Struktur und diese Bewertungsmaßstäbe eingelassen haben. Angesprochen sind eigentlich nicht Reiche im engeren Sinn, sondern all diejenigen, die – nach dem gesellschaftlich virulenten Modell in der Flavierzeit – sich auch in der christlichen Gemeinde Einfluss verschaffen und ihren eigenen Aufstieg organisieren wollen.

Ganz anders das Konzept des Lukasevangeliums. Strukturell wird nichts verändert. Lukas *wirbt* für eine vertikale Solidarität. Adressaten sind die Reichen. Von ihnen werden großzügige Almosen gefordert. Über das in der hellenistischen Welt übliche Patronatsverhältnis hinausgehend, dürfen die Reichen von den Armen nicht einmal Dank erwarten. Dadurch werden die Armen davor bewahrt, als «Schuldner» dazustehen. Umgekehrt können Reiche erst dann gerecht und auf diesem Weg auch gerettet werden, wenn sie auf das als sündhaft qualifizierte Gegenseitigkeitsverhalten, das immer je neue Abhängigkeitsstrukturen in Gang setzt, verzichten. Das Stichwort, unter dem dieser einseitige Güteraustausch im Sinn eines Sozialausgleichs praktiziert wird, ist «Barmherzigkeit».

Unter drei Stichworten werde ich versuchen, die empirisch vorgestellten Modelle weiter zu systematisieren und mit anderen biblischen Textkorpora zu verknüpfen: Durchsetzungsstrategien, Begründungen, Motivationen.

2 Systematisierungen

2.1 Durchsetzungsstrategien

Sind die vorgestellten Konzepte nur schöne Fantasien der jeweiligen Schriftsteller geblieben – oder haben sie in der Realität gegriffen? Handelt es sich um theologisch stringent durchdachte Utopien – oder lassen sich Anhaltspunkte für Konkretisierungen gewinnen? Wenn wir den Text des Markusevangeliums richtig lesen, können wir sagen: Das Herrenmahl soll als je neue Vertragsver-pflichtung auf die markinischen Solidaritätsstrukturen gefeiert werden. Das Abendmahl ist als Bundesschluss für eine geradezu utopische Gesellschafts-struktur gedacht. Leider können wir die tatsächliche Umsetzung in der marki-nischen Gemeinde mangels Quellen nicht überprüfen. Anders liegen die Dinge im Fall des Buches «Deuteronomium». Hier haben wir einen Beleg da-für, dass es so etwas wirklich gegeben hat: einen öffentlich-rechtlichen Ver-tragsschluss, der die Solidarität zwischen Reichen und Armen durch gesetzli-che Maßnahmen regelt und sogar die Solidarität rivalisierender Gruppen einfordert.

2.1.1 Gesellschaftsvertrag (strukturelle Solidarität)

Eine einflussreiche Gruppe am Tempel nutzt die Chance, dass mit Joschija 639 v. Chr. ein achtjähriges Kind den Thron besteigt.[48] Die Gruppe entwirft ein umfangreiches Reformprogramm, um den Verarmungsprozess in Israel zu stoppen. Staatliche Abgaben (Zehnt an den König) und die Dienstverpflich-tungen (Fron- und Wehrdienst) haben die kleinbäuerlichen Familien mit ih-ren geringen Rücklagen und begrenzten Arbeitskräften im Vergleich zu den Großgrundbesitzern überproportional belastet. Zu ihren Gunsten entsteht ein umfangreiches gesetzliches Regelwerk, das 622 v. Chr. als «uraltes Gesetz» von Joschija «zufällig» im Tempel gefunden wird (vgl. 2 Kön 22 f.). Ich nenne nur die wichtigsten Maßnahmen der Sozialgesetzgebung:
• Steuerreform: der Zehnte des Feldertrags, der bisher an den König abgelie-fert wurde, wird in eine Wallfahrtsteuer umgewandelt, die aber nicht abge-führt, sondern von den Überbringern der Steuer am Jerusalemer Tempel selbst verzehrt werden soll (vgl. Dtn 14,22–26). Nur noch in jedem dritten Jahr handelt es sich um eine wirkliche Abgabe. Sie wird allerdings nicht an den Hof in Jerusalem weitergeleitet, sondern bleibt vor Ort und soll für die Armenfürsorge in den Kommunen eingesetzt werden (vgl. Dtn 14,28 f.; 26,12–14). Man könnte von der «ersten Sozialsteuer der Weltgeschichte»[49] sprechen. Geradezu nach dem Prinzip der Subsidiarität wird die Verteilung der Gelder auf der untersten lokalen Ebene geregelt, also auf der Ebene der-

---

48 Zum folgenden vgl. R. Albertz, Religionsgeschichte Israels in alttestamentlicher Zeit. Teil 1: Von den Anfängen bis zum Ende der Königszeit (GAT 8/1), Göttingen ²1996, 304–360; F. Crüsemann, Fürsorge (Anm. 29), 196–203.
49 F. Crüsemann, Fürsorge (Anm. 29), 197.

jenigen Verwaltungseinheit, wo einerseits die Problemfälle bekannt sind und andererseits die Geldgeber ihr Interesse an der Verteilung einbringen können.[50]

- Reglementierung des Kreditwesens: Die Rechte der Pfandnehmer werden erheblich eingeschränkt. Eine Minimalausstattung an Kleidung (Mantel: Dtn 24,12 f.; das «Kleid der Witwe»: Dtn 24,17) und für die Nahrungszubereitung (Handmühle: Dtn 24,6) werden von der dauerhaften Pfandnahme ausdrücklich ausgenommen. Auch darf der Pfandnehmer nicht mehr ins Haus gehen, sondern muss als Pfandstücke akzeptieren, was der Schuldner ihm herausbringt (vgl. Dtn 24,10 f.). Das Sabbatjahr wird im Sinn einer «Schuldenbrache» konzipiert. Wie in jedem siebten Jahr der Acker ruhen soll (vgl. Ex 23,10 f.), so sollen nach Dtn 15,1–11 in jedem siebten Jahr alle Schulden getilgt werden. Im vorderen Orient sind derartige Lastenbefreiungen durchaus bekannt. Gewöhnlich werden sie beim Regierungsantritt eines Herrschers erlassen[51] oder in allerhöchster Not beschlossen (vgl. Jer 34).[52] Durch das Sabbatjahr in der Konzeption des Deuteronomiums wird aus dem immer möglichen, aber nie einklagbaren königlichen Gnadenakt ein zeitlich kalkulierbarer Automatismus.

- Vermittlungsversuch zwischen Interessengruppen: Durch die Kultzentralisation, die den gesamten Jahwekult auf Jerusalem konzentriert, und insbesondere jeglichen Opferkult außerhalb Jerusalems verbietet (vgl. Dtn 12), werden die Landpriester («Leviten»)[53] arbeitslos. Ihnen soll, sofern sie wollen, gleicher Zugang zum Opferdienst und den dadurch anfallenden Opferanteilen gewährt werden wie ihren Kollegen in Jerusalem. Die Verfügungen in Dtn 18,6–8 kann man als Anregungen zu einem solidarischen Verhalten zwischen konkurrierenden Priestergruppen verstehen. Leider ist dieser Vorstoß gescheitert (vgl. 2 Kön 23, 9). Die Landpriester wer-

---

50 In Dtn 14,28 f. ist sowohl bezüglich der Einziehung als auch der Verteilung des Zehnten von «deinen Toren» die Rede. Damit dürfte der Ort von öffentlichen Gerichtsverhandlungen in den einzelnen Wohnbereichen gemeint sein.

51 Vgl. dazu die *anduraru*- und *misaru*-Verfügungen aus Mesopotamien; dazu vgl. C. Simonetti, Die Nachlassedikte in Mesopotamien und im antiken Syrien, in: G. Scheuermann (Hg.), Das Jobeljahr im Wandel. Untersuchungen zu Erlassjahr- und Jobeljahrtexten aus vier Jahrtausenden (fzb 94), Würzburg 2000, 5–54.

52 Die Belagerung Jerusalems ist für König Zidkija Anlass dafür, die Jerusalemer Oberschicht zu einer Sklavenbefreiung geradezu zu verpflichten.

53 Vgl. den konzisen Überblick von R. Albertz (Anm. 48), 343–345.

den theologisch als «Höhenpriester», die den Baalen dienen, denunziert (vgl. 2 Kön 23,19). Aus der Schule Ezechiels wird ihnen sogar vorgeworfen, sie hätten mit ihrem Götzenkult Israel in Sünde geführt (vgl. Ez 44,12). Und deshalb dürfen sie nicht an den Altar in Jerusalem treten. Theologische Schachzüge vereiteln eine großartige solidarische Geste.

Ein derartiges Sozialprogramm bedeutet einen erheblichen Eingriff in die Rechte der Besitzenden, also der Gewinner des bisherigen gesellschaftlichen und wirtschaftlichen Prozesses. Mit ihrem Widerstand musste gerechnet werden. Deshalb hat die Reformgruppe in ihre Sozialgesetzgebung rechtliche Sicherungen eingebaut: (1) Das Deuteronomium ist ein Staatsgesetz für alle gesellschaftlichen Gruppen. Es wird durch einen öffentlich-rechtlichen Akt in Kraft gesetzt. Der König zusammen mit allen gesellschaftlichen Gruppen verpflichten sich darauf (vgl. 2 Kön 23,1–3). Und (2): Es wird eine vom König unabhängige Instanz geschaffen, die darüber wacht, dass die Gesetzgebung auch vor Ort tatsächlich durchgeführt wird: das Jerusalemer Obergericht (Dtn 17,8–13), paritätisch besetzt mit Vertretern der Tempelpriesterschaft und der Reformbeamtenschaft.

Leider stirbt König Joschija allzu früh: 609 v. Chr. Der Widerstand eines Großteils der judäischen Oberschicht ist so groß, dass sie den bereits erreichten und praktizierten gesellschaftlichen Konsens aufkündigt.[54]

Im Normalfall stehen die Bemühungen um die Strukturierung von solidarischem Verhalten, die im Deuteronomium einem Gesellschaftsvertrag gleichkommen, nicht auf derart sicheren juristischen Regulierungen, die sogar ein unabhängiges «Verwaltungsgericht» vorsehen. Meistens bleiben sie Appell.

2.1.2 Appelle an die Barmherzigkeit (vertikale Solidarität)

Dieser Typus liegt im Lukasevangelium vor. Die Kombination von Appellen zum sozialverträglichen Handeln und Gerichtsdrohungen, wie wir sie für das Lukasevangelium herausgearbeitet haben, ist – im gesamtbiblischen Rahmen gesehen – typisch für die *prophetische Sozialkritik*.[55] Die Propheten Israels prangern soziale Missstände an und drohen mit dem Gericht Jahwes. Umgekehrt werden nationale Katastrophen in der theologischen Reflexion rückwir-

---

54 Vgl. Jer 5,26–29. Trotzdem lassen sich die Deuteronomisten nicht beirren; sie nutzen den Kult, um weiterhin für ihr Gesetz zu werben (vgl. Dtn 31,9–13).

55 Vgl. exemplarisch H. W. Wolff, Die Stunde des Amos. Prophetie und Protest, München ²1971.

kend darauf zurückgeführt, dass die prophetischen Mahnworte nicht in die Tat umgesetzt worden sind (Prophetenmordtradition).[56]

2.2 Begründungen

2.2.1 Theologische Begründungen für solidarisches Verhalten (normativ)

Ein gutes Beispiel dafür ist Lk 6,36, der theologische Regelsatz, mit dem die «Feindesliebe» begründet wird:

> Werdet barmherzig, wie auch euer Vater barmherzig ist.

Das Gottesbild fungiert als Leitbild für gesellschaftliches Verhalten *(imitatio dei)*. Noch geschickter gehen diejenigen Theologen vor, die die theologischen Bekenntnisse der eigenen Glaubensgemeinschaft beim Wort nehmen und das entsprechende soziale Verhalten einfordern. Paradigmatisch dafür sind die Ausführungen im 1. Johannesbrief. Das Gottesprädikat: «Gott ist Liebe» (1 Joh 4,8) und die Immanenzaussage: «Wer in der Liebe bleibt, bleibt in Gott, und Gott bleibt in ihm» (1 Joh 4,16) samt dem entsprechenden Bekenntnissatz: «Ich liebe Gott» (1 Joh 4,20) – diese vertikale Behauptungslinie wird horizontal geprüft:

> Wenn einer spricht: Ich liebe Gott, aber seinen Bruder hasst, dann ist er ein Lügner. Denn wer seinen Bruder, den er gesehen hat, nicht liebt, kann Gott, den er nicht gesehen hat, überhaupt nicht lieben (1 Joh 4,20).

Konkret wird im Brief solidarisches Verhalten mit bedürftigen Brüdern eingefordert (vgl. 1 Joh 3,17). Sie sollen an den «Lebensgütern dieser Welt» Anteil erhalten. Vor dem Hintergrund der Gemeindegeschichte gelesen,[57] dürften mit diesen Mahnungen in erster Linie die Sezessionisten (vgl. 1 Joh 2,19) gemeint sein. Von ihnen heißt es, dass sie «in dieser Welt» reüssieren (vgl.

---

56 Vgl. Neh 9,26–30; wegweisend: O. H. Steck, Israel und das gewaltsame Geschick der Propheten. Untersuchungen zur Überlieferung des deuteronomistischen Geschichtsbildes im Alten Testament, Spätjudentum und Urchristentum (WMANT 23), Neukirchen-Vluyn 1967.

57 Vgl. H.-J. Klauck, Gemeinde ohne Amt? Erfahrungen mit der Kirche in den johanneischen Schriften, in: ders., Gemeinde – Amt – Sakrament, Neutestamentliche Perspektiven, Würzburg 1989, 195–222, bes. 199–203.

1 Joh 4,5). Eine wesentliche Voraussetzung dafür ist ihre vergeistigte Theologie. Sie verschafft ihnen die nötige Bewegungsfreiheit im gesellschaftlichen
Alltag. Theologische Definitionen wie «Gott ist Liebe» bleiben – sofern sie es
bei der individuellen Gottesbeziehung belassen – ohne praktische Konsequenzen. In der Christologie blenden die Sezessionisten die Fleischlichkeit des Logos aus (vgl. 1 Joh 4,2 f.).[58] Entsprechend «fleischlos» bleibt ihr Glaube. Das
ist letztlich das Geheimnis ihres «Erfolges». Sie haben ihre theologischen
Theorien so gestaltet, dass sie als Christen nicht nur völlig unauffällig und angepasst in der heidnischen Gesellschaft leben können,[59] sondern sich auch
ohne jegliche soziale Verpflichtung gegenüber Bedürftigen in ihrer eigenen
Glaubensgruppe fühlen. An diesem Punkt setzt die theologische Kritik des
1. Johannesbriefes ein. Dass die Fleischlichkeit des Logos zum Kriterium der
Rechtgläubigkeit erhoben wird, steht in Wechselwirkung zur Betonung der
praktischen Relevanz von theologischen Bekenntnissätzen. Ein «fleischloses»
Christentum gibt es nicht!

2.2.2 Weisheitliche Begründung für solidarisches Verhalten (deskriptiv)

Der weisheitlichen Begründung für solidarisches Verhalten geht es darum,
den Nutzen für alle Beteiligten aufzuweisen. Dieser Typus ist auch außerhalb
des biblischen Schrifttums sowohl in den Weisheitsüberlieferungen des Alten
Orients als auch im Bildungsschatz der hellenistischen Welt zu finden. Im
Kern soll aufgewiesen werden: Letztlich schaden die scheinbaren Gewinner einer Gesellschaft sich selbst, wenn sie die Bedürfnisse der Schwächeren nicht
wahrnehmen und auf deren Not nicht reagieren. Wer das Gemeingefüge, in
das er selbst eingebunden ist, nur ausnutzt und nicht alle am «Segen» des eigenen Reichtums teilhaben lässt, der beraubt sich – in Langzeitwirkung – der
Basis für seinen eigenen Wohlstand. Das Prinzip bringt eine einfache Volks-
weisheit auf den Punkt:

> Wenn ein Reich gegen sich selbst gespalten ist, wird es nicht bestehen können. Und
> wenn ein Haus (= Familie) gegen sich selbst gespalten ist, wird es nicht bestehen
> können (Mk 3,24 f.).

---

58 Vgl. dazu H.-J. Klauck, Der erste Johannesbrief (EKK XXIII/1), Zürich, Neukirchen-
   Vluyn 1991, 34–42.
59 Äußerst erhellend sind diesbezüglich die Überlegungen von G. Theissen, Die Religion
   der ersten Christen. Eine Theorie des Urchristentums, Gütersloh 2000, 314–326, der
   die pragmatische Funktion des christlichen Gnostizismus darin sieht, soziale Unauffäl-
   ligkeit zu ermöglichen.

In der hellenistischen Welt ist die Symbolhandlung mit den sieben Stäben, die ein Vater seinen Söhnen zeigt, sprichwörtlich geworden: Ein einziger Stab kann vom Schwächsten der Brüder zerbrochen werden, aber alle sieben Stäbe zusammen sind auch vom Stärksten nicht zu bezwingen.[60] Unter dem Terminus ὁμόνοια (= Eintracht) ist der gleiche Sachverhalt ständig wiederkehrendes Thema in den Beratungsreden vor den Volksversammlungen der Städte.[61] Soziologisch geht es um die unterschiedlichen Interessengruppen innerhalb einer Stadt[62] bzw. um das Verhältnis von rivalisierenden Nachbarstädten.[63] Ziel der Beratung ist keineswegs eine Strukturveränderung. Vielmehr geht es darum, den spezifischen Beitrag zu beschreiben, den jeder an seinem Platz zu leisten hat, wenn das übergeordnete Ganze, von dem der Einzelne schließlich profitiert, von Bestand sein soll. Auch in den Beratungsreden ist das Basis-Paradigma das «Haus»:

Im Haus hängt das Wohl und Wehe von der Einträchtigkeit (ὁμοφροσύνη) und dem Gehorsam (πειθαρχία) der Diener ab; sowohl die Uneinigkeit der Herren als auch die Schlechtigkeit der Diener haben schon manches Haus zugrunde gerichtet … (Dio Chrys., Or 38,15).

Die einschlägigen Reden leuchten auch den Umgangsstil zwischen den rivalisierenden Gruppen aus und reflektieren die Konsequenzen von Herrschaftsgehabe. Ein Grundtenor lautet: Den sozial Schwächeren in den Bittstellerstatus zu zwingen, erzeugt Unmut und Feindseligkeit. Das gereicht letztlich denen zum Schaden, die an sich die besseren Karten haben. Genau das versucht Dio Chrysostomus den Nikomediern klar zu machen, die in uralter Rivalität mit ihrer Nachbarstadt Nikaia leben. Neuerdings beharren sie darauf, dass bestimmte Waren, die über ihren Hafen eingeführt werden, auch in ihrer

---

60 Vgl. z. B. Plut., Garrul 17 (511C/D).
61 Zu diesem Topos vgl. M. Mitchell, Paul and the Rhetoric of Reconciliation. An Exegetical Investigation of the Language and Composition of 1 Corinthians (HUTh 28), Tübingen 1991, Repr. Louisville (KY) 1993, 60–64; O. M. Bakke, «Concord and Peace». A Rhetorical Analysis of the First Letter of Clement with an Emphasis on the Language of Unity and Sedition (WUNT II/143), Tübingen 2001, bes. 63–84.
62 Vgl. etwa Dio Chrys., Or 39, wo der Redner vermutlich den Konflikt zwischen dem Rat der Stadt, der von den Reichen kontrolliert wird, und der Volksversammlung, wo auch die ärmeren Schichten sich zu Wort melden können, im Blick hat. Vgl. C. P. Jones, The Roman World of Dio Chrysostom, Cambridge 1978, 90.
63 Hier wäre etwa Dio Chrys., Or 38, einschlägig, wo er das Verhältnis von Nikomedien zu Nikaia thematisiert (s. u.).

Stadt verkauft werden müssen. Das erregt den Unmut der Stadt Nikaia. Dio Chrysostomus legt deshalb den Nikomediern ans Herz:[64]

> Allein schon die Tatsache, auf Bitten angewiesen zu sein, ist bedrückend. Wenn ihr den Gemeinden, die Tag für Tag um das Allernotwendigste bitten, eine Beteiligung (an euren Monopolrechten) zugesteht, ist dann nicht mit Sicherheit zu erwarten, dass ihr als ihre Gönner (εὐεργετοῦντας) noch höher in ihrer Achtung steht? Zugleich werdet ihr damit auch die Eintracht (ὁμόνοια), die überall hindringen wird, festigen.

An einen besonders empfindlichen Punkt rührt Dio Chrysostomus, wenn er die Ehrentitel «die Erste» und «Metropolis», um die Nikomedien mit Nikaia wetteifert, ins Spiel bringt und als Maxime aufstellt: Titel verpflichtet.[65]

> Versucht also, unter den Städten an erster Stelle zu stehen (πρωτεύειν) zunächst dank der Fürsorge, die ihr ihnen angedeihen lasst, denn das ist eure ganz besondere Aufgabe als Mutterstadt (μητρόπολις); dann auch dadurch, dass ihr selbst euch gegen alle gerecht und maßvoll zeigt, in nichts mehr haben wollt als sie und keine Gewalt anwendet. Sonst nämlich beschwört ihr notwendig Hass und Feindschaft herauf, zumal die von Natur Schwächeren die Stärkeren in Verdacht haben, sie wollten einen Vorteil für sich herausschlagen. Ist das dann wirklich der Fall, wird ihre Feindseligkeit nur umso berechtigter angestachelt (Or 38,31).

Im Bereich der biblischen Schriften besetzt dieses Feld der deskriptiven Begründung von Solidarität die Sparte der Weisheit, wie sie insbesondere im Sprüchebuch zutage tritt. Ziel ist es, «global» geltende Solidaritätsstrukturen an elementaren Beispielen aus dem alltäglichen Leben der kleinen Kommunen aufzuweisen. Die Sprüche des Weisheitsbuches verbalisieren den Vorteil, den alle aus einem solidarischen Verhalten ziehen, aber – und das scheint noch vordringlicher zu sein – sie prognostizieren gleichzeitig den erheblichen Nachteil für all diejenigen, die sich von einem solchen gemeinschaftsverträglichen Verhalten distanzieren. Die Aussagekraft der Maximen hängt mit ihrer holzschnittartig formulierten Klarheit zusammen: Wer auf Kosten anderer zu leben versucht, sei es dass er faul oder nachlässig ist, der verarmt. Umgekehrt gilt: Wer sich auf Kosten anderer bereichert, dem zerfällt sein Reichtum. Im Originalton:

---

64 Zur Situationsanalyse der Rede vgl. C. P. Jones (Anm. 62), 84–89.
65 Das steht in Analogie zur Hinterfragung der Praxisrelevanz theologischer Leitsätze in 1 Joh.

Wer sein Vermögen durch Zins und Aufschlag vermehrt, sammelt für den, der Erbarmen hat mit dem Armen (Spr 28,8).

Das Prinzip, das in Hunderten von Sentenzen vor Augen geführt wird, hat die Forschung den «Tun-Ergehen-Zusammenhang» genannt. Allerdings darf darunter kein kurzfristiger Schlagabtausch verstanden werden. Die Maximen des Sprüchebuchs denken eher in den Kategorien eines Tauschgeschäfts mit Langzeitwirkung, also einer Sozialinteraktion, die Wellen schlägt, wobei diese Wellen nach einem längeren zeitlichen Intervall, aber ganz sicher, wieder an den Verursacher zurückfluten.[66]

Zwei Dinge fallen auf: (1) Der «Tun-Ergehen-Zusammenhang» wird in den Sprüchen der Weisheit immer in Richtung Zukunft ausgesponnen. Nach dem Motto: Wenn du einen bestimmten Ratschlag befolgst, dann zahlt es sich für dich positiv aus! Nie dagegen wird der «Tun-Ergehen-Zusammenhang» für ein Verhalten in der Vergangenheit aufgerechnet, jedenfalls sofern es die Konditionen der sozial Schwachen angeht, nach dem Motto: Jeder, der arm ist, *war* faul. Nein. In den Weisheitssprüchen gilt generell und diskussionslos: Jedem Armen muss unterschiedslos geholfen werden.[67] (2) Die alttestamentliche Spruchweisheit beschreibt eine kontrafaktische Welt.[68] Die harschen Sprüche der prophetischen Traditionen, die über die Jahrhunderte hinweg monoton die Selbstgefälligkeit der Reichen anklagen, belegen, dass die Erfahrung genau das Gegenteil von dem zeigt, was die Sprüche der Weisheit proklamieren, dass nämlich die Bedrücker der Armen selbst verarmen, die redlichen Armen dagegen zu Reichtum kommen usw.

Diese Beobachtungen führen zu der Annahme, dass die alttestamentliche Spruchweisheit junge Leute vor Augen hat, die in der Erziehungsphase stehen; es kann an die Ausbildung der Beamtenschaft am Hof gedacht werden. Sie sollen für eine bestimmte gesellschaftliche Option gewonnen werden. Und diese Option nimmt ganz bestimmte Normierungen vor: falsches Maß und Gewicht, Rechtsverdrehung, Bedrückung der Bedürftigen, all das ist Jahwe ein Gräuel. Sein Wohlgefallen dagegen genießt rechtes Gewicht, Zuverlässig-

---

66 Diesbezüglich wegweisend ist B. Janowski, Die Tat kehrt zum Täter zurück. Offene Fragen im Umkreis des «Tun-Ergehen-Zusammenhangs», in: ZThK 91 (1994), 247–271.

67 Zur Problematik von Armut und Reichtum in der alttestamentlichen Spruchweisheit vgl. H. Delkurt, Ethische Einsichten in der alttestamentlichen Spruchweisheit (BThSt 21), Neukirchen-Vluyn 1993, 84–140.

68 Ebd. 149.

keit, Erbarmen gegenüber Bedürftigen.[69] Also: Das scheinbar deskriptive Vorgehen ist eindeutig interessengeleitet. Die empirischen Beispiele sind bewusst gewählt. Sie wollen den jungen Leuten, bevor sie in der Gesellschaft Verantwortung übernehmen, selbst einem Hausstand vorstehen bzw. als Beamte wichtige Entscheidungen zu treffen haben, eine Vision ins Herz brennen.

Und: Dieses Vorgehen ist ein geradezu internationales Phänomen. Materialiter lassen sich Parallelen zu vielen jüdischen Sprüchen gerade im Blick auf Armut und Reichtum auch in der ägyptischen Weisheit nachweisen.[70] Dass ein Gemeinwesen nur dann Bestand hat, wenn alle Beteiligten zu ihrem Recht kommen, ist – wie wir gesehen haben – ein Topos auch der hellenistischen Beratungsrede. Es geht also um eine gesellschaftliche Vision, die in ihren Grundstrukturen offensichtlich völlig unabhängig davon ist, welches religiöse System jeweils vertreten wird.

So ist es nicht überraschend, dass auch die emotionalen Motivationen für derartige Visionen kulturübergreifend ähnlich sind.

2.3 Motivationen

In neutestamentlichen und alttestamentlichen Schriften genauso wie in der hellenistischen Beratungsrede findet sich stereotyp der metaphorische Rekurs auf Solidaritäts-Isotope. Man wirbt für das projektierte Verhalten, in dem man auf Lebensbereiche verweist, in denen man Solidarität geradezu selbstverständlich annimmt und an denen jeder ablesen kann, dass der entsprechende Organismus ohne gegenseitige Solidarität auf Dauer zugrunde gehen würde. An erster Stelle steht der Verweis auf das «Haus». Sehr beliebt als Metapher ist auch der «Leib». Wer sich für das markinische Gemeindeprogramm entscheidet, findet in den Häusern der Gemeinde die *familia dei*. Im Buch Deuteronomium werden die Armen als «Brüder» tituliert und damit die Fiktion entworfen, dass das Volksganze eine Familie darstellt (Dtn 15,7.9.11).[71] Der «Leib» als Analogie für eine Solidargemeinschaft ist nicht nur im paganen Schrifttum beliebt.[72] Das christliche Paradebeispiel fin-

69 Ebd. 155 f.

70 Vgl. H. C. Washington, Wealth and Poverty in the Instruction of Amenemope and the Hebrew Proverbs (SBL.DS 142), Atlanta (GA) 1994.

71 Vgl. R. Albertz (Anm. 48), 340.342.347.

72 Das wird gut vorgestellt und ausgewertet von M. Walter, Gemeinde als Leib Christi. Untersuchungen zum Corpus Paulinum und zu den «Apostolischen Vätern» (NTOA

det sich in 1 Kor 12,12–26. Paulus versucht, die gegenseitige Angewiesenheit rivalisierender Gemeindegruppen durch die Analogie der ganz unterschiedlichen Glieder eines Leibes plausibel zu machen.[73]

Gerade am Einsatz der Leibmetaphorik jedoch zeigt sich: Das Leibgleichnis hat durchaus keinen neutralen Beweiswert. Denn der Römer Menenius Agrippa, auf den die Fabel vom Leib, auf die Paulus in 1 Kor 12 rekurriert, angeblich zurückgeht,[74] hat das Leibgleichnis für restaurative Zwecke eingesetzt: Den Plebejern, die aus Rom ausgezogen waren, weil sie nicht länger von den Patriziern ausgenutzt werden wollten, führte Agrippa mit seiner Fabel vor Augen, dass der scheinbar faule Magen (= Patrizier) für das Leben all derer, die für ihn arbeiten und schuften (= Plebejer), von entscheidender Bedeutung ist. Wird ihm nicht zugearbeitet, können die anderen Glieder nicht leben. Das sehen die Plebejer ein, kehren auf der Stelle nach Rom zurück – und lassen sich weiter ausbeuten.

Paulus verändert den Plot. Er kennt kein Zentralorgan, für das alle schuften müssten. In platonischer Tradition geht er von der «Sympatheia» aller Glieder des Leibes aus (vgl. 1 Kor 12,26) und setzt diese Leitidee in seinem Gleichnis um.[75] Kein Glied kann auf das andere herabschauen nach dem Motto: Ich brauche dich nicht (vgl. 1 Kor 12,21). Und umgekehrt gilt: Kein Glied braucht sich für unnütz zu halten nach dem Motto: Weil ich kein Auge, keine Hand bin, gehöre ich nicht zum Leib (vgl. 1 Kor 12,15 f.).

Ich breche hier ab, um die Überlegungen in Thesen zu überführen, die als Brückenköpfe für das Gespräch mit den Sozialwissenschaften gedacht sind.

---

49), Freiburg (Schweiz), Göttingen 2001, 70–104. Vgl. auch B. Peil, Der Streit der Glieder mit dem Magen. Studien zur Überlieferungs- und Deutungsgeschichte der Fabel des Menenius Agrippa von der Antike bis ins 20. Jahrhundert (Mikrokosmos 16), Frankfurt/Main 1985.

73 Konkret geht es bei Paulus um die Rivalität zwischen Pneumatikern, insbesondere denjenigen, die sich zur Glossolalie befähigt fühlen, und den Nicht-Pneumatikern, die als «Minderbemittelte» ausgegrenzt werden. Evtl. wird ihnen sogar die Geistbegabung insgesamt abgesprochen, was dann auch ihren Status als «Getaufte» infrage stellt.

74 Vgl. Liv. II 32,1–33,3; Dio C. IV 17,9–13; Dion. Hal. VI 83,1–88,4; Plut., Coriolan 6,1–4.

75 Zur intentionalen Ausgestaltung der Leibmetaphorik im Rahmen der antiken Variationen vgl. A. Lindemann, Die Kirche als Leib. Beobachtungen zur «demokratischen» Ekklesiologie bei Paulus, in: ZThK 92 (1995), 140–165.

3   Thesen

1. *Urchristliche Modelle sind ursprünglich als Alternativen zu den Strukturen der paganen Gesellschaft gedacht.*

Während im 19. Jahrhundert typisch christliche Konzeptionen wie «Nächstenliebe», «Barmherzigkeit» durch das Konzept der «menschlichen Solidarität» ersetzt wurden, um das hierarchische Verständnis von «Wohltätigkeit» abzulösen, waren es im Urchristentum christliche Entwürfe, die Alternativen zu etablierten paganen Verhaltensmustern entwickelt haben – in der Überzeugung, mehr gelebte Solidarität erreichen zu können.

2. *Urchristliche Gruppen verstehen sich als Pilotprojekte für eine solidarische Gesellschaft.*

Gibt es urchristliche Solidarität nur in kleinen Milieus? Ja, insofern unsere Texte zunächst die kleinen christlichen Gruppen vor Augen haben. Nein, insofern die christlichen Gruppen Gesellschaftsstrukturen und gesellschaftliche Trends in sich abbilden. Die Sozialpyramide und die Aufsteigermentalität sind auch in christlichen Gemeinden Realität. Und das schafft Probleme im Umgang miteinander. Gerade weil von der Gemeindetheologie her alle Mitglieder einer christlichen Gemeinde «Brüder» und «Schwestern» sind bzw. von der Tauftheologie her Unterschiede zwischen Juden und Heiden, Freien und Sklaven, ja sogar zwischen Mann und Frau (vgl. Gal 3,28) aufgehoben sind, werden diese hohen Ideale in der Praxis eingefordert, wenn grob gegen sie verstoßen wird.[76] So gesehen sind urchristliche Gemeinden Pilotprojekte für eine solidarische Gesellschaft. Sie versuchen den liturgisch-rituell gefeierten Übergang in eine neue Welt auch in der Praxis einzuholen.

3. *Nie festzustellen ist: Solidarität gegen …*

Nirgends lässt sich eine «Solidarität *gegen*» feststellen, also etwa ein Aufruf zum Zusammenrotten gegen die Reichen. Jüdische Propheten wie urchristliche Theologen klagen die Reichen zwar wegen fehlender Solidarität an, aber sie stacheln die Armen nie zum Aufstand gegen sie auf. Im Jakobusbrief werden die Landarbeiter, die um ihre Tagelöhne geprellt werden, zur Geduld er-

---

76 Für die paulinischen Gemeinden lässt sich das ganz konkret nachweisen, vgl. z. B.
1 Kor 11,18, wo Paulus die Quelle für seine Informationen präzise angibt: «Ich höre
…» Was Paulus dann im Blick auf den Ablauf des Herrenmahls in Korinth beschreibt,
ist aus dem Blickwinkel der sozial Schwachen geschildert.

mahnt (Jak 5,7–11). Die «schuldigen» Reichen dagegen werden mit Gerichtsdrohungen beschworen, ihrer Verantwortung zur sofortigen Lohnauszahlung nachzukommen (Jak 5,1–6).[77]

4. *Ziel solidarischer Strukturen bzw. Verhaltensweisen ist die Attraktivität nach außen sowie die Identität nach innen.*

Ziel der urchristlichen Entwürfe ist offensichtlich auch nicht, gegen gesellschaftliche Strukturen zu kämpfen, also etwa gegen das System der Steuereintreibung zu rebellieren, sondern vielmehr in den eigenen Reihen Strukturen aufzubauen, die attraktiv nach außen erscheinen. Die Praxis der christlichen Gemeinden soll einen Werbeeffekt ausstrahlen.

Durch entsprechende Begründungen und Motivierungen sollen die intendierten Strukturen bzw. das erwartete solidarische Verhalten den betroffenen Insidern plausibel gemacht werden. Letztlich ist diese neue Wertorientierung für die Gesamtgruppe identitätsstiftend: Darin unterscheiden wir uns von anderen.

5. *Hinter den Entwürfen (Theorie) steht ein klares Wertesystem (Option). In der Praxis gelten analoge Bewertungsmaßstäbe, nach denen das jeweilige Verhalten entweder honoriert oder sanktioniert wird.*

Völlig unabhängig davon, ob eine vertikale Solidarität normativ-appellativ verkündet wird (Lukasevangelium) oder deskriptiv-analytisch aufgezeigt wird (alttestamentliche Spruchweisheit), egal ob Strukturen verändert werden (Markusevangelium, Deuteronomium) oder nur innerhalb bestehender Strukturen ein besserer Ausgleich zwischen den Interessengruppen angestrebt wird (Lukasevangelium, alttestamentliche Spruchweisheit), immer steht hinter dem Entwurf ein eindeutiges Wertesystem. Es muss nicht unbedingt und immer an der Tora orientiert sein wie im Lukasevangelium, sondern kann sich auch als ausgesprochener Gegenentwurf zu gesellschaftlichen Verhältnissen präsentieren (wie im Markusevangelium). Es geht immer um eine Option von Gesellschaft. Soll diese Option attraktiv sein, müssen entsprechend neue Bewertungsmaßstäbe für das angezielte Verhalten artikuliert werden. Das pro-

---

77 Vgl. dazu H. Frankemölle, Der Brief des Jakobus. Kapitel 2–5 (ÖTBK XVII/2), Gütersloh/Würzburg 1994, 645–704; M. Ahrens, Der Realitäten Widerschein. Oder: Arm und Reich im Jakobusbrief. Eine sozialgeschichtliche Untersuchung, Berlin 1995, bes. 124–131; vgl. auch die gerade vorgelegte Dissertation von R. Krüger, Arm und Reich im Jakobusbrief von Lateinamerika aus gelesen. Die Herausforderung eines prophetischen Christentums, Amsterdam 2003.

pagierte solidarische Verhalten muss honoriert, gegenteiliges Verhalten dagegen sanktioniert werden. Im Lukasevangelium wird das normale gesellschaftliche Verhalten als Sünde qualifiziert, wer dagegen barmherzig handelt, wird sich «Gottes Sohn» nennen dürfen. Wer im Markusevangelium auf Dominanz verzichtet, ist «groß». Wer diese *Diakonos*-Haltung nicht übernimmt, kann sich nicht «Nachfolger» nennen. Eine derartige Neuorientierung braucht «Sozialisotope». Für die alttestamentliche Spruchweisheit war das die Ausbildungsphase junger Leute. Für die neutestamentlichen Entwürfe kommen die kleinen christlichen Hausgemeinden in Frage. Dort kann das angezielte Verhalten gelernt und eingeübt werden. Dort ist die Möglichkeit, entsprechende Honorierungen und Sanktionierungen zu praktizieren.

6. *Urchristliche Entwürfe profitieren von Jesus als (stilisierter) Vorbildfigur.*
Urchristliche Entwürfe profitieren davon, dass sie auf Jesus als Vorbildfigur verweisen können. In den Evangelien wird er als Paradigma für das jeweils angezielte Sozialverhalten stilisiert. Entscheidend ist, dass nach Ausweis der Evangelien sein gesamtes Verhalten von einer großen Utopie geleitet wird: sich einüben auf das Reich Gottes. Wenn der Prototyp Jesus auf diesem Weg scheinbar scheitert (Kreuzigung), dann ist dieses «Ende» für seine Nachfolger einerseits ernüchternd: Wer sich darauf einlässt, muss mit Blessuren rechnen. Andererseits können entsprechende Beeinträchtigungen oder persönliche Schäden nicht als endgültiges Scheitern des Versuchs gewertet werden. Denn trotz des Scheiterns Jesu ging seine Sache weiter – wie die Evangelien und die Briefe an die christlichen Gemeinden unzweifelhaft belegen.

«… weil wir für alle verantwortlich sind» (Johannes Paul II.)
Zur Begriffsgeschichte der Solidarität und ihrer Rezeption in der katholischen Sozialverkündigung

Hermann-J. Große Kracht, Münster

Unter den Vertretern des Faches Christliche Sozial- bzw. Gesellschaftsethik an den katholisch-theologischen Fakultäten möchte sich heute kaum noch jemand als «katholischer Soziallehrer» bezeichnen lassen, denn dieser mit der neuscholastisch-naturrechtlichen Tradition einer als rational einsehbar und übergeschichtlich gültig behaupteten Sozialmetaphysik verbundene Begriff gilt heute zu Recht als nicht mehr zukunftsfähig.[1] Dennoch gehört die «Katholische Soziallehre» mit ihren drei klassischen «Sozialprinzipien» – Personalität, Solidarität und Subsidiarität[2] – nach wie vor zu den festen Referenzgrö-

---

1 Der Begriff «Katholische Soziallehre» kann nicht als Sammelbegriff für die lehramtliche Sozialverkündigung oder als Synonym für die theologische Fachdisziplin Christliche Sozial- bzw. Gesellschaftsethik gelten. Er bezeichnet vielmehr einen spezifischen, thomistisch-naturrechtlich argumentierenden Theorieansatz christlicher Gesellschaftsethik neben anderen, der im ausgehenden 19. Jahrhundert vorherrschend wurde und vor allem in Deutschland lange Zeit dominierend war, nach dem II. Vatikanum aber auch innerkirchlich seinen Einfluss weitgehend eingebüßt hat; vgl. dazu: Friedrich Hengsbach, Bernhard Emunds, Matthias Möhring-Hesse (Hg.), Jenseits Katholischer Soziallehre. Neue Entwürfe christlicher Gesellschaftsethik, Düsseldorf 1993; Karl Gabriel (Hg.), Gesellschaft begreifen – Gesellschaft gestalten. Konzeptionen Christlicher Sozialethik im Dialog (Jahrbuch für Christliche Sozialwissenschaften, Bd. 43), Münster 2002.

2 Die Trias von Personalität, Solidarität und Subsidiarität findet sich in den gängigen Lehrbüchern des Faches in dieser Form nur bei Arno Anzenbacher, Christliche Sozialethik. Einführung und Prinzipien, Paderborn 1997. Joseph Höffners Klassiker «Christliche Gesellschaftslehre» (1962 u. ö.) bezeichnet als «Ordnungsprinzipien der Gesellschaft» das Solidaritäts-, Gemeinwohl- und Subsidiaritätsprinzip, und bei Franz Furger, Christliche Sozialethik. Grundlagen und Zielsetzung (Stuttgart 1991) werden als «Leitprinzipien der Sozialethik» das «Person- und Gemeinwohlprinzip» sowie das «Subsidiaritäts- und Solidaritätsprinzip» genannt. Zumeist finden sich in der Literatur heute mehrere Sozialprinzipien in z. T. unterschiedlicher Gewichtung, zu denen neben Personalität, Gerechtigkeit, Gemeinwohl, Solidarität und Subsidiarität in jüngster Zeit – im Gefolge des «Gemeinsamen Wortes» der Kirchen von 1997 (Nr. 122–125) – regelmäßig auch Nachhaltigkeit gerechnet wird; vgl. Reinhard Marx, Helge Wulsdorf,

111

ßen, auf die sich viele Politiker gerne berufen, wenn sie nach den Werthaltungen befragt werden, die ihrem politischen Handeln zugrunde liegen. Dabei erfreut sich vor allem das Subsidiaritätsprinzip seit langem hoher Beliebtheit, während das Prinzip der Personalität schon deutlich weniger bemüht, aber auch nirgends explizit bestritten wird. Die Kategorie der Solidarität hingegen erfährt in den politisch-moralischen Diskursen der Gegenwart nur wenig Unterstützung und hat heute – nicht nur außerhalb, sondern auch innerhalb der katholischen Kirche – mit einem veritablen Image-Problem zu kämpfen.

Vor diesem Hintergrund will ich im Folgenden zunächst einige Etappen aus der Theorie- und Begriffsgeschichte des Konzepts der Solidarität nachzeichnen, die sich insbesondere im Frankreich des 19. Jahrhunderts vollzogen haben und bis heute das semantische Profil dieser durch und durch modernen, erst im Kontext der industriekapitalistischen Gesellschaft entstandenen Kategorie kennzeichnen (1). Vor diesem Hintergrund sollen dann die aus der Idee der Solidarität entstandenen solidaristischen Bewegungen im Frankreich der Jahrhundertwende und in ihrer katholischen Variante im Gefolge von Heinrich Pesch SJ kurz angesprochen werden (2), um dann einen abschließenden Blick auf das Solidaritätsverständnis in den Texten der päpstlichen Sozialverkündigung zu werfen (3). Dabei wird sich zeigen, dass die moderne Kategorie der «sozialen Solidarität» in den Texten der katholischen Sozialverkündigung einen zentralen, stetig zunehmenden Stellenwert einnimmt und über ein gesellschaftsanalytisches wie politisch-moralisches Potential verfügt, das in den gegenwärtigen Suchbewegungen christlicher Gesellschaftsethik nicht selten unterschätzt wird.

1 «... die bedeutendste Entdeckung unserer Zeit» (Charles Gide). Der Siegeszug der Solidarität im Frankreich des 19. Jahrhunderts

War der Begriff der Solidarität in der politisch-sozialen Sprache Europas bis weit in das 19. Jahrhundert hinein nur aus der römischen Rechtssprache – zur Bezeichnung der vertraglich geregelten wechselseitigen Bürgschaft (*obligatio in solidum*) – bekannt, so sollte sich dieser Begriff seit den 1840er Jahren in

---

Christliche Sozialethik. Konturen – Prinzipien – Handlungsfelder, Paderborn 2002; und Marianne Heimbach-Steins (Hg.), Christliche Sozialethik. Ein Lehrbuch, Bd. 1: Grundlagen, Regensburg 2004.

Frankreich zu einem zentralen politisch-moralischen Leitbegriff der europäischen Moderne aufladen und einen regelrechten Boom erleben, der seinen Höhepunkt an der Wende vom 19. zum 20. Jahrhundert erfuhr.[3]

Einen ersten programmatischen Markstein setzte dabei *Pierre Leroux*, ein christlicher Sozialist und Schüler Saint-Simons, der in seinem einflussreichen Buch *De L'Humanité, de son principe, et de son avenir* aus dem Jahr 1839 mit Nachdruck dafür eintrat, die kirchlichen Traditionen der Mildtätigkeit durch den Gedanken gegenseitiger Solidarität zu überwinden, da Solidarität die «wahre Formel» der christlichen Barmherzigkeit sei.[4] Die noch weithin ungebrochenen hierarchisch-obrigkeitlichen Traditionen der Armenfürsorge, in denen der Hilfesuchende stets nur als rechtloser Bittsteller zwischen kirchlicher Mildtätigkeit, bürgerlicher Philanthropie und staatlicher Bettlerrepression wahrgenommen wurde,[5] sollten durch eine stärker demokratisch-egalitär angelegte Idee von Solidarität ersetzt werden, die die unentrinnbare Verbundenheit der Menschen untereinander als Freie und Gleiche zur Sprache bringt und dadurch das ältere paternalistisch-hierarchische Verständnis der Wohltätigkeit, der *bienfaisance* für die Armen, zu überwinden vermag. Weil für *Leroux* die Sicherung der materiellen Existenzbedingungen für alle den eigentlichen Kern des politisch-sozialen Zusammenhalts der Gesellschaft bildet, ist materielle Grundsicherung für ihn «ein Recht, ein Anspruch, keine Gnade, und sie bildet als Recht die Basis einer neuen Form der Vergesellschaftung, die *Leroux* ‹sozialistisch› nennt».[6]

Seit Mitte des 19. Jahrhunderts fand die Solidarität dann nicht nur in der politischen Rhetorik, bei Politikern und Arbeiterführern, sondern auch in

---

3 Vgl. zum Folgenden ausführlicher meine «Spurensuche zu einem Leitbegriff der europäischen Moderne» in: Hermann-J. Große Kracht (Hg.), Solidarität institutionalisieren. Arenen, Aufgaben und Akteure christlicher Sozialethik (Festschrift Gabriel), Münster 2003, 23–45; zur Theoriegeschichte des Solidaritätsbegriffs in Frankreich, zu der auch katholische Restaurationstheoretiker wie de Maistre und Chateaubriand zu rechnen sind, vgl. Thomas Fiegle, Von der *solidarité* zur Solidarität. Ein französisch-deutscher Begriffstransfer, Münster 2003.

4 Vgl. dazu neben den knappen Hinweisen bei Rainer Zoll, Was ist Solidarität heute?, Frankfurt 2002, 23 vor allem Fiegle (Anm. 3), 49–87.

5 Vgl. dazu grundlegend Robert Castel, Die Metamorphosen der sozialen Frage. Eine Chronik der Lohnarbeit (frz., 1995), Konstanz 2000, bes. 162–235; auch Karl H. Metz, Solidarität und Geschichte. Institutionen und sozialer Begriff der Solidarität in Westeuropa im 19. Jahrhundert, in: Kurt Bayertz (Hg.), Solidarität. Begriff und Problem, Frankfurt 1998, 172–194, bes. 172–180.

6 Metz (Anm. 5), 176.

zahlreichen Wissenschaftsdiskursen breite Verwendung. Zum einen avancierte sie zur zentralen Programm- und Selbstverständnisformel einer selbstbewusst werdenden Arbeiterbewegung, die allmählich eine organisierte, auf längerfristigen und belastbaren gemeinschaftlichen Zusammenhalt gründende klassenkämpferische Praxis, eben eine politische Solidaritätspraxis auszubilden begann, auf deren Grundlage sie sich in den gesellschaftlichen Interessenkämpfen kraftvoll zu behaupten vermochte. Solidarisches Handeln lässt sich hier nicht auf die geläufigen Kategorien zweckrational-individualistischen Vorteilsstrebens oder freiwilliger Mildtätigkeit für Schwächere zurückführen, sondern konstituiert einen kollektiven, explizit interessebezogenen und in diesem Rahmen gemeinschaftsorientierten, d. h. auf kurzfristige individuelle Eigenvorteile bewusst verzichtenden Handlungstypus, der sich an der klassischen Maxime des «Nur gemeinsam sind wir stark» orientiert. Die in Restbeständen noch heute anzutreffende Solidaritätskultur der Arbeiterbewegung des 19. und 20. Jahrhunderts, die nicht selten auch ihre Gaststätten, Gesangsvereine und Schrebergartenkolonien auf den Namen «Solidarität» taufte, zeugt davon, dass der Solidaritätsbegriff nicht nur in hohem Maße politische Kampf- und Engagementbereitschaften, sondern mindestens ebenso sehr emotionale Wärme und soziale Zugehörigkeiten zu generieren vermochte. Durch die Arbeiterbewegung wächst dem Solidaritätsbegriff dabei konstitutiv eine gegnerbezogene Akzentuierung zu, ohne die sich das semantische Potential und die enorme politisch-moralische Strahlkraft dieses Begriffs nicht verstehen lassen. Dieser Gegnerbezug, der sich auf Bedrohungen, Gefahren und Risiken aller Art beziehen kann, bleibt auch dann elementar für Begriff und Empfindung von Solidarität, wenn er sich jenseits der Konfliktbedingungen einer industriekapitalistischen Klassengesellschaft ansiedelt und es mit ganz neuen und bisher ungeahnten Gegnern und Gefahren zu tun bekommt.[7]

---

7   Insofern ist Solidarität immer «Contra-Solidarität», d. h. durch den Bezug auf gemeinsame Gegner, Gefahren oder Bedrohungen konstituiert, wobei sich dies nicht auf Gruppen- oder Klassensolidaritäten beschränken muss. Vielmehr kann auch ein gefährdetes oder noch nicht befriedigtes solidarisches Gesamtinteresse der Menschheit in den Blick genommen werden, wie dies etwa in den Debatten über die globale Risikogesellschaft geschieht. Nicht zufällig war schon auf Demonstrationszügen der 1980er Jahre zu beobachten, wie der alte Schlachtruf von der Solidarität einen ironisch-bitteren Juniorpartner erhalten hat: «…beim Hungern und beim Essen, vorwärts, und nie vergessen, die – Radioaktivität» (vgl. dazu den Hinweis bei Andreas Wildt, Solidarität – Begriffsgeschichte und Definition heute, in: Bayertz (Anm. 5), 202–216, 209).

Neben dem interessen- und handlungsorientiert angelegten Solidaritätsbegriff der Arbeiterbewegung entfaltete sich seit der Jahrhundertmitte aber
auch ein explizit nicht-normatives, rein analytisch-deskriptives Solidaritäts-
konzept, in dem der Begriff Solidarität lediglich zur Beschreibung der wechselseitigen gesellschaftlichen Abhängigkeit und Interdependenz der Menschen
fungiert. Insofern verwundert es nicht, dass die Solidaritätsvokabel schon früh
auch im ökonomischen Diskurs anzutreffen ist und ein engagierter Vertreter
der Freihandelslehre wie *Frédéric Bastiat* (1801–1850), der sich energisch von
den sozialistisch-republikanischen Strömungen seiner Zeit distanziert, in seinen *Harmonies Économiques* (1850) der *solidarité* ein eigenes Kapitel widmen
und davon sprechen konnte, dass «die ganze Gesellschaft … nur ein Netz von
verschiedenen, miteinander verbundenen Manifestationen von Solidarität»[8]
sei.

Eine prominente Bedeutung erhielt der Topos der Solidarität aber vor allem in der neu entstehenden Soziologie, die sich in der zweiten Hälfte des
19. Jahrhunderts zu etablieren begann. *Auguste Comte* (1798–1857), der ge-
meinhin als Begründer der Soziologie als einer «positiven» Wissenschaft gilt,
hat in seinem *Discours sur l'esprit positif* (1844) erstmals ohne alle normativen
Implikationen von der sozialen Solidarität gesprochen; und mit *Émile Durkheims* epochemachendem Buch *De la division du travail social* (1893) sollten
die analytisch-deskriptiven Dimensionen des Solidaritätsbegriffs dann end-
gültig zu einem festen Topos soziologischer Theoriebildung werden.

Ähnlich wie für Comte bildet Solidarität auch für Durkheim eine «soziale
Tatsache» (*fait social*) gesellschaftlichen Lebens. Sie ergibt sich für ihn in modernen Gesellschaften geradezu zwangsläufig aus der Arbeitsteilung. Denn in
dem Maße, in dem Gesellschaften beginnen, sich funktional auszudifferenzie-
ren und arbeitsteilig zu organisieren, entstehen Prozesse der Professionalisierung und Individualisierung, durch die die soziale Komplexität und der gesellschaftliche Reichtum enorm ansteigen, durch die die Menschen aber auch
immer dichter miteinander verbunden werden. Dadurch werden die Individuen für Durkheim «zu gleicher Zeit persönlicher und solidarischer»,[9] da der
gesellschaftliche Differenzierungsprozess Menschen einerseits immer individueller und autonomer, zugleich aber auch immer abhängiger voneinander
werden lässt. Seiner historisch-genetischen Lesart sozialer Arbeitsteilung zu-

---

8 Zit. nach Zoll (Anm. 4), 35.
9 Émile Durkheim, Über soziale Arbeitsteilung. Studie über die Organisation höherer
   Gesellschaften, Frankfurt 1988, 82; vgl. dazu auch Fiegle (Anm. 3), 154–168.

folge kennzeichnen sich moderne Gesellschaften dadurch, dass sie in einem gleichgerichteten Differenzierungsprozess Solidarität ebenso wie Individualität, komplexe soziale Ordnung ebenso wie hohe personale Autonomie hervorzubringen vermögen, ohne dass diese untereinander notwendig in einem Konkurrenzverhältnis stünden. Durkheim unterscheidet hier die neue «organische Solidarität» der modernen Gesellschaft von der «mechanischen Solidarität» früherer Gesellschaftstypen, in denen der soziale Zusammenhalt und die gesellschaftliche Ordnung gleichsam mechanisch, durch Wiederholung und Imitation, reproduziert worden seien und noch auf einer von allen Gesellschaftsmitgliedern fraglos geteilten «Gesamtheit von Glaubensüberzeugungen» und Gefühlen»[10] beruht habe. In den modernen Gesellschaften seien die Menschen jedoch weniger durch ein gemeinsam geteiltes Kollektivbewusstsein als durch unbewusste Prozesse funktionaler Differenzierung miteinander verbunden.

Während viele seiner Zeitgenossen als Konsequenz der steigenden Arbeitsteilung moderner Gesellschaften vor allem soziale Zersplitterung und politische Anomie befürchteten – und hier sind nicht zuletzt die verschiedenen Bewegungen im sozialen und politischen Katholizismus zu nennen –, sah Durkheim also durchaus Chancen für die Entstehung eines neuartigen Zusammenhangs von Arbeitsteilung, Solidarität und Moral; und diese erst im Entstehen begriffene «Moral der organisierten Gesellschaften» zeichnet sich für ihn durch ein spezifisch modernes Profil aus: «Die Regeln, die diese Moral konstituieren, sind nicht so zwingend, dass sie jede freie Überprüfung ersticken; vielmehr sind wir ihnen gegenüber freier, weil sie eher für uns und in einem gewissen Sinne von uns gemacht sind.»[11]

Mit seinem Konzept der organischen Solidarität auf der Grundlage sozialer Arbeitsteilung wendet sich Durkheim explizit gegen *Herbert Spencer* und die individualistischen Vertragstheorien der liberalen Tradition, die die Phänomene der Arbeitsteilung und der gesellschaftlichen Solidarität ausschließlich auf bewusst eingegangene Tauschbeziehungen rationaler Marktteilnehmer zurückführen. In Durkheims Soziologie wird deshalb – wie der französische Philosoph *François Ewald* betont – anders als in den klassischen Naturrechtslehren von Hobbes bis Rousseau «nicht mehr von isolierten Individuen, sondern von der Gesellschaft selbst ausgegangen. Das Individuum ist von vornherein nichts (…). Was wir sind, was uns von anderen unterscheidet, verdanken wir

---

10 Ebd. 181.
11 Ebd. 478.

nicht so sehr uns selbst als der endlosen Differenzierungsarbeit, die die Gesellschaft an sich selbst durchführt.»[12] Und dies hat tiefgreifende Folgen für die geltenden Konzepte von Recht, Moral und Verantwortung, denn: «Das Bestehen von Solidaritäten brachte das mechanistische Modell einzelner und voneinander getrennter Kausalitäten in Unordnung und ersetzte es durch den Gedanken eines Systems miteinander verflochtener Ursachen, wo alles ständig zugleich Ursache und Wirkung ist. Eine universelle und wechselseitige Abhängigkeit von Ursachen und Wirkungen, die nicht mehr jenen Haltepunkt aufweist, der für die Bestimmung einer individuellen Verantwortlichkeit nötig wäre. Alles hängt mit allem zusammen. Alles funktioniert. Alles ist notwendig. Die Verantwortung wird zu etwas Diffusem, sie schwillt sozusagen an und dehnt sich auf unbestimmte Weise aus.»[13]

2 Die solidaristische Bewegung: sozialphilosophische Versuche jenseits von Liberalismus und Kollektivismus

2.1 Léon Bourgeois und der französische Solidarismus

Vor diesem Hintergrund veröffentlichte *Léon Bourgeois* (1851–1925)[14] nur drei Jahre nach Durkheims Schrift zur Arbeitsteilung sein populäres Manifest *La Solidarité* (1896), das als der einflussreichste Programmtext des französischen Solidarismus der Jahrhundertwende gelten kann.[15]

Der Solidarismus kann als eine durchaus eigenständige sozialphilosophische Gesellschaftslehre betrachtet werden, die mit dem Anspruch auftrat, eine Alternative zu liberalen und revolutionären Gesellschaftskonzeptionen in den Blick zu nehmen, um auf diese Weise Individualismus und Sozialismus, Be-

---

12 François Ewald, Der Vorsorgestaat (frz., L'État Providence, 1986), Frankfurt 1993, 473.

13 Ebd. 471.

14 Bourgeois, Jurist und führender Kopf der aus heutiger Sicht als linksdemokratisch zu bezeichnenden radikalsozialistischen Partei, bekleidete seit 1890 mehrere Regierungsämter in der französischen Republik, in denen er zahlreiche sozialpolitische Reformprojekte im Bereich des Schul- und Erziehungswesens, der Arbeitschutzgesetzgebung und der Sozialversicherung auf den Weg brachte. 1920 wurde er mit dem Friedensnobelpreis für seine Bemühungen um die Errichtung des Völkerbundes ausgezeichnet.

15 Zur weithin unbekannten Tradition des französischen Solidarismus vgl. neben Fiegle (Anm. 3) auch Christian Gülich, Die Durkheim-Schule und der französische Solidarismus, Wiesbaden 1991.

sitzbürgertum und Arbeiterschaft miteinander zu versöhnen. Auf dieser Grundlage avancierte die Formel der *Solidarité* «zum leidenschaftlichen Kampfbegriff der laizistischen Linken»[16] und zu einem programmatischen sozialreformerischen Leitbild, mit dessen Hilfe der Dritten Republik der politische Durchbruch zum heftig angefeindeten französischen Wohlfahrtsstaat gelang. Als Gründerväter des Solidarismus gelten u. a. der Philosoph *Alfred Fouillée* (1838–1912), der 1880 das Konzept des *organisme contractuel* entwickelte und die natürliche Tatsache menschlicher Interdependenz und Solidarität betonte, der Jurist *Célestin Bouglé* (1870–1940), ein enger Mitarbeiter Durkheims, der im Rahmen der angestrebten Trennung von Kirche und Staat ein Konzept gegenseitiger Solidarität als Alternative zur kirchlichen Wohltätigkeit vertrat, und der Ökonom *Charles Gide* (1847–1932), der «eine Vergenossenschaftlichung der gesamten Volkswirtschaft»[17] anstrebte und 1893 einen ersten Abriss des Solidarismus[18] vorgelegt hatte, in dem es ihm darum ging, die soziologische *solidarité-fait* mit der moralischen *solidarité-devoir* in eine politisch produktive Beziehung zu setzen.

Bourgeois sieht aus wissenschaftlicher wie aus moralischer Sicht in der Gesellschaft zwischen allen Individuen «ein notwendiges Band der Solidarität», da alle aufeinander angewiesen seien und niemand sich in den Bedingungen seiner individuellen Entwicklung als voraussetzungslos und unabhängig begreifen könne. Deshalb lautet die Kernaussage seiner Solidaritätsschrift: «Nous naissons débiteurs! – Der Mensch wird als Schuldner der menschlichen Assoziation geboren.»[19] Der republikanischen Trias von «Freiheit, Gleichheit, Brüderlichkeit», vor allem aber ihrer liberalen Variante «Freiheit, Gleichheit, Selbstständigkeit»[20], setzte er deshalb eine Alternative entgegen, die ihm einzig den Bedingungen einer komplexen Industriegesellschaft angemessen er-

---

16 Franz-Xaver Kaufmann, Der deutsche Sozialstaat im internationalen Vergleich, in: Geschichte der Sozialpolitik in Deutschland seit 1945, Bd. 1: Grundlagen der Sozialpolitik, Baden-Baden 2001, 799–989, hier 923.

17 Zoll (Anm. 4), 89.

18 Charles Gide, L'idée de solidarité en tant que programme, Paris 1893.

19 Vgl. Leon Bourgeois, La Solidarité, Paris 1896, 116, zit. nach Gülich (Anm. 15), 33.

20 Anschaulich wird diese liberale Variante nicht zuletzt im Werk *Immanuel Kants*, der 1793 formuliert: «Der bürgerliche Zustand … ist auf folgende Prinzipien a priori gegründet: 1) Die Freiheit jedes Gliedes…, 2) Die Gleichheit desselben… 3) Die Selbstständigkeit jedes Gliedes…» Immanuel Kant, Über den Gemeinspruch: Das mag in der Theorie richtig sein, taugt aber nicht für die Praxis, in: ders., Werke in sechs Bänden, Bd. VI, hg. von Wilhelm Weischedel, Darmstadt 1964 u.ö., 125–172, hier 145.

schien: die solidaristische Trias: «Solidarität, Freiheit, Gleichheit».[21] Gegen Rousseau und die naturrechtliche Freiheitstradition betont er: «Der Mensch wird nicht frei geboren; mit jedem Tag erringt er, Schritt für Schritt, seine Freiheit.»[22]

Dabei unterscheidet Bourgeois – in Anlehnung an Gide – die *doctrine scientifique de la solidarité naturelle* von der *doctrine pratique de la solidarité sociale,* die er als eine moderne Theorie sozialer Gerechtigkeit an die Stelle der christlichen Liebestätigkeit und der republikanischen Brüderlichkeit treten lassen will. Aus der Tatsache der «sozialen Solidarität», d. h. der wechselseitigen Abhängigkeit aller, folgt für Bourgeois unmittelbar eine «soziale Schuld» aller gegenüber allen: «Jeder lebende Mensch hat insofern und in dem Maß eine Schuld gegenüber allen lebenden Menschen abzutragen, als er unter Beihilfe aller unterstützt worden ist. (…) Darüber hinaus hat jeder lebende Mensch auch eine Schuld gegenüber den nachfolgenden Generationen, da er auch von den vergangenen Generationen unterstützt worden ist.»[23] Aus dieser Idee «sozialer Schuld»[24], in die übrigens erkennbar Motive der christlichen Erbsündenlehre eingegangen sind, folgt für Bourgeois unmittelbar eine kollektive gesellschaftliche Verantwortlichkeit, denn: «Da es uns unmöglich ist, zu irgendeinem Zeitpunkt festzustellen, wo die letzte Schwingung der individuellen Handlungen verklingt, die jeder von uns setzt, werden wir nie feststellen können, wo die letzte Schwingung unserer Pflicht allen anderen gegenüber endet.»[25] Mithin sei es im Rahmen einer solidaristischen Gesellschaftskonzeption «unmöglich festzustellen, in welchem Ausmaß ein Mann, der einen beträchtlichen Grad an Macht und Vermögen erreicht hat, dies der Gesellschaft

---

21 «Die Solidarität ist die primäre Tatsache, sie ist früher als jede soziale Organisation; zugleich ist sie der objektive Seinsgrund der Brüderlichkeit. Mit ihr muss begonnen werden. *Solidarität* zuerst, dann *Gleichheit* oder *Gerechtigkeit,* was in Wahrheit dasselbe ist; und schließlich die *Freiheit.*» Bourgeois, solidarité (Anm. 19), 105; zit. nach Ewald (Anm. 12), 532 f., Herv. i.O.

22 Léon Bourgeois, L'Education sociale, in: L' éducation de la démocratie française, Paris 1897, 163; zit. nach Ewald (Anm. 12), 532.

23 Bourgeois, solidarité (Anm. 19), 63, zit. nach Ewald (Anm. 12), 476.

24 Das solidaristische Motiv der Schuld findet sich bereits in der Großen Revolution an zentraler Stelle, wenn es in Art. 21 der Verfassung von 1793 heißt: «Die öffentlichen Unterstützungen sind eine heilige Schuld. Die Gesellschaft schuldet ihren unglücklichen Bürgern den Unterhalt: Sie verschafft ihnen Arbeit oder sichert die Mittel zum Leben der Arbeitsunfähigen.» Vgl. dazu auch Metz (Anm. 5), 174–176.

25 Léon Bourgeois, in: La politique de la prévoyance sociale, Paris 1914, Bd. I, 57; zit. nach Ewald (Anm. 12), 471.

verdankt, wie es auch unmöglich ist, das zu bemessen, was die Gesellschaft jenem armen Kerl schuldet, der weder über die nötige Ausbildung noch über vorgestrecktes Kapital noch über die zum Erwerb seines Lebensunterhalts notwendige Gesundheit und körperlichen Kräfte verfügt und so während seines ganzen Lebens die Last der allgemeinen Solidarität tragen muss, ohne von ihr je profitiert zu haben.»[26]

Vor diesem Hintergrund gesellschaftlicher Komplexität entfaltet Bourgeois nun eine vertragstheoretische Gerechtigkeitskonzeption, mit der er die Hoffnung verbindet, aus den Phänomenen der «sozialen Schuldnerschaft» und der kollektiven, nicht hinreichend exakt individualisierbaren Verantwortlichkeiten ein tragfähiges nachliberales politisches Rechtsprinzip gewinnen zu können. Dazu entwickelt er die Vorstellung von einem *quasi-contrat*, einem Vertrag, dem rückwirkend zugestimmt werden kann: «Dort, wo die Menschen unter dem Zwang der Umstände Beziehungen zueinander aufnehmen, ohne dass sie zuvor freiwillig die Bedingungen der zu treffenden Abmachung besprechen konnten, kann das Gesetz, welches diese Bedingungen auf eine für alle bindende Weise festlegen soll, lediglich eine *Interpretation und Darstellung jener Übereinkunft sein, die sie zuvor gemeinsam getroffen hätten, wenn sie dazu als Gleichrangige und in Freiheit befragt hätten werden können:* Die einzige Grundlage dieses Rechts wird somit in jener Zustimmung liegen, die sie aus freiem und gleichem Willen vermutlich gegeben hätten. Der *Quasivertrag* ist also nichts anderes als ein Vertrag, dem rückwirkend zugestimmt wird.»[27]

Und *François Ewald* ergänzt die rechts- und demokratietheoretische Akzentuierung dieses Zitats um die entsprechenden verteilungs- und gerechtigkeitstheoretischen Aspekte, wenn er als Fazit festhält: «Niemand darf mehr behaupten, ein grundsätzliches Anrecht auf mehr zu haben als jemand anders», denn da die Menschen wissen, «dass sie alles, was sie haben, den bestehenden Solidaritäten verdanken, aber nicht in der Lage sind zu bestimmen, was im Einzelfall einer dem anderen schuldet, beschließen sie die Einführung einer Verteilungsregel der grundsätzlich kollektiven Güter, damit die Gemeinschaft bestehen bleiben kann, für alle möglichst vorteilhaft ist und damit der Frieden gewahrt bleibt.»[28]

26 Ders., in: Essai d'une Philosophie de la solidarité, Paris 1902, 104; zit. nach Ewald (Anm. 12), 476.
27 Ders., solidarité (Anm. 19), 61; zit. nach Ewald (Anm. 12), 479, Herv. i. O.
28 Ewald (Anm. 12), 478 f.; vgl. dazu auch Gülich (Anm. 15), 38 ff. und Fiegle (Anm. 3), 104 ff.

Aus dieser Konzeption folgt unmittelbar die Idee eines starken Sozial(versicherungs)staates, der seinerzeit in der französischen Öffentlichkeit noch weithin als illegitim galt, auf der Folie der Vorstellung von überindividuellen gesellschaftlichen ‹Solidaritätsschulden› aber unmittelbar einsichtig wird. Die Einführung umfassender sozialpolitischer Schutz-, Sicherungs- und Förderungsmaßnahmen, etwa im Bereich der Arbeiterschutzgesetzgebung, der Sicherung des Existenzminimums, der kostenlosen Schulbildung und vor allem im Hinblick auf den Aufbau verlässlicher Sozialversicherungen, erweist sich so als elementare Grundpflicht der Gesellschaft, um die sich der Staat vorrangig zu bemühen hat. Die aus dem 18. Jahrhundert stammende natur- und vernunftrechtliche Tradition, die vor allem die Freiheit der Einzelnen vor obrigkeitlicher Willkür schützen wollte und ein am Modell des freien Marktes orientiertes System liberaler Abwehrrechte aufbaute, war nun zu transformieren in ein nachliberales Rechtsverständnis, demzufolge «der letzte Zweck des Rechts darin (besteht), in den Beziehungen zwischen den Menschen den Gedanken der Konkurrenz und des Kampfes durch den höheren Gedanken des Vertrags und der Gemeinschaft zu ersetzen»;[29] und zwar im Rahmen eines nachmetaphysischen, vertrags- und demokratietheoretisch legitimierten politischen Programms, «bei dem sich die Gesellschaft selbst zur Herrin über die Gerechtigkeit macht».[30]

2.2 Bemühungen um einen katholischen Solidarismus: Heinrich Pesch und Oswald von Nell-Breuning

Die Tradition der solidaristischen Sozialphilosophie, die in Frankreich bis heute spürbar ist, aber auch im Italien der Nachkriegszeit eine prominente Rolle spielte und z. B. auch die polnische *Solidarnosc*-Bewegung erheblich zu inspirieren vermochte, hat auch in Deutschland ihre Spuren hinterlassen. Hier wurde sie schon früh vor allem von Vertretern der katholischen Soziallehre aufgegriffen und in einem christlich-naturrechtlichen Kontext reformuliert. Ähnlich wie die französischen Solidaristen trat auch der katholische Solidarismus mit dem Anspruch auf, eine eigenständige sozialphilosophische Theorie vorlegen und als überzeugende Alternative zu den Extrempositionen liberal-individualistischer und sozialistisch-kollektivistischer Lehren anbieten

---

29 Bourgeois, politique (Anm. 25), Bd. I, 25; zit. nach Ewald (Anm. 12), 533.
30 Ewald (Anm. 12), 423.

zu können. Auch wenn sich ihr Gesellschaftsentwurf sozialphilosophisch kaum durchzusetzen vermochte, so hat diese katholisch-soziale Denktradition doch einen nicht unerheblichen Einfluss auf die Arbeiterschutz- und Sozialgesetzgebung der Weimarer Republik, aber auch auf die sozialpolitischen Grundsatzentscheidungen der frühen Bundesrepublik ausgeübt. Sie darf von daher sicherlich zu den relevanten Hintergrundtheorien des deutschen Wohlfahrtsstaatsmodells gerechnet werden.

Vermittelt über solidaristische Denkströmungen im französischen und belgischen Katholizismus wurde die Solidarismus-Variante der deutschen katholischen Soziallehre zuerst von dem Jesuiten *Heinrich Pesch* (1854–1926) entwickelt, der mit seinem fünfbändigen Lehrbuch der Nationalökonomie (1905–1923) «die erste große Systematisierung christlichen Gesellschaftsdenkens im 20. Jahrhundert»[31] vorlegte. Pesch, der bei seinen theologischen Studien in England mit der sozialen Frage konfrontiert wurde und daraufhin den Wunsch verspürte, sein Leben «der Hebung des Arbeiters zu widmen», begann 1901 ein Studium der Nationalökonomie in Berlin, in dessen Rahmen er stark von den Kathedersozialisten Gustav Schmoller und Adolph Wagner geprägt wurde.[32] Mit seinem Lehrbuch erhebt Pesch den Anspruch, «ein einheitliches System der Volkswirtschaftslehre aufzubauen, dessen Besonderheit in der konsequenten Durchführung der anthropozentrischen und organischen Auffassung des nationalen Wirtschaftslebens besteht»[33]. Sein solidaristisches System zielt auf eine mittlere Alternative zu Individualismus und Sozialismus. Denn die «leitende Idee des Individualismus war die der absoluten Freiheit und Selbständigkeit lediglich den eigenen Vorteil suchender Einzelwirtschaften. Der individualistischen Dezentralisation stellte der Sozialismus die Forderung einer völlig einheitlichen, zentralisierten, universalisierten Wirtschaftsgenossenschaft gegenüber, mit Verwischung aller sozialen Differenzierung zwischen Berufsgruppen, Klassen, Ständen. In der Mitte zwischen beiden Ex-

---

31 Hans Fenske, Politisches Denken im 20. Jahrhundert, in: Hans-Joachim Lieber (Hg.), Politische Theorien von der Antike bis zur Gegenwart, Bonn 1991, 657–880, 729.

32 Zu Peschs Biografie und Bibliografie vgl. neben dem Beitrag von Hans Kettern im Biographisch-bibliographischen Kirchenlexikon (Bd. 5, Sp. 236–47) Franz H. Müller, Heinrich Pesch. Sein Leben und sein Werk, Köln 1980; zu Peschs Modell einer «Christlichen Gesellschaftsordnung», die er nach dem Untergang des Kaiserreichs kurzzeitig auch als «christlichen Sozialismus» propagierte, vgl. Clemens Ruhnau, Der Katholizismus in der sozialen Bewährung, Paderborn 1980, bes. 110 ff.

33 Heinrich Pesch, Lehrbuch der Nationalökonomie, Bd. 1: Grundlegung, 2., neu bearbeitete Auflage, Freiburg 1914, Vorwort (VII).

tremen einer absoluten Zentralisation und einer absoluten Dezentralisation steht ein drittes System, dem wir den Namen ‹*Solidarismus*› geben.»[34]

Ähnlich wie für Bourgeois und die französischen Solidaristen bildet auch für Pesch «die *tatsächliche* wechselseitige Abhängigkeit der Menschen»[35] den Ausgangspunkt seiner Überlegungen. Diese Solidarität ist für ihn zugleich ein «Seinsprinzip» und ein sittliches Verpflichtungsprinzip, aus dem sich unmittelbar das Postulat sozialer Gerechtigkeit als Pflicht des Staates herleitet. «Der Zweck der staatlichen Gesellschaft besteht in der Herstellung, Bewahrung und Vervollkommnung der Gesamtheit jener öffentlichen Bedingungen und Einrichtungen, durch welche allen Gliedern des Staates die Möglichkeit geboten, erhalten, gesteigert wird, frei und selbsttätig ihr wahres irdisches Wohl nach Maßgabe ihrer besondern Fähigkeiten und Verhältnisse zu erreichen und das redlich Erworbene zu bewahren.»[36]

Grundsätzlich spricht Pesch sich durchaus für eine privatwirtschaftliche Ordnung der Wirtschaft, für den «technischen Kapitalismus» als wirtschaftsorganisatorisches System mit Wettbewerb, Eigentumsrecht und einem begrenzten Maß an legitimer sozialer Ungleichheit aus; er setzt seine Hoffnungen aber vor allem auf ein «solidaristisches Arbeitssystem», auf eine «‹mehr demokratisch-konstitutionelle Verfassung der Betriebe› und der ganzen Wirtschaft. Weder ‹sozialistische Diktaturgelüste› noch ‹der alte kapitalistische Herrenstandpunkt› dürften ‹die Oberhand› gewinnen. (…) Die vorrangige Stellung des arbeitenden Menschen im ‹solidaristischen Arbeitssystem› führte ihn schließlich dazu, in der Arbeit, im Beruf das Gliederungsprinzip der Wirtschaft zu sehen und darauf das Modell der ‹Berufsständischen Ordnung› aufzubauen.»[37]

Pesch fundiert den katholischen Solidarismus der «sozialen Solidarität» allerdings nicht wie etwa Bourgeois, auf den er sich durchaus beruft,[38] auf einer soziologischen Grundlage mit einer liberalen vertragstheoretischen Ergänzung. Er argumentiert vielmehr durchgängig sozialmetaphysisch, und zwar in

---

34 Ebd. 393, Herv. i. O.

35 Ebd. 33, Herv. i. O.

36 Ebd. 167, i. O. herv.

37 Franz Josef Stegmann, Peter Langhorst, Geschichte der sozialen Ideen im deutschen Katholizismus, in: Helga Grebing (Hg.), Geschichte der sozialen Ideen in Deutschland, Essen 2000, 599–862, 729.

38 Gegen Bourgeois' Konzeption wendet er ein, es sei «ganz individualistisch gedacht», wenn «die Fürsorge für die Enterbten gewissermaßen zu einer rechtlich einklagbaren Schuld gemacht» werde, Pesch (Anm. 33), 394.

Kontinuität zu den vormodernen aristotelisch-thomistischen Theorietraditionen des teleologischen Naturrechts, das den Menschen nicht aufgrund der unübersichtlichen Komplexität funktional ausdifferenzierter Gegenwartsgesellschaften, sondern «von Natur aus» als ein soziales Wesen begreift, dessen Wesensmerkmale letztlich im Schöpferwillen Gottes gründen. Damit hebt sich der neuthomistisch-katholische Solidarismus grundlegend von den positivistisch-empiristischen Implikationen des Solidaritätsbegriffs ab, die ihm – seit Comte – in den französischen sozialwissenschaftlichen Theoriebemühungen des 19. Jahrhunderts zugewachsen sind. Deshalb verwundert es nicht, wenn der langjährige Leiter des Schul- und Bildungswesens der «Christlichen Gewerkschaften», der Pesch-Schüler *Theodor Brauer* (1880–1942), die Stärken des Peschschen Solidarismus darin erkennt, dass er dem Bedürfnis Rechnung trage, «in maßvoller und vornehm über den Parteien stehender Beschränkung wegweisend tätig zu sein, … ohne demjenigen, der weder an unserer schwülstigen, transzendenzfeindlichen Salonethik, noch am Empirismus schlechthin Genüge findet, die Orientierung an den christlichen Wahrheiten zu verwehren. … Wir bleiben in gleicher Weise verschont von dem metaphysikscheuen Positivismus, dem die Geschichte und Entwicklung vergötternden Evolutionismus und dem dialektischen Verfahren mit seinen rein logischen Uebergängen von einem Problem zu einem solchen gänzlich verschiedener Ordnung.»[39]

Unreflektiert bleibt hier allerdings die Tatsache, dass sich der katholische Solidarismus – entgegen seinen expliziten Intentionen – durch seine entschiedene Rückbindung an eine vormoderne christlich-naturrechtliche Sozialmetaphysik um wesentliche Dialogmöglichkeiten mit der politischen Moderne bringt. Denn auf dieser sozialphilosophischen Basis, die seit der Thomas-Enzyklika Leo XIII. (*Aeterni Patris*, 1879) zu einer lehramtlich abgesegneten und zumindest für die deutschsprachige katholische Soziallehre quasi sakrosankten «katholisch-sozialen Einheitslinie» (Messner) ausgebaut wurde, kann – anders als in der Solidarismus-Konzeption Léon Bourgeois' – weder eine Brücke zu den modernen Sozialwissenschaften noch zu den neuzeitlichen Vertragstheorien des politischen Liberalismus geschlagen werden. Soziologische Reflexionen zur funktionalen Differenzierung moderner Gesellschaften spielen denn auch ebenso wie die kontraktualistischen Motive der modernen politischen

---

39 Theodor Brauer, Art. Solidarismus, in: Handwörterbuch der Staatswissenschaften, 4. Auflage, Bd. 7, Jena 1926, 503–507, hier 506 f.

Philosophie in den Theoriebemühungen der katholischen Soziallehre bis heute kaum eine Rolle.

Der Solidarismus der katholischen Soziallehre ist im 20. Jahrhundert vor allem von den Jesuiten *Gustav Gundlach* (1892–1963) und *Oswald von Nell-Breuning* (1890–1991) fortgeführt worden. Noch im Jahr 1968 hat Nell-Breuning unter dem Titel «Baugesetze der Gesellschaft» eine kleine Programmschrift vorgelegt, die sich als «Kurzfassung» des Solidarismus-Konzepts von Pesch versteht und 1990 als letzte monografische Veröffentlichung Nell-Breunings in einer gebundenen Neuauflage erschien. Das Prinzip der Solidarität wird hier als «Grundgesetz der gegenseitigen Verantwortung» beschrieben. Es bestimme «das ganze Baugerüst (die ‹Struktur›) der menschlichen Gesellschaft und *trägt* damit die Gesellschaft, wie die Pfeiler und Strebepfeiler den Bau des gotischen Domes oder das Stahlskelett den modernen Wolkenkratzer»[40]. In Anlehnung an das Rechtsinstitut der *obligatio in solidum* spricht Nell-Breuning von der Gemeinhaftung, die ihren Grund in der «Tatsache der Gemeinverstrickung»[41] habe: «Die Gemeinschaft und ihre Glieder sind in das gleiche Geschick verstrickt (‹wir sitzen alle in einem Boot›). … Was die einzelnen tun und lassen, wirkt – gleichviel, ob gewollt oder nicht – auf die Gemeinschaft. Und was die Gemeinschaft tut oder lässt, das wirkt – wiederum gleichviel, ob bezweckt oder nicht – auf die einzelnen, die Glieder der Gesellschaft sind.»[42] Und diese unhintergehbare Gemeinverstrickung als «offen zutage liegende Tatsache»[43] bringt er nicht zufällig sehr pointiert gegen die individualistisch-liberalen Theorietraditionen in Stellung, wenn er festhält: «Dass er [der Mensch, HJGK] in Gemeinschaft lebt, ist kein launischer Einfall, auch kein Ergebnis einer Nützlichkeitserwägung oder Vorteilsabwägung: soll ich oder soll ich lieber nicht? Der Mensch, wie Gott ihn erschaffen hat, ist schlechterdings kein selbstgenügsames Einzelwesen, das darauf angelegt wäre, für sich allein zu existieren, jedoch nebenher auch noch einige Eigenschaften besäße, die es ihm ermöglichen, wenn es ihm beliebt, Beziehungen mit anderen aufzunehmen, die er aber auch wieder abbrechen könnte, wenn er sie leid geworden ist. Ganz im Gegenteil: der Mensch ist seiner Natur nach auf das Leben in der Gemeinschaft angelegt….»[44]

---

40 Oswald von Nell-Breuning, Baugesetze der Gesellschaft. Solidarität und Subsidiarität, Freiburg 1990, 11, Herv. i. O.

41 Ebd. 22.

42 Ebd. 17.

43 Ebd. 22.

44 Ebd.

Dieser Spätschrift des katholischen Solidarismus ist deutlich das Bedauern anzumerken, dass sich die katholische Programmformel des Solidarismus als politisch-sozialer Leitbegriff für die Gesellschaften des 20. Jahrhunderts nicht zu behaupten vermochte. Zwar konnte der Solidarismus innerkirchlich mit der – wesentlich von *Gundlach* und *Nell-Breuning* beeinflussten – Enzyklika *Quadragesimo anno* (1931) einen großen Theorieerfolg feiern, seit dem II. Vatikanischen Konzil (1962–1965) geriet er aber in der Sozialverkündigung der Kirche immer mehr in die Defensive, und zwar nicht zuletzt aufgrund seiner monolithischen und zunehmend als unplausibel wahrgenommenen Sozialmetaphysik, die ihn auch innerkirchlich für viele als undialogisch und wenig attraktiv erscheinen ließ. Mit seinem ambitionierten Anspruch, als kraftvolle, breite Bevölkerungsschichten mobilisierende Alternative zu den «extremistischen Ideologien» von Sozialismus und Liberalismus fungieren zu können, ist der katholische Solidarismus heute vollständig ohne Bedeutung. Nell-Breuning notiert denn auch im resignativen Rückblick: «Der Name ist gut und treffend gewählt, aber er ist nicht zügig. ‹Sozialismus› ist ein Schlagwort geworden, das breiteste Massen elektrisiert; ‹Solidarismus› ist ein wissenschaftlicher Fachausdruck geblieben, mit dem man keine Massen in Bewegung setzen kann.»[45]

3. «… nicht ein Gefühl vagen Mitleids» (Johannes Paul II.) Das Solidaritätsverständnis der katholischen Sozialverkündigung

Vor diesem Hintergrund verwundert es nicht, dass das Konzept der Solidarität auch in der kirchlichen Sozialverkündigung von Anfang an eine wichtige Rolle spielt. Allerdings fällt auf, dass das Solidaritätsprinzip – im Vergleich zu den parallelen Sozialprinzipien von Personalität und Subsidiarität – in der lehramtlichen Tradition lange Zeit keinen eindeutig definierten *locus classicus* gefunden hat.

Das Prinzip der Subsidiarität, das Pius XI. in der Enzyklika *Quadragesimo anno* 1931 als «höchst gewichtigen sozialphilosophischen Grundsatz» in feierlicher Form eingeführt hatte, ist mit einer klaren Definition ausgestattet und verfügt über eine eindeutig identifizierbare Bezugsstelle (QA 79). Das Personalitätsprinzip hat dagegen keinen vergleichbar exklusiven Ort in der kirch-

---

45 Ebd. 45.

lichen Sozialverkündigung gefunden. Dennoch ist unstrittig, dass die kirchliche Lehrverkündigung seit *Rerum novarum* (1891) einem spezifischen Verständnis von der «Würde der menschlichen Person» verpflichtet ist; und spätestens mit den Sozialenzykliken Johannes XXIII. und der Pastoralkonstitution des Zweiten Vatikanischen Konzils findet sich das «Prinzip…, dass jeder Mensch seinem Wesen nach Person ist» (*Pacem in terris* (1963), Nr. 9) bzw. der «oberste Grundsatz», dass «der Mensch der Träger, Schöpfer und das Ziel aller gesellschaftlichen Einrichtungen» sei (*Mater et magistra* (1961), Nr. 219; *Gaudium et spes*, Nr. 25) auch feierlich ausgesprochen. Das Personalitätsprinzip wird dabei zugleich erläutert und spezifiziert durch einen Katalog von unaufhebbaren, spezifisch personalen Merkmalen des Menschen, der sich jedoch nicht als ein abgeschlossener, ein für allemal feststehender Kanon, sondern eher als eine ergänzungsoffene Sammlung personaler Wesensmerkmale des Menschen präsentiert und lehramtlich durchaus fortgeschrieben wird.[46]

Fragt man nach der definitorischen Festschreibung des Solidaritätsprinzips in der lehramtlichen Sozialverkündigung, so ist der Befund noch unübersichtlicher. Die erste explizite Erwähnung des Wortes «Solidaritätsprinzip» findet sich offensichtlich erst bei Johannes Paul II., der in *Centesimus annus* 1991 «das Prinzip, das wir heute Solidaritätsprinzip nennen, … als eines der grundlegenden Prinzipien der christlichen Auffassung der gesellschaftlichen und politischen Ordnung» (CA 10) bezeichnet.[47] Man wird vermuten können, dass

---

46 Als solche Wesensmerkmale werden zumeist die Leib- und Geistnatur, die Sozial- und Individualnatur sowie die Transzendenzoffenheit und moralische Subjektfähigkeit des Menschen genannt. Unter Johannes Paul II. kam – insbesondere mit *Laborem exercens* (1981) – als weitere konstitutive Dimension des Menschen seine Arbeits- und Tätigkeitsnatur hinzu, die zur Zeit – vor allem im Gefolge des US-amerikanischen Wirtschaftshirtenbriefs «Economic Justice for All» (1986) – um die Partizipations- und Teilhabenatur des Menschen ergänzt wird.

47 Dabei scheint der Papst ein gewisses Erstaunen über das bisherige Versäumnis einer offiziellen lehramtlichen Einführung des Solidaritätsprinzips nicht zu verhehlen, wenn er ergänzt: «Es [das Solidaritätsprinzip, HJGK] wird von Leo XIII. mehrmals unter dem Namen ‹Freundschaft› angeführt, ein Ausdruck, den wir schon in der griechischen Philosophie finden. Von Pius XI. wird es mit dem nicht weniger bedeutungsvollen Namen ‹soziale Liebe› bezeichnet. Paul VI. hat den Begriff um die heute vielfältigen Dimensionen der sozialen Frage erweitert und von ‹Zivilisation der Liebe› gesprochen.»(CA 10). Allerdings finden sich zentrale Inhalte des modernen Solidaritätsgedankens schon in *Rerum novarum* grundgelegt; und seit Pius XII. wird auch das Wort «Solidarität» zu einem festen Bestandteil lehramtlicher Sozialverkündigung. [Die Sozialenzykliken werden hier und im Folgenden nach der Ausgabe «Texte zur katholischen Soziallehre», 8., erweiterte Auflage, Kevelaer 1992 zitiert.]

die lehramtliche Sozialverkündigung auch von dem Bemühen getragen war, das Wort «Solidarität», das ja seit der zweiten Hälfte des 19. Jahrhunderts vor allem als erfolgreiche Propagandaformel ihres weltanschaulichen Hauptgegners, des atheistischen Sozialismus, fungierte, möglichst zu vermeiden[48] – so wie man ja umgekehrt auch den bürgerlich-liberalen Begriff des Individuums bis heute konsequent vermeidet und stattdessen stets von der Person redet.[49] Dennoch lassen sich bis in die Anfänge der lehramtlichen Sozialverkündigung elementare Bezugnahmen auf zentrale Dimensionen des modernen Solidaritätskonzepts nachweisen – und ohne diese wäre ja auch kaum verständlich zu machen, warum die im offiziellen Schrifttum lange Zeit eher gemiedene Solidaritätsvokabel in der Nachkriegzeit so selbstverständlich in den Rang einer der klassischen katholischen Sozialprinzipien aufsteigen konnte.[50]

In der Tat spielt insbesondere das eher soziologisch-deskriptiv angelegte und die «unentrinnbare Gemeinverstrickung» (Nell-Breuning) der Menschen

---

48 Im zeitgenössischen katholisch-sozialen Schrifttum ist trotz analoger Sozialismusfeindlichkeit von Vorbehalten gegenüber der Solidaritätsvokabel allerdings wenig zu spüren, vgl. u. a. Franz Hitze, Die sociale Frage und die Bestrebungen zu ihrer Lösung, Paderborn 1877, 194 ff.

49 Das lateinische Wort «persona» wurde in der Antike hergeleitet von «per-sonare» (durch-tönen) und auf die Maske eines Schauspielers bzw. den von ihm dargestellten Charakter bezogen. Der Personbegriff, dessen Verwendung im Sinne von Persönlichkeit, Individualität eine Schöpfung der christlichen Tradition ist, wurde dann häufig benutzt, «um die Stellung, die einem jeden innerhalb des ständisch gegliederten Gesellschaftssystems zugewiesen war, zu bezeichnen» (Manfred Fuhrmann, in: Historisches Wörterbuch der Philosophie, Bd. 7, Basel 1989, 269–283, hier 270). Zum Personbegriff gehört insofern elementar der Gesellschaftsbezug, ohne den ein Mensch nicht Person sein oder werden kann. Der im mechanistischen Denken der politischen Moderne verankerte Konkurrenzbegriff des Individuums meint dagegen im Sinne der scholastischen Formel des *indivisum in se, divisum ab omne alio* vor allem den Selbststand und die Unabhängigkeit des Einzelnen, wodurch vor allem auf die Trennung und den Gegensatz von Mensch und Gesellschaft fokussiert wird.

50 Eingang in die kirchlich-katholischen Lexika findet das Solidaritätsprinzip erst in der Nachkriegszeit. Durchgängig findet sich das Stichwort «Solidaritätsprinzip» – bezeichnenderweise ohne jeden Bezug auf lehramtliche Referenztexte – erstmals in den zwischen 1947 und 1951 erschienenen und von Oswald v. Nell-Breuning verantworteten fünf Heften der «Beiträge zu einem Wörterbuch der Politik». Darin heißt es u. a.: «In Wahrheit ist zunächst ein Sachverhalt gemeint, der als solcher mit Sittlichkeit gar nichts zu tun hat, der ohne jedes menschliche Zutun einzig und allein durch Gottes allmächtige Schöpferat besteht. Diesem vorgegebenen Sachverhalt unsere Gesinnung und unser Verhalten anzupassen, haben dann allerdings wir Menschen die sittliche Pflicht.» (Heft III (1949) 27).

in den hocharbeitsteiligen Lebensformen der modernen Industriegesellschaft thematisierende Motiv der Abhängigkeits-Solidarität bereits in *Rerum novarum* und *Quadragesimo anno* eine fundamentale Rolle, auch wenn sich das Wort selbst in diesen beiden klassischen Gründungsdokumenten der kirchlichen Sozialverkündigung noch kaum auffinden lässt.[51] Das Motiv der wechselseitigen sozialen Verwiesenheit fungiert hier geradezu als Schlüsselkonzept, um für die Lösung der sozialen Frage eine eigenständige katholische Perspektive jenseits von individualistischem Liberalismus und kollektivistischem Sozialismus anbieten zu können. Statt einzig auf die Selbstheilungskräfte des Marktes und die ergänzende Praxis mildtätiger Philanthropie der Wohlhabenden für die Armen oder umgekehrt auf den gewaltsamen Klassenkampf zwischen Arbeitern und Unternehmern und die Abschaffung des Privateigentums an Produktionsmitteln zu setzen, betonen Leo XIII. und Pius XI. übereinstimmend das Faktum des Aufeinanderangewiesenseins der sozialen Klassen in der modernen Industriegesellschaft: «Die eine hat die andere durchaus notwendig. Sowenig das Kapital ohne die Arbeit, so wenig kann die Arbeit ohne das Kapital bestehen» (RN 15), denn immer dann, wenn «jemand nicht gerade sein Eigentum bearbeitet, müssen der Produktionsfaktor Arbeit des einen und die sachlichen Produktionsmittel des andern eine Verbindung eingehen, da kein Teil ohne den andern etwas ausrichten kann» (QA 81).

Dieses Konzept einer gesellschaftlichen Abhängigkeitssolidarität – oft verbunden, ergänzt, überlagert und mitunter auch abgeschwächt durch weniger gesellschaftsanalytisch als allgemein anthropologisch oder auch explizit christlich-theologisch bzw. naturrechtlich akzentuierte Einsichten in die wechselseitige Verwiesenheit und Verbundenheit menschlichen (Zusammen-) Lebens – bildet insofern von Anfang an einen elementaren und bis heute unverändert durchgehaltenen Grundzug der kirchlichen Lehrtradition. Und dies gilt ebenso für die daraus resultierende Einsicht in die Geltungskraft moralischer Solidaritätspflichten zwischen den Menschen im allgemeinen, zwischen den verschiedenen sozialen Klassen und Schichten der Gesellschaft im besonderen – seit Paul VI. explizit auch übertragen auf den globalen Maßstab der Weltgesellschaft – und nicht zuletzt auch innerhalb der Gruppen sozial Benachteiligter, deren Solidarität oft eine entscheidende Voraussetzung für die politi-

---

51 *Rerum novarum* vermeidet die Vokabel vollständig; *Quadragesimo anno* verwendet sie nur an einer Stelle, in der von der Lebensfähigkeit der Unternehmen die Rede ist: «Gerade bei dieser schwersten Entscheidung [mögliche Betriebsstilllegung, HJGK] muss sich die innere Verbundenheit und christliche Solidarität von Werksleitung und Belegschaft zeigen und praktisch bewähren.» (QA 73).

sche Durchsetzungsfähigkeit ihrer gemeinsamen Partikularinteressen in den gesellschaftlichen Verteilungskämpfen der Zeit bildet.[52]

Spielte also das Bewusstsein solidarischer Abhängigkeit und wechselseitiger Verbundenheit der Menschen für das spezifische Profil einer sich bewusst jenseits von Individualismus und Kollektivismus ansiedelnden kirchlichen Soziallehre von Anfang an eine zentrale Rolle, so avancierte unter Pius XII. nun auch das Wort Solidarität – freilich eher im Modus gelegentlicher kursorischer Erwähnung und zumeist in enger Anlehnung an die überkommenen Motive christlicher Brüderlichkeit – zu einem fixen Bestandteil ihres programmatischen Vokabulars.[53] Aber erst in der Zeit des Pontifikats Johannes Pauls II. erhält das Prinzip der Solidarität denjenigen systematischen Raum und diejenigen begrifflichen Konturen, die es rechtfertigen können, von der Solidarität als einer der großen katholischen Sozialprinzipien zu sprechen.

Schon das 1981 erschienene Rundschreiben *Laborem exercens*, das sich auf dem Hintergrund der polnischen *Solidarnosc*-Bewegung insbesondere an die Arbeiterschaft wendet und vor allem «die Solidarität der arbeitenden Menschen» (LE 8) thematisiert, rückt das mit dem Phänomen der industriellen Arbeit verbundene klassische abhängigkeitssolidarische Konzept «jenseits von In-

---

52 So finden sich bereits bei Leo XIII. ausführliche Anregungen zur Gründung «solidarischer» Arbeitergenossenschaften und Arbeitervereine; Johannes XXIII. plädiert – im Hinblick auf die prekäre wirtschaftliche Situation kleiner Landwirte – explizit für eine reine Interessen-Solidarität benachteiligter Gesellschaftsgruppen, ohne die Kategorie der Solidarität zugleich mit Gemeinwohlpflichten o. ä. aufzuladen; und Johannes Paul II. feiert in *Laborem exercens* die Erfolge der Arbeiterbewegung und den von ihr ausgelösten «Sturm der Solidarität», der für die Sache der sozialen Gerechtigkeit und der Sozialethik «im hohen Grade wirksam und zugkräftig» war, in den höchsten Tönen (vgl. LE 8).

53 In einem Rundschreiben aus dem Jahr 1939 (*Summi pontificatus*, 20. 10. 1939) spricht Pius XII. vor dem Hintergrund der soeben begonnenen Kriegswirren vom «Gesetz der Solidarität und Liebe», «das die Menschen durch ein Band übernatürlicher Zusammengehörigkeit zu Brüdern vereint», (Arthur-Friedolin Utz, Joseph-Fulko Groner, Aufbau und Entfaltung des gesellschaftlichen Lebens. Soziale Summe Pius XII., Bd. 1, Freiburg (Schweiz) 1954, Rn. 1–103, hier 26), und in der so genannten Pfingstbotschaft zur Fünfzigjahrfeier von *Rerum novarum* vom 01. 06. 1941 spricht er vom «Bewusstsein solidarischer Verantwortung aller für alle» (zit. nach: Texte zur katholischen Soziallehre, 4. Aufl., Kevelaer 1977, 151–165, hier 164). Seitdem nehmen Topoi wie «die Bande brüderlicher Solidarität», «der Geist der Zusammenarbeit», das «Gefühl gegenseitiger Abhängigkeit unter den Gliedern des Gesellschaftskörpers» sowie die Forderung nach «Rückkehr zu einer allzu lang vergessenen Solidarität» einen festen Platz in den Reden und Ansprachen Pius' XII. ein.

dividualismus und Kollektivismus» in den Mittelpunkt, wenn es heißt: «Für die Arbeit ist vor allem kennzeichnend, dass sie die Menschen eint; darin besteht ihre gesellschaftliche Kraft; sie bildet Gemeinschaft. In dieser Gemeinschaft müssen sich letzten Endes alle irgendwie zusammenfinden, sowohl jene, die arbeiten, wie auch jene, die über die Produktionsmittel verfügen oder deren Besitzer sind.» (20,3).[54]

Ausführlicher wird dieses Motiv der Abhängigkeitssolidarität dann – im Rahmen weltgesellschaftlicher Verflechtungs- und Verantwortungszusammenhänge – in der Entwicklungsenzyklika *Sollicitudo rei socialis* (1987) zur Sprache gebracht. Hier wird auch eine klare theoretische Differenzierung zum Solidaritätsbegriff eingeführt. Ausgangspunkt ist demnach das Bewusstsein einer «tiefen wechselseitigen Abhängigkeit», denn: «Mehr als in der Vergangenheit werden sich die Menschen heute dessen bewusst, durch ein gemeinsames Schicksal verbunden zu sein, das man vereint gestalten muss, wenn die Katastrophe für alle vermieden werden soll.» (SRS 26, 5). Aus diesem Wissen folgen dann unmittelbar politisch-moralische Konsequenzen: «Wenn die gegenseitige Abhängigkeit *(mutua copulatio)* in diesem Sinne anerkannt wird, ist die ihr entsprechende Antwort als moralische und soziale Haltung, als ‹Tugend›, die Solidarität. Diese ist nicht ein Gefühl vagen Mitleids oder oberflächlicher Rührung *(vagus misericordia sensus vel levis miseratio)* wegen der Leiden so vieler Menschen nah und fern. Im Gegenteil, sie ist die feste und beständige Entschlossenheit, sich für das ‹Gemeinwohl› einzusetzen, das heißt für das Wohl aller und eines jeden, weil wir für alle verantwortlich sind *(quia omnes vere recipimus in nos)*.» (SRS 38, 6). Und in diesem Kontext – gleichsam, nachdem das faktische Wissen um die Abhängigkeitssolidarität die Tugend der Verantwortungs- bzw. Gemeinwohlsolidarität hervorgerufen hat – wird die Solidarität für Johannes Paul II. dann auch beginnen, im Lichte des christlichen Glau-

---

54 *Centesimus annus* führt in diesem Zusammenhang ergänzend die Begriffe der «Solidaritätskette» und der «Solidaritätsnetze» ein: «Jeder trägt zur Arbeit und zum Wohl anderer bei. Der Mensch arbeitet, um die Bedürfnisse seiner Familie, der Gemeinschaft, zu der er gehört, der Nation und schließlich der ganzen Menschheit zu erfüllen. Er trägt außerdem zur Arbeit der anderen bei, die im selben Unternehmen tätig sind, sowie, in einer *Solidaritätskette*, die sich progressiv fortsetzt, zur Arbeit der Lieferanten bzw. zum Konsum der Kunden.» (CA 43, 3). Zu den «Netzen» der Solidarität heißt es: «Außer der Familie erfüllen auch andere gesellschaftliche Zwischenkörper wichtige Aufgaben und bilden spezifische Solidaritätsnetze. Sie entwickeln sich zu echten Gemeinschaften von Personen, beleben das gesellschaftliche Gefüge und verhindern, dass es in die Anonymität und in eine unpersönliche Vermassung absinkt, wie es in der modernen Gesellschaft leider häufig der Fall ist.» (CA 49,3).

bens «über sich selbst hinauszuwachsen, um die spezifisch christlichen Dimensionen eines selbstlosen Sich-Verschenkens, der Vergebung und der Versöhnung anzunehmen» (SRS 40, 2).[55]

Damit ist klar, dass das Solidaritätsverständnis der kirchlichen Sozialverkündigung im Kern der solidaristischen Überzeugung von der unentrinnbaren Gemeinverstrickung aller entspricht und insofern nicht moralisch-präskriptiv, sondern eher soziologisch-deskriptiv ansetzt. Auch wenn die älteren Motive christlicher Brüderlichkeit und die Appelle an universale Gefühle sozialer Verbundenheit und weltweiter menschlicher Zusammengehörigkeit natürlich eine große Rolle spielen – in der Abfolge von *Rerum novarum* zu *Centesimus annus* aber solidaritätstheoretisch an Gewicht verlieren –, bewegt sich der lehramtliche Solidaritätsbegriff also keineswegs primär oder gar ausschließlich im Rahmen tugendethischer und moralphilosophischer Konzepte. Er macht sich vielmehr diejenigen postliberalen Einsichten in die Komplexitätslagen funktional ausdifferenzierter und hochgradig arbeitsteilig organisierter Gegenwartsgesellschaften zu eigen, die erstmals in der französischen Soziologie des späten 19. Jahrhunderts thematisiert wurden und in den moral- und politiktheoretischen Ambitionen der solidaristischen Bewegungen ihren normativen Niederschlag gefunden haben. Eine eher bürgerlich-liberal orientierte und gerade im Kontext der aktuellen neokonservativen Sozialstaatskritik mit Nachdruck vertretene Vorstellung, die beim Stichwort Solidarität nicht primär an das soziale Faktum wechselseitiger Abhängigkeit, sondern nur an Intuitionen moralischer Hilfs- und Unterstützungsbereitschaft für Schwächere, an «ein Gefühl vagen Mitleids» (Johannes Paul II.) denkt – und unter Solidarität dementsprechend vor allem eine individuelle Praxis freiwilliger Barmherzigkeit und altruistischer Philanthropie versteht, zu der die «Solidaritätsspender» nicht verpflichtet sind und auf die die «Solidaritätsempfänger» keinen genuinen Anspruch haben –,[56] hat dagegen in den Texten der päpstlichen Sozialverkündigung bis heute keinerlei Heimatrecht gefunden.

---

55 Welchen hohen programmatischen Stellenwert die Kategorie der Solidarität gegenwärtig in den aktuellen Sozialenzykliken einnimmt, lässt sich auch daran ablesen, dass Johannes Paul II. in diesem Zusammenhang den berühmten Wahlspruch Pius' XII. *Opus iustitiae pax* folgendermaßen ergänzt: «Heute könnte man mit derselben Genauigkeit und der gleichen Kraft biblischer Inspiration (vgl. Jes 32,17; Jak 3,18) sagen: *Opus solidarietatis pax* – Friede, die Frucht der Solidarität.» (SRS 39,9).

56 Vgl. dazu auch Karl Gabriel, Hermann-J. Große Kracht, Abschied vom deutschen Sozialmodell? Zum Stellenwert von Solidarität und Eigenverantwortung in aktuellen Texten kirchlicher Soziallehre, in: Stimmen der Zeit 222 (2004) 4, 227–243.

III Feministisch-theologische Perspektiven

Solidarität. Ein sozialethischer Grundbegriff – genderethisch betrachtet

Christa Schnabl, Wien

Nachdem Gerechtigkeit in den letzten Jahrzehnten zum sozialethischen Schlüsselbegriff *par excellence* avancierte, überrascht es nicht, dass in diesem Zusammenhang auch die Frage nach der Solidarität wieder in den Mittelpunkt rückt. Das hat erstens damit zu tun, dass Gerechtigkeit häufig als abstrakt, universell und unpersönlich empfunden wird. Gerechtigkeit verlangt, so wurde schon von kommunitaristischer Seite in den 1990er Jahren betont, nach einer Ergänzung, die die zwischenmenschliche Verbundenheit und die affektiv gestützte Wir-Dimension von Gesellschaften in den Blick nimmt. Dazu kommt zweitens, dass die gängigen Gerechtigkeitstheorien, die im Gefolge von John Rawls überwiegend vertragstheoretisch konzipiert werden, ein Menschenbild implizieren, das in erster Linie das eigene Fortkommen und das individuelle Interesse in den Mittelpunkt rückt. Der Mainstream der philosophischen Gerechtigkeitstheorien geht von Individuen aus, die Gerechtigkeit so konstruieren würden, dass diese mit dem eigenen Vorteil verbunden werden kann bzw. mit dem eigenen Vorteil konvergiert. Im Sinne des Interessenausgleichs kommt es darauf an, dass Individuen ihre Eigeninteressen verfolgen können und sie langfristig zu einem Ausgleich bringen, der allen nützt.

Demnach wird Gerechtigkeit oft als Ergebnis der Verbindung von Eigeninteresse und Moral konzipiert.[1] Das *prima facie* eigeninteressierte Subjekt durchzieht die neuzeitliche Sozialphilosophie genau genommen aber schon seit Thomas Hobbes. Hobbes hat die abendländische Tradition des Primats des Ganzen vor dem Teil umgekehrt. Der Ausgang beim Individuum (dies hängt mit der Reduktion des Ganzen auf die sie konstituierenden Elemente zusammen) und seinem Recht auf Selbsterhaltung führt zur methodischen

---

1   Diese implizite anthropologische Ausgangssituation variiert je nach Konzept erheblich und wäre wert, genauer untersucht zu werden. Hinweise dazu bei Herlinde Pauer-Studer, Vereinbarungen unter freien und gleichen Bürgern? Das zwiespältige Verhältnis von Vertragstheorie und Feminismus, in: Detlef Horster (Hg.), Weibliche Moral – ein Mythos? Frankfurt/Main 1998, 189–229.

Nachordnung der Sozialität der menschlichen Verhältnisse. Obwohl es genügend Ansätze in der Moderne gibt, die dieser Logik nicht folgen, gehört dieser Grundgedanke zu den Kernelementen der modernen Sozialphilosophie und -ethik. Vergemeinschaftung ist gegenüber dem Individuum sekundär, nachrangig und in einem besonderen Ausmaß legitimationspflichtig. Die aktuelle Frage nach Inhalt und Reichweite der Solidarität ist ein mehr oder weniger direkter Reflex auf diese anthropologischen Hintergrundannahmen in der modernen Theoriediskussion, wobei Inhalt und Verständnis ebenso wie der Stellenwert (Verbindlichkeitsgrad) der Solidarität zur Disposition stehen.

Dieser Hintergrund spielt nun bei der Solidaritätsthematik eine wichtige Rolle, sowohl im Blick auf empirische Aussagen als auch in der Sozialphilosophie. Die soziologische Behauptung vom Verlust der Solidarität stellt die empirisch gewendete Seite der skizzierten Logik dar, wobei die Frage, ob Solidarität im Schwinden ist oder nicht, nach wie vor empirisch umstritten sein dürfte. Während man auf der einen Seite vom Solidaritätsverfall als Tatsache ausgeht, bestreitet man dies auf der anderen Seite und spricht davon, dass die Solidarität in modernen Gesellschaften auf einer neuen Ebene geradezu erst erschaffen wird. Demnach sollte man nicht vom Verschwinden der Solidarität sprechen, sondern bloß vom Verlust überlieferter, alter Formen der (Zwangs-)Solidarität bei gleichzeitigem Entstehen neuer, spezifisch moderner, freiwilliger Solidaritätspraktiken. «Die Ansicht, Solidarität und Solidaritätspotentiale seien in modernen Gesellschaften im Schwinden begriffen, ist nicht nur fragwürdig, sondern in doppelter Hinsicht falsch: zum einen entsteht Solidarität erst im Zuge der Ausdifferenzierung verschiedener Arten von sozialen Beziehungen, ist also ein Produkt der Moderne; zum anderen ist dieser Prozess schwerlich als Zu- oder Abnahme von Solidarität oder sozialen Bindekräften schlechthin zu begreifen, sondern als deren innere Verwandlung.»[2]

Die angesprochene Verlagerung des Problems auf die Frage nach den verschiedenen inneren und äußeren Solidaritätsformen weist darauf hin, dass Solidarität ein unscharfer und diffuser Begriff ist, der eine präzise empirische Erfassung des konkreten Solidaritätshandelns und des Solidaritätspotentials erschwert. So haftet dem Solidaritätsbegriff – im Zuge seiner Ausweitung ab dem 19. Jahrhundert[3] erst recht – eine Ungenauigkeit an. «Was Solidarität ist

---

2 Karl Otto Hondrich, Claudia Koch-Arzberger, Solidarität in der modernen Gesellschaft, Frankfurt/Main 1992, 20 f.

3 Vgl. Hermann-J. Große Kracht, Solidarität: «... die bedeutendste Entdeckung unserer Zeit» (Heinrich Pesch). Unvollständige Spurensuche zu einem Leitbegriff der europäi-

und was sie tatsächlich zu leisten vermag, ist kontrovers. Die einen vermuten in ihr ein Prinzip zur Beseitigung unmittelbarer sozialer Not, andere fordern die Solidarität ihrer Mitmenschen, um gemeinsam ein Ziel zu erreichen, wieder andere argumentieren mit Solidarität, um eine gemeinschaftliche Verbundenheit zum Ausdruck zu bringen und leiten aus dieser konkrete Verpflichtungen ab.»[4] Dieser begriffliche Spielraum ist naturgemäß auch einer der Gründe, warum Solidarität im politischen Alltag so gern und häufig ge- (bzw. auch miss-)braucht wird.

In diesem Text werde ich nun der Solidaritätsthematik unter Einbeziehung der Geschlechtertheorie bzw. unter Berücksichtigung der modernen Geschlechterverhältnisse nachgehen. Diese genderperspektivische Ausdifferenzierung führt zumindest in zwei Punkten zu Präzisierungen und weiterführenden Erkenntnissen. Erstens im Blick auf die gesellschaftstheoretische Frage nach dem Ort der Solidarität in der Moderne und zweitens im Blick auf Semantik, Inhalt und Stellenwert der Solidarität. Ich beginne die Ausführungen zunächst mit einer Darstellung geschlechtsspezifischer Aspekte in der Solidaritätspraxis (1). Anschließend werde ich die Frage aufgreifen, warum unter Einbeziehung der Geschlechterperspektive die These vom Verlust der Solidarität ausdifferenziert und modifiziert werden muss (2). Die Berücksichtigung der Geschlechterkategorie wird helfen, das eigentümliche Schwanken zwischen einem modernitätskritischen Verfallsszenario einerseits und einer moderneaffirmierenden Vorstellung von den Wandlungen der Solidarität in Theorie und Empirie andererseits zu erhellen. Grundlage dieses Textes ist die These, dass die Solidarität mit der Etablierung der modernen Geschlechterordnung auf der individuellen wie auf der sozialen Ebene spezifische Orte erhält, die man, wenn man nur den dominierenden gesellschaftlichen Modernisierungsstrang betrachtet, nicht erfassen kann. Abschließend werde ich (3) auf ethische Klärungen in Bezug auf Stellenwert und Inhalt der Solidarität eingehen, die sich im Anschluss an Debatten ergeben, die in der feministischen Ethik geführt worden sind.

---

schen Moderne, in: ders. (Hg.), Solidarität institutionalisieren. Arenen, Aufgaben und Akteure christlicher Sozialethik, Münster 2003, 23–45.

4   Markus Daniel Zürcher, Solidarität, Anerkennung und Gemeinschaft. Zur Phänomenologie, Theorie und Kritik der Solidarität, Tübingen 1998, 9. Zum begriffsgeschichtlichen Hintergrund vgl. auch: Rainer Zoll, Was ist Solidarität heute? Frankfurt/Main 2000; div. Beiträge in: Kurt Bayertz (Hg.), Solidarität. Begriff und Problem, Frankfurt/Main 1998.

1   Solidaritätspraxis – geschlechtsspezifisch betrachtet

Wie bereits erwähnt worden ist, gehen viele Zeitdiagnosen vom Abnehmen der gesellschaftlichen Solidaritätspraxis aus. Andere wiederum bestreiten diesen Befund und weisen auf einen Wandel der Solidaritätsformen und der Entwicklung einer spezifisch modernen Form von Solidarität hin, wobei Solidarität als Folge bewusster, individueller Entscheidungs- und Verantwortungsübernahme begriffen wird. Wir bleiben in diesem Text zunächst auf der Ebene des faktischen Solidaritätshandelns und untersuchen die verschiedenen Solidaritätsformen zwischen den Geschlechtern. Es geht um die Frage, ob es geschlechtsspezifische Unterschiede in der Solidaritätspraxis gibt. Solidarität wird in verschiedenen Kontexten praktiziert, sowohl institutionell als auch nichtorganisiert und informell. In beiden Bereichen lassen sich schwerpunktmäßig geschlechtsspezifische Besonderheiten in der Solidaritätspraxis feststellen.

1.1   Alltagssolidarität

Zunächst einige Bemerkungen zur nichtorganisierten Solidaritätspraxis, die hier als Alltagssolidarität bezeichnet wird. Wie die Debatte über Zivilgesellschaft und Ehrenamt der letzten Jahrzehnte aufgewiesen hat, gibt es einen breiten Sektor gesellschaftlich notwendiger Arbeit, der weder erwerbsarbeitsmäßig strukturiert ist noch einer vereinsmäßigen Logik folgt. In Zeiten, in denen staatliche Versorgungsleistungen zurückgefahren werden, wächst die sozioökonomische und kulturelle Bedeutung von familiärer und ehrenamtlicher Solidaritätsarbeit. In diesen Bereich fallen Tätigkeiten der alltäglichen Versorgung und Pflege von Menschen, die auf andere angewiesen sind, sowohl im Bereich der Familie als auch der unmittelbaren Nachbarschaft. Diese informelle, nichtorganisierte, alltägliche und private Solidaritätspraxis der materiellen und persönlichen Begleitung und Betreuung wird überwiegend von Frauen getragen. Wer steht bereit, wenn andere gepflegt, versorgt und betreut werden müssen? Wer räumt für andere auf? Wer versorgt die Wäsche der anderen?

Die Bereitstellung der Grundlagen im Bereich der existenziellen Versorgung anderer ist überwiegend dem Einsatz weiblicher Arbeitskraft zu verdanken. Dies zeigt sich nicht zuletzt in Statistiken, beispielsweise bei Zeitbudgeterhebungen, die nachweisen, dass Frauen 2/3 der nicht bezahlten Arbeit in der Gesellschaft vollziehen, während der Anteil an bezahlter Arbeit bei nur etwa einem Drittel liegt.[5] Ein großer Teil dieser Tätigkeiten steht in einem engen Zusammenhang mit familiärem Solidaritätshandeln, das für die Gesellschaft deswegen von unverzichtbarer Bedeutung ist, weil es die alltäglichen existenziellen Grundlagen gesellschaftlichen Lebens und Handelns sichert. Die strukturell ungleiche Verteilung von bezahlter und unbezahlter Arbeit zwischen den Geschlechtern ist ein wichtiger Grund dafür, warum die tägliche Gesamtarbeitszeit von Frauen in der Regel höher ist als die der Männer. Diese Versorgungsarbeiten sind soziale Vollzüge; sie stiften Beziehungen unter Menschen und sind ein wichtiger, in der Regel unsichtbarer, wenig anerkannter und nicht bedankter Teil menschlicher Arbeitsleistungen. Gemeinschaftsbande und Solidaritätsnetzwerke werden daran geknüpft. Diese Handlungen stiften und sichern grundlegende Beziehungen in unserer Gesellschaft und stärken den Zusammenhalt in sozialer und affektiver Hinsicht. Diese Handlungen sind schließlich auch gemeint, wenn der sprichwörtliche gesellschaftliche «Kitt», der im Zuge der Liberalismus-Kommunitarismusdebatte immer wieder in den Mittelpunkt der Diskussion gerückt ist, angesprochen wird.

Moderne Gesellschaften leben von dieser alltäglichen Solidarität im Kleinen, die sie jedoch in der Regel übersehen oder gering schätzen. So werden diese Solidaritätsformen häufig als vormoderne, weil familien- und nahbereichsorientierte Praxisformen eingestuft. Da diese Alltagssolidaritäten im Rahmen von – zumindest teilweise – nicht selbst gewählten, «traditionalen» Beziehungen und im überschaubaren, persönlichen und emotional konnotierten Nahbereich praktiziert werden, bewertet man sie als partikular und gemeinschaftsgetragen. Es scheint, als würde auf sie der ethische Anspruch eines autonomen, rationalen und selbstbestimmten Handlungsvollzugs nicht oder nur eingeschränkt zutreffen. Als «Mikrosolidarität» erscheint sie im Gegensatz zu einer potentiell universalen Makrosolidarität gegenüber Fremden oder Flüchtlingen defizitär. Damit sinkt aber auch der ethische Wert dieser Handlungsformen. Man stuft diese Solidaritäten häufig als Tätigkeiten ein, die mehr durch Konvention als durch Moral bestimmt sind. Der geringe ethische und der geringe gesellschaftliche Status einerseits und die faktische Notwendigkeit familiär-nachbarschaftlicher Handlungsvollzüge andererseits stehen damit jedoch in einer eigentümlichen Spannung zueinander. Dass diese Soli-

---

5 Vgl. Inge Gross, Über den Zeitaufwand der für Familie und in Familie erbrachten Leistungen – dargestellt am Beispiel der Zeitbudgeterhebung, in: Bundesministerium für Umwelt, Jugend und Familie (Hg.), Zur Situation von Familie und Familienpolitik in Österreich. Vierter Österreichischer Familienbericht, Wien 1999, 50–57.

daritätsformen gesellschaftspolitisch dermaßen marginalisiert werden, verwundert angesichts der damit korrelierenden ethischen Geringschätzung nicht. Eine Neubewertung müsste also sowohl die politische als auch die ethische Ebene einbeziehen.

1.2 Institutionelle Solidaritätspraxis

Die Sensibilität für institutionell organisierte Solidaritätsformen nimmt derzeit zu. Jeremy Rifkin geht davon aus, dass die Bedeutung dieses Sektors gemeinnütziger Tätigkeiten, der unabhängig von Markt und Staat funktioniert, in Zukunft größer werden wird.[6] Dabei handelt es sich um freiwillige, nicht auf Entgelt ausgerichtete Tätigkeiten im sozialen, politischen oder kirchlichen Bereich. In den letzten Jahren lässt sich auch eine ideologische Aufwertung ehrenamtlicher Arbeit beobachten, die v.a. in Form von Auszeichnungen, Ehrungen und öffentlichkeitswirksamen Kampagnen vorgenommen wird. Damit wird Anerkennung auf einer symbolischen Ebene zum Ausdruck gebracht.

Organisierte Solidaritätspraxis kennt bekanntlich geschlechtsspezifisch unterschiedliche Formen des solidarischen Engagements, die ich kurz in Erinnerung rufe. Die Frauen dominieren besonders deutlich im kirchlichen Bereich. Nach Auskunft des Diakonischen Werkes der EKD (1998) engagieren sich in den diakonischen Diensten und Einrichtungen in den Helfer- und Selbsthilfegruppen ca. 300.000 Frauen und 100.000 Männer. Nach Schätzungen sind etwa ein Drittel der ehrenamtlichen Frauen Rentnerinnen und 20% Vollbeschäftigte. Von den Männern sind etwa 50% Vollbeschäftigte und 20% Rentner. Während Männer in den Leitungsgremien in der Überzahl sind, finden wir in den sozial-diakonischen Bereichen hauptsächlich Frauen. Eine starke Dominanz von Frauen ist auch im sozialen Bereich festzustellen. Untersuchungen weisen darauf hin, dass bis zu 90% der ehrenamtlich Tätigen in diesem Bereich Frauen sind.[7]

In einem Projekt zum geschlechtsspezifischen Engagement (getragen vom Roten Kreuz) sind folgende Thesen[8] mit Engagierten selbst entwickelt wor-

---

6   Jeremy Rifkin, Das Ende der Arbeit und ihre Zukunft, Frankfurt/Main ²1996.

7   Vgl. Gisela Notz, Artikel «Ehrenamtliche Arbeit», in: Frigga Haug (Hg.), Historisch-kritisches Wörterbuch des Feminismus (Band 1), Hamburg 2003, 55–62, hier 57.

8   Vgl. Elfi Eichhorn-Kösler, Gibt es ein männer- und frauenspezifisches Bürgerengagement? In: Wolf Rainer Wendt u. a., Zivilgesellschaft und soziales Handeln. Bürger-

den, die ich hier kurz referiere, weil sie einen kompakten Einblick in die geschlechtsspezifischen Faktoren ehrenamtlicher Solidaritätspraxis geben. Im sozialen Ehrenamt befassen sich erstens die engagierten Frauen überwiegend mit der physischen und psychischen Versorgung von Menschen (Nachbarschaft, Hospiz, Haushaltshilfen, Altenhilfe, Familienhilfe). Männer sind vorwiegend im administrativen und politischen Bereich ehrenamtlich tätig (Vorstand, Vertretung nach außen…). Zweitens handeln Frauen praktisch vor allem, indem sie dienen. Sie leisten vor Ort unmittelbare Arbeit, da wo Hilfe praktisch erforderlich ist, nämlich an den konkreten Menschen. Männer dagegen leiten eher. Sie stehen in der Hierarchie weiter oben, übernehmen Vertretungs- und Organisationsaufgaben, entscheiden, kontrollieren und verwalten. Drittens ist Ehrenamt bei Männern stark mit Ansehen und Ehre verbunden. Das soziale Ehrenamt von Frauen bleibt stärker unsichtbar und bringt wenig gesellschaftliche Anerkennung mit sich. Viertens ist das Hauptmotiv für die Übernahme des Ehrenamtes bei Frauen vom Wunsch bestimmt, für andere etwas zu tun, gebraucht zu werden, etwas Sinnvolles zu unternehmen und neue Menschen kennen zu lernen. Männer wollen eher Einfluss nehmen, gestalten und Verantwortung tragen. Zum Verhältnis von Beruf und Ehrenamt ist fünftens zu sagen, dass berufstätige Frauen durch soziales Ehrenamt eher die in der Berufswelt erlebten Defizite ausgleichen wollen. Männer dagegen erhalten oft gerade aufgrund ihrer Position im Beruf das Angebot für eine ehrenamtliche Aufgabe und setzen darin ihre beruflichen Kompetenzen und Verbindungen ein. Sechstens ist die Motivation zum Ehrenamt für Hausfrauen davon geprägt, dass sie dadurch die Möglichkeit der Teilhabe am gesellschaftlichen Leben erhalten. Durch die Arbeit am Gemeinwohl schalten sie sich außerhalb der Familie in die Welt ein und machen sich nützlich damit. Problematisch ist jedoch, dass diese Form der sozialen Tätigkeit keine eigenständige soziale Absicherung von nichterwerbstätigen Frauen mit sich bringt. Schließlich ist siebtens im Blick auf die Ressourcen festzuhalten, dass Frauen häufiger eigenes Geld (Telefon, Porto…) in die ehrenamtliche Arbeit einbringen, während Männer häufiger die berufliche Infrastruktur nutzen (Telefon, Kopierer…).

Die skizzierten geschlechtsspezifischen Aspekte der organisierten Solidaritätspraxis sind im größeren Zusammenhang der modernen Geschlechterordnung zu deuten. Eine bloß rollentheoretische Erklärung der Unterschiede greift entschieden zu kurz. Ebenso die Meinung, dass Frauen eben von Natur

---

schaftliches Engagement in eigenen und gemeinschaftlichen Belangen, Freiburg 1996, 151 ff.

aus das solidarischere Geschlecht seien, da sie durch ihre Gebärfähigkeit zum Sich-Kümmern und Sorgen für andere richtiggehend vorherbestimmt sind. Die prägende Rolle von Frauen in der informellen und institutionalisierten Solidaritätspraxis ist nicht bloß Ergebnis einer mehr oder weniger zufälligen historischen Entwicklung, sondern tief in die soziale Systemlogik der Moderne eingeschrieben. Diese gilt es im nächsten Schritt darzustellen, bevor ich in einem dritten Schritt die spezifisch ethische Diskussion um Stellenwert und Inhalt von Solidarität aufgreife.

2 Solidarität und Modernisierung. Moderne Gesellschaftstheorie unter Einbeziehung der Geschlechterperspektive

Gesellschaftstheorien der Moderne gehen in der Regel vom Phänomen der Modernisierung aus, wobei die Individualisierungstendenz und das Fortschreiten dieser Logik wichtige Kennzeichen dieses Prozesses sind. Seltener berücksichtigen Modernisierungstheorien den geschlechtertheoretischen Subtext dieser Annahmen und Entwicklungen. Sie ignorieren, dass damit nur *eine* Dimension der Modernisierung beschrieben wird.[9] So bezieht sich der Individualisierungsprozess zunächst v. a. auf Männer, genau genommen auf besitzende Männer. Die Moderne lässt sich jedoch nicht ausschließlich durch die Individualisierungslogik begreifen. Zur Moderne gehört auch das Solidaritätsthema im Sinn des Appells an das humanisierende Potenzial der Integration und Inklusion aller Menschen, besonders der Notleidenden und Bedürftigen. Diese Thematik bleibt – verglichen mit der programmatischen Bedeutung von Freiheit und Gleichheit – für den gesellschaftlichen Mainstream der modernen Gesellschaftsentwicklung ein Nebenthema, dem in den Erzählungen über die Moderne in der Regel eine Nebenrolle zugedacht wird.[10] Ein Grund

---

9 Auf die Bedeutung der «anderen» Seite des Modernisierungsprozesses hat in besonderer Weise Cornelia Klinger aufmerksam gemacht: Klinger Cornelia, Flucht Trost Revolte. Die Moderne und ihre ästhetischen Gegenwelten, Wien 1995.

10 Dies konstatiert beispielsweise auch John Rawls, wenn er feststellt, dass der Gedanke der Brüderlichkeit, Vorläuferbegriff der Solidarität (Solidarität ist ein Begriff, den Rawls selbst allerdings nicht verwendet), gegenüber der Freiheit und der Gleichheit in der politischen Theorie weniger Gewicht gehabt hat; vgl. John Rawls, Eine Theorie der Gerechtigkeit, Frankfurt/Main [9]1996, 126 ff.

für die stiefkindliche Behandlung liegt in der Feminisierung und Familiarisierung des Solidarbezugs vor allem in seiner alltagspraktischen Form.

Ohne Zweifel bildet die Individualisierung den großen prägenden Hauptstrom der Moderne; die Moderne darauf zu reduzieren, wäre aber einseitig und vernachlässigt die – symbolisch gesprochen – weibliche Seite dieses Prozesses. So kommen viele Modernetheorien mit der Identifizierung der Hauptrichtung, nämlich der Individualisierungsthese aus. Übersehen wird dabei die Familiarisierung der Frauen und die Delegierung von sozialer Bindung, Gemeinschaftsbezug und Solidaritätsbildung an die Frauen (respektive Familien). Das Erbe der Brüderlichkeit, Vorläuferbegriff des jüngeren Begriffs der Solidarität, haben in der Moderne die Frauen angetreten.[11] Diese These gilt es nun von zwei Seiten her zu entfalten, nämlich im Blick auf die Geschlechtertheorie und im Blick auf die gesellschaftliche Aufgaben- und Arbeitsteilung in der Moderne.

2.1 Solidarität im Horizont der modernen Geschlechteranthropologie

Gendertheoretisch findet in der Moderne eine verstärkte Auseinandersetzung mit den sogenannten Geschlechtercharakteren statt. Weiblichkeit und Männlichkeit werden in einem bis dato unbekannten Ausmaß inhaltlich festgeschrieben und verschiedenen gesellschaftlichen Bereichen zugewiesen. Das hängt mit dem im 18./19. Jahrhundert in Mode gekommenen Modell der bipolaren komplementären Geschlechterdifferenz zusammen, wonach Weiblichkeit und Männlichkeit zwei unterschiedliche, mehr oder weniger durch die Natur bedingte, einander ergänzende Sphären darstellen.[12] Die Unterschiede beziehen sich auf Eigenschaften, Aufgaben, Verhaltensweisen und auf

---

11 Vgl. Brigitte Rauschenbach, Politische Philosophie und Geschlechterordnung. Eine Einführung, Frankfurt/Main 1998.

12 Vgl. Karin Hausen, Die Polarisierung der «Geschlechtscharaktere» – eine Spiegelung der Dissoziation von Erwerbs- und Familienleben, in: Walter Conze (Hg.), Sozialgeschichte der Familie in der Neuzeit Europas, Stuttgart 1976, 363–393. Paradoxerweise wird die allgemeine Rede vom Menschen, die in der zweiten Hälfte des 18. Jahrhunderts die diskursive Bühne betritt, flankiert von einer außerordentlich starken Verankerung der (weiblichen) Differenz auf allen Bereichen des individuellen und gesellschaftlichen Lebens; vgl. auch Claudia Honegger, Die Ordnung der Geschlechter. Die Wissenschaften vom Menschen und das Weib (1750–1850), Frankfurt/Main 1991.

die damit korrespondierenden gesellschaftlichen Räume, wobei das weibliche Prinzip all jene Inhalte verkörpert, die auch für die Solidarität von fundamentaler Bedeutung sind. Für die weibliche Geschlechteranthropologie wird von einem mehr oder weniger angeborenen Sorge- und Pflegetrieb der Frauen ausgegangen. Frauen sind für das «Dasein für andere» prädestiniert; eine Haltung, die sich über das Seelische hinaus erstreckt, das Geistige umfasst und schließlich in der weiblichen Bestimmung für soziale Arbeit, für (Kranken-)Pflege und Armenfürsorge gipfelt.

So wird das Helfen in persönlicher und sozialer Hinsicht als Ausdruck des weiblichen Geschlechtscharakters gedeutet. Sozialer Altruismus gehört zum Frauenbild der Moderne unhintergehbar dazu. Mit Hilfe dieses Motivs begründet man im 19. Jahrhundert auch die beginnende Tätigkeit von Frauen außerhalb des Hauses. Helfen fließt über den privaten Bereich der Familie hinaus in den Bereich der Öffentlichkeit respektive Halböffentlichkeit (Vereine, die sich der Kranken- und der Armenversorgung widmen), und die angesprochene Geschlechterontologie legitimiert dieses Tun. Als Begründung für die Notwendigkeit weiblicher Solidaritätstätigkeit rekurriert man auf den weiblichen Geschlechtscharakter und versucht damit, insbesondere gegenüber kritischen Stimmen, die die Beschränkung der Frauen auf das private Leben fordern, die öffentliche soziale Tätigkeit von Frauen (später auch die Erwerbstätigkeit von Frauen im sozialen Bereich) zu begründen. «Helfen, das ist das Lebensleitmotiv der echten Wohlfahrtspflegerin. Es ist der Mutterinstinkt, die Muttersehnsucht, die Mutterkraft, die zum Werke drängen. In der sozialen Fürsorge hat die Frau ihr urtümliches Arbeitsfeld gefunden ... Diese Frauen haben eine zauberhafte Fähigkeit, auch die verborgensten Schlupfwinkel der Armut aufzuspüren und den erstickten Schrei der Not mit den Ohren der Seele zu hören.»[13] Soziales Engagement von Frauen, vorerst vornehmlich in privaten Vereinen (z. B. auch Caritas) organisiert, wird als Ausdruck der weiblichen Kulturaufgabe gesellschaftsfähig. Weibliches Sein, weibliches Dasein für andere und weibliches Arbeitsvermögen (Helfen) durchdringen sich direkt und unmittelbar.[14]

---

13 Else Schilfahrt, Psychologie der berufstätigen Frau, Leipzig 1929.

14 In diesem Zusammenhang interessant ist die gesellschaftskritische Interpretation des Diakonats, die Paul M. Zulehner vorschlägt. Er betont den gegenkulturellen Anspruch, der an das – nur Männern offen stehende – Amt des Diakons in der katholischen Kirche herangetragen wird. In diesem Amt verdichtet sich die dienende und solidarische Komponente, die in der modernen Kultur in der Regel den Frauen zufällt. «Diakone sind ... eine Abweichung. Denn sie sind genau in jenem Bereich angesiedelt,

2.2 Solidarität im Kontext der modernen Geschlechterordnung

Dazu kommt ein weiterer Aspekt auf der strukturellen Ebene der Moderne, der mit der bipolaren Sicht der Geschlechterdifferenz zusammenhängt und die damit korrelierende gesellschaftliche Arbeits- und Aufgabenteilung betrifft. Es ist der Gedanke der Verschiebung der Aufgabe des sozialen Zusammenhalts auf die Familien und den privaten Lebensraum, wobei Frauen diese Welten paradigmatisch repräsentieren. Deutlich wird dieses Muster in der bekannten Aufteilung der Sphären Privatheit und Öffentlichkeit zwischen den Geschlechtern. Die Teilnahme an der öffentlichen Welt geschieht auf der Basis von Leistung, Rationalität und Durchsetzungsvermögen, während das private Leben von persönlichen Beziehungen, Emotionen und Zuneigung und von der praktischen Unterstützung der anderen lebt. Solidarität kennzeichnet den zwischenmenschlichen Umgang miteinander. Solidarität erhält zwar auf der anderen Seite auch in öffentlichen Zusammenhängen einen bestimmten Ort. Es sind einerseits Bewegungen, die gegen Erfahrungen der Ungerechtigkeit auftreten. Andererseits schlägt sich der öffentliche Solidarbezug strukturell beispielsweise in den Sozialversicherungslogiken (besonders durch die nach dem Zweiten Weltkrieg eingeführten Umlageverfahren) nieder. Diese institutionelle Verankerung setzt jedoch keine Solidaritätshaltung bei den Staatsbürgerinnen und Staatsbürgern voraus. Über die gesetzlichen Vorschriften hinausgehende Solidarhandlungen erscheinen im öffentlichen Leben beinahe als Luxus. Demgegenüber gehört Solidarität in der privaten Welt zum Kernbestand der Werte, die das Zusammenleben ausmachen. Im Öffentlichen dominiert der Sach- und Rechtsbezug.

Diese duale Struktur der Moderne ist auch geschlechtlich codiert. Die Öffentlichkeit wird als Raum der Männer und die Privatheit als Ort der Frauen

---

wo Männer sonst fehlen .... Diakone sind – gegenkulturell – dienende Männer.» Auf diesem Hintergrund lässt sich auch ein (gesellschafts-)kritisches Potenzial des diakonalen Amtes im Blick auf moderne Gesellschaften identifizieren: «Diakone sind daher nicht nur im Blick auf die solidarische Kraft einer Kultur ein wichtiges Moment. Sie zeigen auch auf, das[s] Männlichkeit und Dienen durchaus vereinbar sind und wie eine entsprechende Männerentwicklung geschehen kann. Eine solche Entwicklung ist aber nicht nur für die Männer gut, weil diese bislang männerfremdes Lebensland betreten und damit ihre Lebenserfahrung ausweiten. Solche Männerentwicklung ist ... auch für die soziale Kraft moderner Kulturen unverzichtbar.» Paul M. Zulehner, Dienende Männer – Anstifter zur Solidarität. Diakone in Westeuropa, Ostfildern 2003, 24 f.

begriffen. Soziale Bindung, Gemeinschaftsbezug und Solidarität (im Sinn eines moralischen Werts) sind im Rahmen einer die Moderne durchziehenden bipolaren Geschlechtertheorie zum weiblichen Pol zu zählen. Damit geht zugleich die Vorstellung des sozialen Ausgleichs moderner Kapital- und Politikentwicklungen durch die humanisierende Kraft der weiblichen Lebenswelt einher. Empfindung, Mitmenschlichkeit und Solidarität werden – zumindest auf der Ebene der symbolischen Ordnung – weiblich konnotiert und steuern der individualistischen Rivalitäts- und Fortschrittsdynamik des Bürgertums entgegen. Dieser Gegenwelt obliegt die Aufgabe, die moralisch entleerte Ordnungslogik der Moderne durch Bezogenheit und Menschlichkeit zu komplettieren.

Vor dem Hintergrund dieser Entwicklung vertritt Brigitte Rauschenbach die These, dass am Beginn der Moderne die bürgerliche Gesellschaft die politische Funktion der Brüderlichkeit (Solidarität) eigentlich auf die Frauen (die Familien, das Private) verschoben und an sie delegiert hat. Damit hat sie eine wichtige stabilisierende, ausgleichende Gegenwelt installiert, deren Kompensationsaufgabe für den Aufstieg und das Funktionieren der modernen Entwicklungen dringend erforderlich gewesen ist. «Die erhabene Devise der Brüderlichkeit wurde vom politischen Terrain in den Bereich des Privaten, vom interessegeleiteten Verfassungsgrundsatz in Sphären eines interesselos definierten Wohlgefallens und von einer Maxime männlichen Handelns auf eine Wesensbestimmung von Frauen verschoben. … Darum passt es auch ausnehmend gut, dass das weibliche Geschlecht für den schönen Schein moralischer Feinheiten zuständig ist und das starke Geschlecht die harten Geschäfte der Realität in Staat und Wirtschaft betreibt.»[15]

Obwohl es scheint, als wäre Solidarität im Zuge der drei Schlagworte der französischen Revolution (Freiheit, Gleichheit, Brüderlichkeit) der modernen Entwicklung eingeschrieben worden, hat die Devise der «Brüderlichkeit» die politische Bühne zunächst nur kurz betreten.[16] Schon bald trat der Gedanke des sozialen Ausgleichs und der solidarischen Hilfe wieder in den Hintergrund, ebenso wie der Gedanke an die Gleichstellung der Geschlechter, den *Olympe de Gouges* eindrucksvoll mit ihrer «Erklärung der Rechte der Frau und Bürgerin» 1791 formuliert hat. Gesellschaftlich bestimmend wird der Solida-

---

15 Rauschenbach (Anm. 11) 147 f.
16 Vgl. auch Karl H. Metz, Solidarität und Geschichte. Institution und sozialer Begriff der Solidarität in Westeuropa im 19. Jahrhundert, in: Bayertz (Anm. 4), 172–194.

ritätsgedanke erst später im Kontext von Massenelend und Armut, als sich die Arbeiterschaft der Solidaritätsparole bemächtigt. Freiheit und Solidarität sind ab nun für längere Zeit der programmatische Ausdruck widerstreitender Interessen, die den das 19. Jahrhundert prägenden Antagonismus zwischen bürgerlichem Kapital und sozialistischer Arbeiterschaft bestimmen. Es etabliert sich der strukturelle Widerstreit zwischen beiden Programmen, wie auch deren gegenseitige Verkettung, da das Individualisierungsprinzip ohne das Solidaritätsprinzip offensichtlich nicht bestehen kann. Der Gedanke der sozialen Kohäsion und die Notwendigkeit des sozialen Ausgleichs haben sich als unumgänglich erwiesen, wobei die Formen, die Träger und die Art und Weise des Ausgleichs der permanenten Diskussion unterliegen.

2.3 Aktuelle Bruchstellen

Die eingespielte Balance zwischen Modernisierungsentwicklung und dazugehörigen solidaritätsfundierten Ausgleichsystemen (wie Familie, Nachbarschaft, Sozialsysteme) gerät durch zwei verschiedene Bruchlinien jüngeren Datums allerdings aus dem Gleichgewicht: durch den Zusammenbruch des Kommunismus und die Hegemonie kapitalistischer Logiken einerseits und durch die Brüche in der modernen Geschlechterordnung andererseits.

(1) Nach 1989 ist die Solidarparole, ideologischer Leuchtpunkt des kommunistischen Sozialismus, gemeinsam mit dem politischen System in die Defensive geraten. Besonders die politische Dimension der Solidarität tritt in den Hintergrund, während die zivilgesellschaftlich-moralische Dimension der Solidarität (Zivilgesellschaft) vermehrt beschworen wird. Schlagworte von der Eigenverantwortung und Wahlfreiheit klingen in der Regel heute politisch plausibler als der Rekurs auf Prinzipien des solidarischen füreinander Einstehens. Eine Tendenz zur Privatisierung des Solidargehalts ist heute erkennbar.

(2) Die Frage des gesellschaftlichen Ausgleichs stellt sich zweitens auch angesichts der Umbrüche in der dualen modernen Geschlechterordnung. Die moderne Konstruktion der an Frauen delegierten Komplementäraufgaben wird auf der Seite der Frauen seit Jahrzehnten kritisiert und zunehmend auch praktisch aufgekündigt. Frauen weisen die Hauptverantwortung für unbezahlte und unterbewertete private wie gesellschaftliche Solidararbeiten zunehmend zurück. Zerronnen scheint der männliche Traum, «Frauen könnten in einer vom Kalkül durchtriebenen und vom Konkurrenzkampf demoralisierten Gesellschaft im Schoß der Familie mit Liebe, Empfindung und Menschlichkeit

das moralische Vakuum einer kapitalistisch geprägten Eigentumsordnung kompensieren.»[17]

Die starke Verlagerung der Solidarität ins Private und auf die Frauen («gesellschaftlicher Kitt») führt heute bedingt durch die partielle Aufkündigung des modernen Geschlechtervertrags zu neuen Problemen, die nicht nur als Geschlechterfragen, sondern als gesellschaftliche Strukturprobleme begriffen werden müssen. Der mittlerweile prinzipiell als moralisch legitim anerkannte Anspruch der Frauen auf ein Stück eigenes Leben, der sich in verbesserter Ausbildung und steigender (Teilzeit-)Berufstätigkeit zeigt, konfrontiert auch sie mit den «Zwängen» der modernen Berufs- und Verkehrswelt, die für das Soziale zwar Nischen, aber keinen festen Platz vorsieht. Unbezahlte Gemeinschaftssorge und Solidarität können sich Frauen, die dem Anspruch auf eigenständige Existenzsicherung zu begegnen haben, ebenso wenig leisten wie die Männer. Das Problem des sozialen Zusammenhalts und der Solidarität verschärft sich demnach, wenn Frauen den – oftmals mit Hinweis auf ihre Natur zugewiesenen – Solidarauftrag nicht mehr selbstverständlich erfüllen bzw. erfüllen können.

Der breite Appell an das soziale Gewissen und das persönliche Solidarengagement heute sind u. a. auch Symptom der «gestörten» modernen Geschlechterordnung, in der die Frauen ungebeten die solidarische Keimzelle Familie, Haus und Nachbarschaft hegten und pflegten. Die Zuweisung der sozialen Ausgleichsaufgabe an Frauen wurde faktisch aber mit der Verweigerung der Gleichstellung der Geschlechter erkauft. Diese prekären Grundlagen werden im Zuge des 20. Jahrhunderts nun zum Bumerang und führen notwendigerweise dazu, die verschobene Realisierung der Gleichstellung endlich nachzuholen. Aus der Perspektive der Solidarität betrachtet geschieht dies zu einem großen Teil dadurch, dass Frauen die unbezahlten und sozial gering geschätzten Solidaraufgaben in einem beträchtlichen Ausmaß reduzieren. Da der Erwerbsarbeitseinstieg für viele Frauen die Quadratur des Kreises bedeutet und eine Potenzierung der Anforderungen mit sich bringt, kommt es in der Regel zur Notwendigkeit, familiäre respektive gesellschaftliche (unbezahlte) Solidararbeit zu reduzieren.[18]

---

17 Rauschenbach (Anm. 11), 150.

18 Zeitbudgetstudien zeigen auf, dass die Erhöhung des zeitlichen Aufwands für Erwerbstätigkeit in der Regel durch Reduktion der Zeit für Haus- und Familienarbeit (Fürsorgearbeit) kompensiert wird. Was in diesen Fällen bisher allerdings nicht eingetreten ist, ist, dass Männer die zeitliche Reduktion der Fürsorgearbeit bei Frauen kompensiert hätten.

Wenn sich nun Frauen aus den familiären und gesellschaftlichen Solidaraufgaben sukzessive zurückziehen, wird erstens aufgrund des Substitutionsbedarfs sichtbar, in welchem Ausmaß die Gesellschaft von dieser Gratisressource gezehrt hat, und werden zweitens auch die gesellschaftlich-politischen Herausforderungen zur Kompensation dieses Ausfalls deutlich. Damit steigen die Anforderungen an den Sozialstaat einerseits und an die betroffenen Personen andererseits, den Bedarf an Versorgung, Erziehung und Pflege abhängiger Menschen zu organisieren. Während das Aufbrechen der Geschlechterordnung anfangs glücklicherweise mit dem Ausbau des Sozialstaates zusammengefallen ist, sind wir heute mit sozialstaatlichen Abbautendenzen konfrontiert. Diese Spannung bildet einen wichtigen Hintergrund für aktuelle Problemlagen im Schnittfeld von Familien-, Sozial- und Geschlechterpolitik (z. B. Kinderbetreuung, Kindergeld, Pflege).

Die gesamtgesellschaftliche Tragweite der in Gang befindlichen Veränderung der modernen Geschlechterordnung wird in der Regel derzeit jedoch unterschätzt. Die Geschlechterfrage wird v. a. als individuelle Emanzipationsfrage und als Problem der zwischengeschlechtlichen Beziehungen betrachtet; damit privatisiert man jedoch das Problem und übersieht die strukturellen Auswirkungen und Folgen dieser Veränderungen für das gesellschaftliche Gesamtgefüge. Die Veränderung der Geschlechterordnung, die in den letzten Jahrzehnten v. a. als Steigerung der Erwerbstätigkeit von Müttern praktisch wurde, verändert gesellschaftlich eingespielte Formen der Arbeitsteilung, der Familienstruktur und der gesellschaftlichen und sozialen Muster von Grund auf. Steigende weibliche Erwerbsbeteiligung schafft neuen Bedarf an bezahlten Unterstützungsdiensten und unbezahlten Solidararbeiten. «Wenn die These stimmt, dass die Moderne das Prinzip Brüderlichkeit auf Frauen verschoben hat, Frauen im wohlverstandenen Eigeninteresse diese Aufgabe aber heute nicht mehr wahrnehmen können, dann gehört zu den Schlüsselthemen des Politischen am Ausgang des zweiten Jahrtausends die Grundsatzfrage, wer oder was die von Frauen privat übernommenen unentgeltlichen Solidarfunktionen in Zukunft substituiert.»[19]

---

19 Rauschenbach (Anm. 11), 153.

2.4 Refeminisierung von Solidarität?

Eine Strategie, dem Problem des Abbaus solidarischer Ausgleichssysteme zu begegnen, zielt auf eine Reetablierung des normativen Zusammenhangs von Weiblichkeit und Solidarität. Diese Vorstellung bildet den gesellschaftstheoretischen Subtext der jüngsten lehramtlichen Äußerungen zur Geschlechterordnung, die im Schreiben «Rechtes Verständnis der aktiven Zusammenarbeit von Mann und Frau» vom 31. Juli 2004 zum Ausdruck kommen. Weiblichkeit steht darin nicht nur für eine anthropologische Aussage, sondern verkörpert eine sozialethische Botschaft, die auf die Notwendigkeit der Korrektur der modernen Zivilisation zielt. Weiblichkeit fungiert dabei als Chiffre für die Beschreibung einer «Kultur des Lebens», einer sozialen Ordnung der Liebe und des Daseins für andere (Vgl. Nr. 13). Frauen bewahren, so die Vorstellung, trotz der Tatsache, dass gewisse Strömungen des Feminismus selbstbezogene Ansprüche reklamieren, die tiefgründige Intuition, dass das Beste ihres Lebens darin besteht, sich für das Wohl des anderen einzusetzen, für sein Wachstum, für seinen Schutz. Daraus resultiert die unersetzliche Rolle der Frau für das gesellschaftliche Leben: nämlich die Sorge um die menschlichen Beziehungen und die Sorge um die anderen.[20]

Dieses Programm lässt sich auch durch den Leitbegriff der Solidarität beschreiben. Diese Konzeption geht zwar von einer nicht unproblematischen Verzahnung von Geschlechteranthropologie und Gesellschaftstheorie aus, auf die hier nicht näher eingegangen werden kann. Wichtiger scheint mir hier die soziale Diagnose zu sein. Die gesellschaftliche Situation ist in der Tat beinahe prekär geworden, und Solidarität scheint sich im Zuge der wirtschaftlichen und kulturellen Globalisierung zum Luxuswert für Wohlbestallte zu entwickeln. Das vom Lehramt vorgeschlagene Konzept dürfte allerdings nicht so einfach aufgehen, da die angesprochene Vorstellung von der sozialen Refeminisierung der Solidarität aus folgenden Gründen problematisch ist. Die Anerkennung der gleichen Würde von Mann und Frau, so wie sie auch von der kirchlichen Lehre gefordert wird, und die damit einhergehenden gesellschaftlichen Transformationsprozesse sind – zumindest in normativer Hinsicht – als irreversibel einzustufen. Diese Anerkennung äußert sich faktisch u. a. auch in

---

20 Zur näheren Auseinandersetzung mit diesen Schreiben vgl. Christa Schnabl, Katholizismus und Feminismus. Kirche im Dialog mit feministischem Denken, in: Quart. Zeitschrift des Forums Kunst–Wissenschaft–Medien, 1/2005, 21–33; Marianne Heimbach-Steins, Ein Dokument der Defensive. Kirche und Theologie vor der Provokation durch die Genderdebatte, in: Herder-Korrespondenz 58 (2004), 443–447.

Gleichstellungsforderungen, die gegen die einseitige Zuweisung unbezahlter und wenig gedankter Solidaraufgaben an Frauen gerichtet sind.

Aus diesem Grund werden Frauen den Appell zur Wahrnehmung der Solidaraufgaben auch kritisch hinterfragen und unter dem Anspruch der geschlechtergerechten Verteilung von Arbeiten und Aufgaben in der Gesellschaft prüfen müssen. Solange weibliche Alltagssolidaritäten gesellschaftliche Gratisressourcen mit hohem Diskriminierungsrisiko für die, die sie praktizieren, darstellen und bezahlte und unbezahlte Arbeit nicht gerechter verteilt werden, wird der Appell an die soziale Verantwortung und Solidarität, auch wenn man auf eine spezifisch weibliche Natur verweist, nicht den entsprechenden Widerhall finden können. Frauen können im Gegenwind gegen den gesellschaftlichen Großtrend, der von Konkurrenz und Existenzkampf geprägt ist, diese Aufgabe des komplementären Ausgleichs nicht einfach übernehmen und den klassischen Solidarauftrag nicht mehr umfassend erfüllen. Dazu kommt, dass sich in einer Gesellschaft unter Globalisierungszwang die faktische Ohnmacht der kompensatorischen Kräfte immer deutlicher offenbart, weil die heilenden Kräfte in Gefahr stehen, selbst von der Effizienz- und Selbsterhaltungslogik aufgesaugt zu werden.

2.5 Solidarischer Ausgleich als politische Strukturfrage

Demgegenüber ist in Erinnerung zu rufen, dass Solidarität gerade nicht als Frauenaufgabe zu begreifen ist. Solidarität und Dasein für andere ist ein menschlicher und kein spezifisch weiblicher Wert. Dies hat auch das Schreiben über die Zusammenarbeit von Mann und Frau betont. «Letztlich ist aber jeder Mensch, ob Mann oder Frau, dazu bestimmt, ‹für den anderen› da zu sein. In dieser Perspektive ist das, was man ‹Fraulichkeit› nennt, mehr als ein bloßes Attribut des weiblichen Geschlechts. Der Ausdruck beschreibt nämlich die grundlegende Fähigkeit des Menschen, für den anderen und dank des anderen zu leben.» (Vgl. Nr. 14). Vor diesem Hintergrund wäre es wichtig, Überlegungen anzustellen, wie moderne Gesellschaften die Sensibilität für das zwischenmenschliche Für-den-anderen-da-Sein auf allen Ebenen verbessern könnten. Für eine gedeihliche Zukunftsentwicklung ist es unumgänglich, alle, Männer und Frauen sowie die gesellschaftlichen Institutionen in die Pflicht zu nehmen und zu Trägern einer solidarischen Ordnung zu machen. Die Etablierung einer weiblichen Solidarsphäre, die vor allem auf die Familie zielt, würde einer Weiterführung des eingespielten, heute aber in Entgleisung befindlichen Bauplans der Moderne entsprechen, der die Delegation von Solidarität und Zusammenhalt an Frauen (bzw. Familien) vorsieht.

Damit drängt sich das Thema des sozialen Ausgleichs als *politisches* Thema ersten Ranges auf, zumal auch der Sozialstaat nicht in der Lage ist, den Solidaritätsbedarf hinreichend zu erfüllen. Fertilitätsprobleme, Fürsorgearbeitslücke, Pflegebedarf, Betreuungserwartungen an den Staat oder an Institutionen sind nur einige wenige aktuelle Problemfelder, die hier aufgegriffen werden müssten. «Das männliche Vorrecht, in Politik und der außerhäuslichen Wirtschaft tätig zu sein, und die Führungsrolle der Frau in der privaten sozialen Beziehungs-, Betreuungs- und Hausarbeit, das Scheitern der explizit männlich formulierten und von Männern geforderten Brüderlichkeit und die Ausschließung der Frauen von den politischen Rechten waren zwei Seiten derselben Medaille. Die Gleichstellung von Frauen wurde, um das ebenso billige wie prekäre soziale Arrangement nicht in Frage zu stellen, auf das 20. Jahrhundert vertagt. Aber mit der Gleichstellung wird auch das soziale Versäumnis erneut virulent. Ex negativo beweist ausgerechnet die Kostenexplosion des Sozialstaats den verdeckten ökonomischen Wert weiblichen Tuns. Erst als öffentliche offenbaren die privaten sozialen Dienste ihren Preis.»[21]

3 (Sozial-)Ethische Implikationen eines (symbolisch) feminisierten Solidaritätsverständnisses

Ergebnis der bisherigen Überlegungen ist die Beobachtung, dass sowohl die alltägliche als auch die institutionalisierte Solidaritätspraxis in einem ausnehmend starken Ausmaß empirisch und symbolisch weiblich geprägt ist. Fragen wir nicht grammatikalisch, sondern auf der symbolischen Ebene nach dem «Geschlecht» der Solidarität, dann ist sie auf der weiblichen Seite der Geschlechterpolarität einzuordnen. Die unmittelbar ethischen Implikationen und Konsequenzen dieser Logik gilt es nun in einem abschließenden Schritt zu verdeutlichen. Die Zuordnung zum «andern Pol» ist folgenreich für das Verständnis und den ethischen Stellenwert der Solidarität.

---

21 Rauschenbach (Anm. 11), 151 f.

3.1 Solidarität: Pflicht oder Surplus?
Zu Verbindlichkeit und Stellenwert der Solidarität

Die Zuordnung der Solidarität zur symbolisch weiblichen Sphäre spiegelt sich zunächst im Blick auf den ethischen Stellenwert und den Verbindlichkeitsgrad der Solidarität. Solidarität ist ein die Gerechtigkeit ergänzender, komplementärer Wert, und man schreibt ihr in der Regel einen geringeren, untergeordneten Verpflichtungsgrad zu. Obwohl Solidarität grundsätzlich allen gut ansteht, gehört sie in der modernen Moralphilosophie über weite Stecken nicht zu den universal verbindlichen, sondern zu den sog. supererogatorischen[22] Verpflichtungen (lobenswert, aber nicht verpflichtend). Das moderne Konzept einer «Minimalmoral» entlässt die allgemeinen positiven Pflichten «aus dem Bereich universeller Verpflichtung und rechnet sie der Sphäre des Supererogatorischen zu.»[23] Solidarität lässt sich demnach weder einklagen noch als ein Recht auf Solidarität ausformulieren. Als Frucht besonders edler Sonntagsmoralität kann man sie keiner alltagstauglichen Normaleinstellung vorschreiben oder verordnen. Als Frage des «guten Lebens» gehört Solidarität zum gemeinschaftsbildenden Ethos von Gruppen. Dies ist die gängige moralphilosophische Verortung der Solidarität im Gegenüber zur Gerechtigkeit als deren Komplementärwert, und gerade darin spiegelt sich auch die symbolisch weibliche Sphäre der Ethik.[24]

Eine Ausnahme bildet in diesem Zusammenhang die theologische (Sozial-)Ethik. Sie verankert das Prinzip der Solidarität zusammen mit den Prinzipien der Subsidiarität und Personalität traditionell als ein Sozialprinzip im Zentrum des normativen Grundgefüges.[25] Die im Vergleich zur Moralphilosophie zentralere Stellung des Solidaritätsbegriffs hängt mit dem spezi-

---

22 Supererogatorische Handlungen gehören in den Bereich des «nicht-verpflichtenden» Sollens. Dabei handelt es sich um eine moralische Aufforderung, etwas zu tun, was wir aus der Sicht der Moral im Sinne des kategorischen Sollens jedoch nicht unbedingt tun müssten.

23 Gertrud Nunner-Winkler, Zur Einführung: Die These von den zwei Moralen, in: dies. (Hg.), Weibliche Moral. Die Kontroverse um eine geschlechtsspezifische Ethik, Frankfurt/Main 1995, 9–30, hier 15.

24 Auszunehmen sind auch hier die institutionalisierten Formen der Solidarität, wie sie z. B. in Sozialversicherungssystemen vorliegen.

25 Vgl. z. B. Alois Baumgartner, Solidarität, in: Marianne Heimbach-Steins (Hg.), Christliche Sozialethik. Ein Lehrbuch (Band 1), Regensburg 2004, 283–292; Reinhard Marx, Helge Wulsdorf, Christliche Sozialethik. Konturen – Prinzipien – Handlungsfelder, Paderborn 2002, 174–180.

fischen semantischen Potenzial der Solidarität zusammen. Die Solidarität transformiert den Gehalt der Nächstenliebe in das Feld des Strukturellen und des Institutionellen. Damit wird ein ethischer Zentralgehalt der jüdisch-christlichen Tradition in einen Bereich hinein buchstabiert, der sich in der Moderne gerade nicht mehr durch die Sprache der Liebe oder der Nächstenliebe erschließen lässt. «Dass jeder mir potenziell zum Nächsten, das heißt zum Adressaten meiner fürsorglichen Anteilnahme werden kann, beziehungsweise dass ich jedem zum Nächsten werden muss, wird heute nicht weniger, sondern eher mehr mit dem Begriff der Solidarität als mit dem der Liebe verbunden. Die Nächstenliebe des barmherzigen Samariters ist gleichsam aus dem Liebesbegriff des gegenwärtigen Sprachgebrauchs ausgewandert. In ihm verdichten sich heute die Momente der affektiven Zuneigung ... Von daher begegnet uns dort, wo das vom biblischen Gleichnis geprägte Verständnis von Liebe präsent geblieben ist, nicht selten eine nahezu äquivoke Verwendung der Begriffe Solidarität und Liebe.»[26]

Für die theologische Sozialethik hat der Solidaritätsbegriff daher eine ungemein wichtige Aufgabe. Er transformiert den im Liebesbegriff steckenden, dort aber individualethisch codierten Gehalt der Nächstenliebe in eine ethische Sprache, die für die Sphäre der Strukturen und des Institutionellen geeignet ist. Damit drückt Solidarität eine zentrale Botschaft der jüdisch-christlichen Tradition für das Feld des Gesellschaftlichen und des Politischen aus. «Die von Jesus so sehr herausgestellte Sorge um die Armen und Benachteiligten ruft ja nicht bloß nach Initiativen zur Behebung und Linderung der Not, sondern noch zuvor nach solchen zur Schaffung gesellschaftlicher Strukturen, die Not möglichst erst gar nicht entstehen lassen.»[27] Insofern trägt der Solidaritätsbegriff der strukturellen Transformation der christlichen Ethik, die besonders unter den Bedingungen des 19. Jahrhunderts notwendig geworden ist, Rechnung und stellt so die Anschlussfähigkeit der christlichen Ethik als Gesellschaftsethik sicher. Solidarität enthält, ohne dass man sie darauf einschränken könnte, den Grundimpuls der Nächstenliebe und formuliert ihn für die Sozialethik aus.

Der Ort des Solidaritätsbegriffs ist aber nicht in erster Linie die Privatsphäre, nicht die individualethische Forderung nach Barmherzigkeit, sondern die

---

26 Alois Baumgartner, Solidarität und Liebe, in: ders., Gertraud Putz (Hg.), Sozialprinzipien – Leitideen in einer sich wandelnden Welt, Innsbruck 2001, 91–106, hier 102.

27 Franz Furger, Sozialethik – Warum eigentlich?, in: ders., Andreas Lienkamp, Karl-Wilhelm Dahm (Hg.), Einführung in die Sozialethik, Münster 1996, 11–27, hier 25.

Seite des Lebens, die dem öffentlichen und gesellschaftlichen Leben zuge-
wandt ist und die in der Regel den Bereich der Gerechtigkeit markiert. Dieser
Hintergrund macht deutlich, dass der Solidaritätsbegriff, auch wenn er inhaltlich mitunter diffus bleibt und ethisch quer liegt, für eine christliche Ethik des
Sozialen unverzichtbar ist. Nicht der Verzicht auf diesen schwierigen Begriff
ist angebracht, sondern der Versuch, ihn aus seiner begrifflichen Schwäche he-
rauszuführen und als einen politischen *normativen* (und nicht nur appellati-
ven) Begriff (im Kontext der Gerechtigkeit) zu platzieren.[28]

Ein weiterer Grund für die größere Bedeutung der Solidarität in der theo-
logischen (Sozial-)Ethik ist die weniger starke Zuspitzung der normativen
Verbindlichkeit auf negative Pflichten. Solidarität verlangt mehr als nur den
Respekt des anderen und die Nichtschädigung der Rechtsgüter des anderen.
Sie erfordert Zuwendung zu anderen und Handlungen, die den Status quo
anderer nicht nur erhalten, sondern auch verbessern. In der theologischen
Ethik wird die Zurückhaltung positiven Pflichten gegenüber, die in Teilen der
modernen Ethik vorliegt, weniger deutlich nachvollzogen. So spielt der Gedanke der zwischenmenschlichen Verbundenheit in der theologischen Sozialethik eine ungleich wichtigere Rolle, u. a. auch deshalb, weil die Ergänzungs-
bedürftigkeit von Werten wie Individualität, Freiheit und Autonomie betont
wurde und wird.

Allerdings muss von der anderen Seite her auch selbstkritisch daran erinnert
werden, dass Freiheit als politische Kategorie in der christlichen Sozialtradition,
entgegen der Vorreiterfunktion in Bezug auf Solidarität, lange Zeit vernachlässigt wurde. «Nur selten wird die humane Relevanz der Ermöglichung und Erweiterung von Freiheitsräumen ethisch thematisiert. Im Blickpunkt stehen vielmehr Risiken, Missbrauchsmöglichkeiten und einzufordernde Schranken
institutionalisierter Freiheit. Bis heute lässt sich der Vorrang der Thematisierung des sozialen Ausgleichs und der Gemeinschaftsgebundenheit menschlichen Handelns in der katholischen gesellschaftsethischen Diskussion nachweisen, der u. a. dazu führt, dass die sozialen Anspruchsrechte gegenüber den
individuellen Freiheitsrechten stärker profiliert werden.»[29]

Eine ähnliche Schwerpunktsetzung wie in der theologischen Ethik begegnet
auch in der feministischen Ethik. So wird im Rahmen einer nicht auf eine

---

28 Dieses Vorhaben verfolgt auch Véronique Munoz-Dardé, wenngleich aus einer sozial-
    philosophischen Absicht heraus; vgl. Véronique Munoz-Dardé, Brüderlichkeit und
    Gerechtigkeit in: Bayertz (Anm. 4), 146–171.
29 Alois Baumgartner, Freiheit und Solidarität. Anmerkungen zur Zuordnungsproblema-
    tik sozialethischer Grundbegriffe, in: ders., Putz (Hg.) (Anm. 26), 79–90, hier 82.

weibliche Moral beschränkten Care-Ethik positiven Pflichten eine zentrale Bedeutung zugemessen. Dies hängt damit zusammen, dass nicht in erster Linie bei der individuellen Autonomie- und Freiheitssicherung angesetzt wird, sondern beim zwischenmenschlichen Beziehungsnetz, seiner Gestaltung und Erhaltung.[30] So führt eine ausschließlich gerechtigkeitsethische Begründungslinie leicht zu einer Verengung von Solidarität auf den rein symmetrischen Aspekt wechselseitig eigeninteressierter Individuen. Im Anschluss an Gilligans Ethik der Fürsorge und der Anteilnahme sind im Zuge der Diskussion um die Care-Ethik der höhere Stellenwert positiver Pflichten, die Verankerung der moralischen Subjekte in einem Beziehungsnetz wechselseitiger Verbundenheit und Verantwortung und die positive Bedeutung von Gefühlen (wie Empathie, Einfühlungsvermögen und Fürsorglichkeit) für moralische Urteile herausgestellt worden.

Diese Akzentsetzungen durch die feministische Ethik korrelieren mit Grundintuitionen der christlichen Ethik. Alle drei Dimensionen wirken sich positiv auf den Versuch der ethischen Erfassung der Solidarität aus. Als positive Pflicht gehört Solidarität zu den ethischen Werten, die von der Verwobenheit und Beziehung menschlicher Wesen ausgehen und eine Korrelation mit Gefühlen positiv unterstreichen. Die Einbeziehung von Emotionen, von Bindungen und von Verantwortung anderer Menschen gegenüber wirkt sich positiv und konstruktiv für die ethische Erschließung von Solidarität aus. Eine feministische Fürsorgeethik leistet somit einen produktiven Beitrag zur ethischen Begründung der Bedeutung der Solidarität für das zwischenmenschliche Zusammenleben.

Die moderne Moralphilosophie baut demgegenüber stärker auf dem Ideal der Individualität, der Freiheit und dem Schutz dieser Sphären auf. Positive Pflichten haben in dieser Logik einen schwereren Stand und unterliegen einem besonderen Rechtfertigungsanspruch. Strikt einklagbar und moralisch verpflichtend ist daher nur ein schwacher, von der Symmetrisierung der Hilfe ausgehender Solidaritätsbegriff, wie man ihn praktisch auch aus dem (Sozial-)Versicherungsbereich in Form des Äquivalenzprinzips kennt: Individuen gehen zur Absicherung ihrer jeweiligen eigenen Interessen freiwillig begrenzte wechselseitige Verpflichtungen ein. Für darüber hinausgehende moralische

---

30 Vgl. dazu auch Christa Schnabl, Feminismus und Ethik. Zu Herausforderungen der Ethik durch den Feminismus, in: Karl-Wilhelm Merks (Hg.), Verantwortung – Ende oder Wandlungen einer Vorstellung? Orte und Funktionen der Ethik in unserer Gesellschaft, Münster 2001, 241–255.

Feinheiten des einseitig solidarischen Handelns ist dann der besonders gute oder fromme Mensch (faktisch häufig das weibliche Geschlecht) zuständig. Was daraus folgt, ist eine starke Privatisierung von Problemen des sozialen Zusammenhalts und der Solidarität, da sie vermeintlich einen Gemeinschaftsbezug voraussetzen und auf ein Band der Verbundenheit rekurrieren.

Die institutionelle und strukturelle, aber auch die ethische Bedeutung der Solidarität bleibt im Vergleich zur zentralen Bedeutung von Gleichheit, Gerechtigkeit und Freiheit hier also gering, sieht man von der Institutionalisierung einer schwachen, weil vom Äquivalenzgedanken getragenen Solidarität im Rahmen des Sozialstaats einmal ab. Der moralische Verpflichtungsgrad der Solidarität bleibt bis heute umstritten. Über weite Strecken wird Solidarität entweder im Gegensatz zur Gerechtigkeit, die als geschuldet gilt, der Freiwilligkeit des Gutmenschen überlassen oder als Strukturprinzip im Rahmen des sozialstaatlichen Konzepts im Schatten der Gerechtigkeit verortet, was jedoch häufig mit dem Äquivalenzgedanken gekoppelt und daher reziprozitätskompatibel umgesetzt wird. Damit geht jedoch eine problematische Einschränkung des Solidaritätsverständnisses einher.

3.2   Symmetrisch oder asymmetrisch? Zum Inhalt der Solidarität

Nicht nur der ethische Stellenwert und die Verbindlichkeit der Solidarität werden in der modernen Moralphilosophie tendenziell niedrigschwellig angesetzt. Auch der spezielle Inhalt und die Reichweite von Solidarität sind umstritten. Besonders deutlich wird dies im Blick auf die Frage nach der symmetrischen bzw. asymmetrischen Grundstruktur der Solidarität: Gehört eine asymmetrische Dimension des einseitigen Füreinanders zur Solidarität dazu oder eher nicht? Lässt sich nur ein strikt auf Wechselseitigkeit und Symmetrie bedachtes Solidaritätsdenken als verpflichtend begründen oder muss in speziellen Fällen nicht auch ein asymmetrisches Solidaritätshandeln als gerecht ausgewiesen werden können? Dabei geht es letztlich um die Frage, welchen Inhalt die Solidarität markiert. Ist Solidarität vor allem als Ausdruck gemeinsamer Interessen zu verstehen, die ihrerseits zur Kooperation motivieren, weil jede/r für sich allein weniger Chancen hat, im Alleingang erfolgreich zu sein, oder gehört zur Solidarität konstitutiv die Verpflichtung gegenüber Benachteiligten hinzu, die altruistische Hilfe auch unter Inkaufnahme persönlicher Nachteile?[31] Diese Frage ist praktisch besonders dort relevant, wo es um Unterstützungshandlungen gegenüber beispielsweise Fremden geht. Die, die sich in solchen Kontexten als solidarisch erweisen, werden absehbar nichts zum Ausgleich erwarten können, weil gewisse Relationen ein nicht umkehrbares Macht- und Vermögensungleichgewicht zu gewärtigen haben. Die Dimension der Wechselseitigkeit fällt daher unter Umständen weg.

Besonders die feministische Ethik hat die Bedeutung und den Stellenwert von asymmetrischen Beziehungen und Handlungsformen in den Blickpunkt der ethischen Diskussion gerückt.[32] Das Solidaritätsverständnis oszilliert nun häufig zwischen einer symmetrischen und einer asymmetrischen Auslegung, wobei der Aspekt des Ausgleichs zwischen Geben und Nehmen in der Regel unterstrichen wird.[33] Eine strikt symmetrische Interpretation von Solidarität liegt beispielsweise bei Otfried Höffe vor. Höffe betont, dass Solidarität in ihrer Kernbedeutung *symmetrisch* als «die Hilfe auf Gegenseitigkeit innerhalb einer Schicksalsgemeinschaft, von der man gegebenenfalls selbst profitiert» zu definieren ist. Eine asymmetrische Auslegung würde den Kerngehalt von Solidarität überdehnen. «Als Hilfe auf Gegenseitigkeit bedeutet die Solidarität eine Geschwisterlichkeit, die aber nicht der Asymmetrie folgt, dass die größeren Geschwister den kleineren helfen. Ihr Grundgedanke wird deshalb dort in Richtung auf Menschenliebe überdehnt, wo die Stärkeren für die Schwächeren eintreten sollen, obwohl sie, weil deutlich und auf Dauer überlegen, in den Genuss einer Gegenleistung kaum je geraten.»[34]

Ähnlich wird bei Markus Daniel Zürcher ein sozialethisches Verständnis von Solidarität entwickelt, das konstitutionell auf Wechsel- und Gegenseitigkeit beruht, indem er davon spricht, dass Solidarität «als ein symmetrisches

---

31 Eckart Voland unterscheidet in diesem Zusammenhang zwischen kooperativer und altruistischer Solidarität; vgl. Eckart Voland, Die Natur der Solidarität, in: Bayertz (Anm. 4), 297–318, hier 298.

32 Darüber hinaus wird die ethische Bedeutung von asymmetrischen Beziehungen auch bei Autoren einer sog. Ethik der Alterität (wie Emmanuel Levinas, Paul Ricoeur, Axel Honneth) thematisiert; vgl. dazu auch Christa Schnabl, Gerecht sorgen. Grundlagen einer sozialethischen Theorie der Fürsorge, Fribourg 2005, 294–327.

33 Dieses Problem wird am Beispiel der aktuellen Schwierigkeiten des Sozialstaats von Matthias Möhring-Hesse durchdiskutiert. «Dass Solidarität heutzutage den Hilfebedürftigen zur Vorhaltung gemacht wird, sollte sie nicht weiter überraschen. Unter diesem Begriff wurden immer nur Beziehungen versprochen bzw. zugemutet, in denen sich Geben und Nehmen – zumindest ‹on the long run› – die Balance halten.» Matthias Möhring-Hesse, Mit Schmarotzern solidarisch sein? Solidarität auf Gegenseitigkeit in der Wohlstandsgesellschaft, in: Friedhelm Hengsbach, ders. (Hg.), Eure Armut kotzt uns an! Solidarität in der Krise, Frankfurt/Main, 1995, 83–112, hier 85.

34 Otfried Höffe, Gerechtigkeit. Eine philosophische Einführung, München 2001, 92.

Verhältnis wechselseitiger Verbundenheit, Wertschätzung und Verantwortlichkeit» gefasst werden sollte, «das über das Engagement für gemeinsame Ziele und Interessen sowie auf dem Hintergrund eines aufgeklärten Eigeninteresses entsteht.»[35] In die Solidarität fließt der Anspruch auf Gegenseitigkeit ein, weil Solidarität über gemeinsame Interessen im Rahmen von gesellschaftlicher Kooperation entsteht. Dies ist der markante Unterschied zwischen Solidarität und Wohltätigkeit. Bei Wohltätigkeit handelt es sich um ein asymmetrisches Verhältnis. Eine Symmetrisierung entsteht, so Zürcher, auch über das gemeinsame Ziel und über das Einfließen des aufgeklärten Eigeninteresses: «weil die Partner wissen, dass sie ihr Ziel nur *gemeinsam* erreichen, werden sie einander *symmetrisch* wertschätzen.»[36]

Die bei Höffe und Zürcher vorliegende reziprozitäts- und symmetrieanaloge Konzeption von Solidarität führt jedoch zum problematischen Ausschluss der asymmetrischen Relation und des asymmetrischen Eintretens für Andere (ohne Aussicht auf «Gegenleistung») aus dem Kernbestand der Solidarität. Die asymmetrischen Aspekte werden ganz der den Gerechtigkeitsbereich überschreitenden Sphäre der Menschenliebe übereignet, die ihrerseits jedoch per definitionem nicht mehr dem gebotenen, sondern dem Surplusbereich der Ethik angehört. Damit wird die Solidarität aufgespalten in einen gerechtigkeitskompatiblen Anspruch auf gegenseitige Unterstützung einerseits und einen asymmetrischen Hilfeanspruch andererseits, der jedoch als Folge einer bereits irgendwie «überirdisch» verankerten Menschenliebe einzustufen ist. Nicht mehr der Normalmensch, sondern bloß der besonders gute und fast schon «heilige» Mensch kann es sich leisten, diese Solidarität zu praktizieren. Demgegenüber ist festzuhalten, dass Solidarität zwar auch die gegenseitige Unterstützung im Sinne einer Hilfe auf der Basis eines aufgeklärten Eigeninteresses einschließt. Solidarität lässt sich aber in ihrer Radikalgestalt (im Sinne der Wurzel) damit nicht hinreichend erschließen.

Daher ist der *asymmetrische* Aspekt einseitiger Unterstützung als Ernstfall der Solidarität entsprechend zu verankern. Dies kommt in der theologischen Ethik bzw. in der kirchlichen Sozialverkündigung z. B. in der Parteinahme für die Opfer wie auch in der vorrangigen Option für die Armen zum Tragen. Besonders leidenschaftlich betont Johann Baptist Metz die asymmetrische Dimension der Solidarität als Kategorie des Beistands, der Stützung und der Aufrichtung anderer, die nicht mit einer Bündnissolidarität gleichwertiger

---

35 Zürcher (Anm. 4), 176.
36 Ebd. 175, Herv. i. O.

Partner verwechselt werden darf. Solidarität paktiert nicht mit den Vernünftigen, sondern mit den Bedürftigen. Metz konstatiert einen Antagonismus zwischen Tauschprinzip und Solidarität, wenn man den Grundgehalt des christlichen Solidaritätsdenkens retten will.[37]

Umstritten ist jedoch die asymmetrische Gestalt der Solidarität fallweise selbst in der Theologie. Dass Solidarität symmetrische Bezüge einschließt, steht außer Zweifel. Die Frage ist jedoch, ob Solidarität auch auf asymmetrische Relationen der einseitigen Hilfe anzuwenden ist. Selbst in der Theologie des 20. Jahrhunderts hat man immer wieder Schwierigkeiten mit dem einseitigen Hilfegedanken gehabt. Asymmetrische Relationen werden mit Paternalismus und Bevormundung konnotiert, als Ausdruck persönlicher Abhängigkeiten und Unfreiheit interpretiert. Sogar die Enzyklika von Johannes Paul II. «Dives in Misericordia» (1980) verweist nachdrücklich auf die Gegenseitigkeitsrelation von Erbarmen und Barmherzigkeit. Sie (Erbarmen und Barmherzigkeit) erwecken nur den Anschein, dass ein Teil gibt und der andere Teil empfängt. «Fehlt diese Gegenseitigkeit, dann sind weder unsere Handlungen echte Akte des Erbarmens, noch hat sich in uns die Bekehrung restlos vollzogen, deren Weg uns Christus mit seinem Wort und Beispiel bis zum Kreuz gewiesen hat» (Nr. 14). Die vermeintliche Einseitigkeit lässt Erbarmen heute als Zumutung erscheinen. Es ist aber kein Akt oder Vorgang, der nur in eine Richtung weist, so die Enzyklika.

Mit dem Verlust der asymmetrischen Perspektive ist jedoch das Thema der einseitigen Abhängigkeit, sei es vorübergehend oder permanent, ein Stück weit tabuisiert und ausgeblendet worden. Was ist, wenn jemand der solidarischen Hilfe bedarf, selbst jedoch nichts bieten kann, weil er/sie z. B. behindert und schwer pflegebedürftig ist? Die Bedeutung feministischer Ethik liegt nun besonders darin, den Gehalt und die Wertschätzung einseitiger Relationen der Unterstützung anderer wieder entdeckt und kritisch reflektiert zu haben.[38] Symmetrisierung und Reziprozität sind zwar Zielvorstellungen für den zwischenmenschlichen und gesellschaftlichen Umgang miteinander, jedoch an Voraussetzungen gebunden, die nicht in jedem Fall einlösbar sind. Im Blick

---

37 Johann Baptist Metz, Glaube in Geschichte und Gesellschaft. Studien zu einer praktischen Fundamentaltheologie, Mainz [5]1992, 220–223.

38 Vgl. dazu u. a. Elisabeth Conradi, Take Care. Grundlagen einer Ethik der Achtsamkeit, Frankfurt/Main 2001; Christa Schnabl, Gerecht sorgen. Grundlagen einer sozialethischen Theorie der Fürsorge, Fribourg 2005; Joan Tronto, Moral Boundaries. A Political Argument for an Ethic of Care, New York 1994.

auf Solidarität ergibt sich daraus der Anstoß, den asymmetrischen Kerngehalt als Ernstfall der Solidarität nicht aus den Augen zu verlieren.

Dies bedeutet, dass Solidarität vom «Für den/die Andere/n» her zu konzipieren ist. Solidarität greift auf diesem Hintergrund zwar auf Bezüge der Wechselseitigkeit und Reziprozität aus und ist auch in diesem Zusammenhang anzuwenden. Von daher lässt sich Solidarität nicht auf die asymmetrische Relation der Bedürftigen einschränken. Dennoch ist, gerade vor dem Hintergrund, dass Solidarität die sozial-strukturelle Umsetzung der Nächstenliebe, wie sie im Samaritergleichnis zum Ausdruck kommt, darstellt, dieser asymmetrische Kern der Solidarität nicht substituierbar. Auch das Samaritergleichnis kennt keinen Ausgleichsanspruch. Der Solidaritätsbegriff ist für die theologisch-ethische Diskussion heute deswegen von besonderer Bedeutung, weil er «an der Nahtstelle zwischen individualethischer und sozial- beziehungsweise strukturethischer Argumentation angesiedelt ist. In ihm kann einerseits die Anteilnahme des Einzelnen am Schicksal anderer zur Sprache kommen, indem er sich gleichsam auf denselben Boden (solidum) stellt, auf dem andere stehen, was gerade in der deutschen Sprache in vielfältigen Wendungen wie ‹für andere ein-stehen›, ‹sich ein-setzen›, ‹bei-stehen›, ‹sich in die Lage eines anderen versetzen›, ‹sich zu-ständig wissen› variiert wird. Anderseits verbindet sich mit dem Begriff der Solidarität immer auch die Vorstellung, dass es nicht um punktuelle Assistenz, sondern um nachhaltige Änderung der Notlagen und um die Korrektur struktureller Defizite geht, die zur Anteilnahme Anlass gaben. Der Begriff der Solidarität wird indes nicht nur im Vorfeld von Institutionalisierung und Rechtssetzung angesiedelt, sondern dient auch der Qualifizierung bestehender Institutionen und rechtlicher Ordnungen.»[39]

---

39 Baumgartner, Solidarität (Anm. 26), 97.

Freiheit in Bezogenheit:
ein anderer Blick auf «solidarisches Handeln»

Ina Praetorius, Wattwil

Ich gehöre nicht zu den Leuten, die sich wundern, wenn empirische Studien eine hohe Bereitschaft breiter Bevölkerungskreise zum nicht-nur-selbstbezogenen Handeln zutage fördern. Denn es ist ebenso offensichtlich wie – inzwischen mehrfach – empirisch belegt, dass Menschen auch in so genannt konsumistischen, individualistischen oder Spaß-Gesellschaften mehr und anderes wollen als das, was man gängigerweise «Privatvergnügen»[1] nennt, dass sie deshalb mit ihren Mitmenschen in vielfältige Beziehungen des Austausches und Ausgleichs von Gedanken, Erfahrungen, Ressourcen, Geld, Freude usw. treten. Wer wüsste nicht aus eigener Erfahrung, dass es interessant und genüsslich ist, sprich: Spaß macht, zusammen mit anderen Leuten in Freiheit etwas Nützliches anzufangen und durchzuhalten – was allerdings nicht ausschließt, dass man oder frau sich dabei auch anstrengt und manchmal ärgert und also zur Entspannung hin und wieder allein einen Big Mac essen geht oder sich vor dem Fernseher amüsiert.

Das aus einer Fülle von Motiven wie Bezogenheits- und Abenteuerlust, Profilierungs- und Beschäftigungsdrang, Langeweile, Neugier, Mitleid, Wut, Veränderungswillen, Eros, Agape und noch vielem mehr gespeiste gemeinsame Tätigwerden scheint heute verbreiteter zu sein als die beruhigend kohärenten Formen (scheinbar) *eindeutig und nur* auf das Wohl der Mitmenschen ausgerichteten Handelns, die sich als altruistisch schon auf den ersten Blick auszuweisen scheinen, indem sie sich durch einen asketischen Habitus oder deutlich wahrnehmbare Symptome angestrengter Selbstaufopferung vom abzulehnenden Motiv des «Egoismus» oder «Hedonismus» abgrenzen: Wer solidarisch ist, so scheint spätestens seit Kants Gegenüberstellung von Pflicht und

---

1 Das lateinische Verb *privare* bedeutet: *berauben*. Schon im ursprünglichen Wortsinn gängiger Begriffe wie «Privatbesitz» oder «Privatvergnügen» ist also die Einsicht enthalten, dass, wer nur aufs Eigene zielt, sich wesentlicher Dimensionen des Lebensgenusses beraubt.

Neigung[2] und seinem folgenreichen Verdikt, nur pflichtgemäßes Handeln könne gutes Handeln sein, zu gelten, kann nicht gleichzeitig glücklich sein, sollte zumindest nicht so aussehen. Denn wer Spaß hat am sinnvoll bezogenen Tun, setzt sich im Kontext eines Verständnisses von Moralität, das auf Dualismen wie dem von (böser) Eigen- und (guter) Nächstenliebe oder von Prinzip und Willkür ruht, logischerweise dem Verdacht aus, das Richtige, also das Altruistische, aus falschen – egoistischen – Motiven zu tun.

Warum aber sollten Menschen einen prinzipiellen Widerspruch sehen zwischen durchtanzten Disconächten und Kuchenbacken für den Dritte-Welt-Bazar? Warum sollten sie nicht gleichzeitig suchen und finden, was sich gleichzeitig ereignen kann: Erotik und Mitleid, Hingabe und Genuss, Kampf, Kontemplation und Lebensfreude? Zwar können durchaus Widersprüche zwischen unterschiedlich gelagerten Tätigkeiten etwa auf der Ebene makroökonomischer Beziehungen bestehen, insofern zum Beispiel der Veranstalter einer Disconacht die Menschen ausbeutet, für die der Bazar Geld sammelt. Wer allerdings angesichts solcher Widersprüche gleich auch zu wissen meint, dass Menschen, die sich in ihrem Handeln offensichtlich von den unterschiedlichsten Gefühlen, Maximen und Wünschen leiten lassen und keinen Wert (mehr) darauf legen, eindeutig als prinzipiengeleitet oder als Altruistinnen und Altruisten identifizierbar zu sein, kaum moralisch sein können, sollte nicht nur die Handlungen der Objekte seines Beobachtens, sondern auch die eigenen Bewertungsmaßstäbe einer kritischen Prüfung unterziehen. Denn es ist keineswegs erwiesen, dass diejenigen Menschen, die sich dem erfreulicherweise längst in Auflösung begriffenen patriarchalen Dogma[3] unterworfen haben, Dasein für andere sei gleichbedeutend mit dem Verzicht auf Selbstliebe, tatsächlich mehr zum guten Zusammenleben beitragen als solche, die Pflicht und Neigung für vereinbar halten.

---

2   Immanuel Kant, Grundlegung zur Metaphysik der Sitten (1785), in: ders., Werke in sechs Bänden, herausgegeben von Wilhelm Weischedel, Wiesbaden 1960, Band 4; ders., Kritik der praktischen Vernunft (1788), in: ebd.

3   Vgl. dazu Libreria delle Donne di Milano, Das Patriarchat ist zu Ende. Es ist passiert – nicht aus Zufall, Rüsselsheim 1996; Michaela Moser, Ina Praetorius (Hg.), Welt gestalten im ausgehenden Patriarchat, Königstein/Taunus 2003; Ina Praetorius, Handeln aus der Fülle. Postpatriarchale Ethik in biblischer Tradition, Gütersloh 2005, Teil 2.

1   Eine zweigeteilte Welt

Schon lange vor Immanuel Kants so genannt aufgeklärter Lehre vom Primat einer prinzipiengeleiteten «männlichen» Moralität[4] hat die abendländische Philosophie – oft wird als erster benennbarer Urheber dieser Denkform der Vorsokratiker Parmenides erwähnt[5] – eine horizontal zweigeteilte Sicht der Wirklichkeit entwickelt. So setzt Aristoteles in seinen naturphilosophischen Schriften aufgrund bestimmter Beobachtungen, die sich inzwischen als falsch erwiesen haben, das Männliche als das *formende Prinzip*, das Weibliche als Stoff, der *geformt wird*. Diese Bestimmung wird zur Grundlegung der Werthierarchie, die er in der «Politik» ausführt:

«Endlich verhält sich Männliches und Weibliches von Natur so zueinander, dass das eine das Bessere, das andere das Schlechtere und das eine das Herrschende und das andere das Dienende ist.»[6]

Schon in den Schriften des Aristoteles selbst wird deutlich, wie sich die Zweiteilung, die zunächst entlang der Geschlechtergrenze verläuft, zu einer umfassenden symbolischen Ordnung weiter entwickelt, die bis hin zum Göttlichen alle wesentlichen Begriffe entlang der Grenze zwischen Männlichem und Weiblichem einrichtet:

«Da nun die erste Quelle der Bewegung in ihrem Wert immer höher steht und göttlicher ist, die den Begriff und die Gestalt des Stoffes in sich befasst, und da es sich empfiehlt, das Höhere von dem Geringeren zu trennen, deswegen ist überall, wo und wie weit es möglich ist, vom Weiblichen das Männliche getrennt. Denn ranghöher und göttlicher ist der Bewegungsursprung, der als männlich in allem Werdenden liegt, während der Stoff das Weibliche ist.»[7]

Die aristotelische Lehre von der zweigeteilten Weltordnung hat vermutlich soziale Regeln, die in den sich patriarchal organisierenden Gesellschaften des Mittelmeerraums – auch im alten Israel – bereits verbreitet waren, zu einer Seinsordnung mit (vermeintlichem) Ewigkeitscharakter verfestigt. Und sie hat

---

4   Zu einer geschlechtersensiblen Analyse der Kant'schen Moraltheorie vgl. Ursula Pia Jauch, Immanuel Kant zur Geschlechterdifferenz. Aufklärerische Vorurteilskritik und bürgerliche Geschlechtsvormundschaft, Wien 1988.

5   Vgl. z. B. Hannah Arendt, Zwischen Vergangenheit und Zukunft. Übungen im politischen Denken 1, München 1994, 15; Luisa Muraro, Die symbolische Ordnung der Mutter, Frankfurt/Main, New York 1993, 12.

6   Aristoteles, Politik, übersetzt und herausgegeben von Olof Gigon, München 1973, 10.

7   Aristoteles, Über die Zeugung der Geschöpfe, herausgegeben von Paul Gohlke, Paderborn 1959, Buch II, 72.

die Entwicklung des abendländischen Denkens maßgeblich beeinflusst. So findet sich zum Beispiel in vielen frühchristlichen Pflichtenkatalogen die charakteristische Parallelisierung unterschiedlicher Unterordnungsverhältnisse wieder:

«Seid einander untertan in der Furcht Christi. Ihr Frauen, seid untertan euren Männern wie dem Herrn! Denn der Mann ist das Haupt der Frau, wie auch Christus das Haupt der Kirche ist ... Wie nun aber die Kirche Christus untertan ist, so sollen es auch die Frauen ihren Männern in allem sein.»[8]

Zwar gab es im Laufe der Geschichte immer wieder Frauen und Männer, die der folgenreichen Idee vom ewigen Oben und Unten widersprachen, indem sie zum Beispiel die Selbstoffenbarung des *lebendigen* Gottes als ICH BIN DA[9] gegenüber der Festschreibung des Göttlichen auf ein höheres männliches geistiges Wesen verteidigten. Dennoch hat sich die (latent) geschlechtsgebundene griechische Ontologie in Verbindung mit biblischen Patriarchalismen zu der androzentrischen symbolischen Ordnung[10] verfestigt, die auch die europäische Aufklärung überdauert hat und bis heute Vorstellungen von der gleichen Würde aller Menschen ebenso unterläuft wie das Vertrauen auf einen *lebendigen* und *freien* Gott. Die Idee von einem unabhängigen, vernunftgeleiteten Männlichen, dem ein niedriges, körperliches, abhängiges, kontrollbedürftiges Weibliches untergeordnet ist, hat schon Aristoteles selbst in Analogie gesetzt zum Verhältnis zwischen Freien und Sklavinnen, Lehrern und Schülern, Vätern und Kindern, Gut und Schlecht, Hoch und Niedrig.

Im Verlauf der Geschichte schließen sich immer neue analoge Gegenüberverhältnisse an: Man unterscheidet heute im Abendland, meist ohne sich viel dabei zu denken, zwischen Kultur und Natur, Logos und Mythos, Geist und Körper, Kopf- und Handarbeit, Öffentlichkeit und Privatheit, Freiheit und Bedürftigkeit, Vernunft und Gefühl, Wissen und Glauben, Gesetz und Liebe, Markt und Haushalt, Gott und Welt, Gut und Böse, Zivilisation und Barbarei, Okzident und Orient, Wirtschaft und Sozialem, Geld und Leben, System und Lebenswelt usw. und assoziiert dabei unwillkürlich Verhältnisse, die

---

8 Eph 5,21–24.
9 Ex 3,14; nach der Übersetzung Martin Bubers.
10 Vgl. Ina Praetorius, Art. Androzentrismus, in: Elisabeth Gössmann u. a. (Hg.) Wörterbuch der Feministischen Theologie (WFTh), 2002, vgl. auch die erste Auflage von 1991; vgl. auch Elisabeth Schüssler Fiorenza, Zu ihrem Gedächtnis. Eine feministisch-theologische Rekonstruktion der christlichen Ursprünge, München 1988; sowie Ina Praetorius, Anthropologie und Frauenbild in der deutschsprachigen protestantischen Ethik seit 1949, Gütersloh ²1994.

denjenigen von Mann und Frau im bürgerlich-patriarchalen Modell der Ehe entsprechen: Der Mann als der vernünftige, freie, im öffentlichen Leben tätige Menschentyp leitet und dominiert *seine* Frau, die in abhängigen, als zyklisch-geschichtslos missverstandenen Intimsphären für die Erfüllung alltäglicher Bedürfnisse und die Erhaltung der Gattung sorgt. Jeweils der eine Pol des Dualismus – Gott, Logos, Geist, Freiheit, Wissen, Kultur usw. – wird an Männlichkeit gekoppelt und als Höheres einem Niedrigen – Welt, Mythos, Körper, Bedürftigkeit, Glauben, Natur, Alltag... – übergeordnet. Allmählich beginnen die so entstehenden Reihen sich gegenseitig zu definieren und zu bestätigen:[11] Es entsteht eine zusammenhängende, in sich schlüssige Weltsicht, in die sich auch der nicht nur von Immanuel Kant hochgehaltene Dualismus von der (vermeintlich) erhabenen[12] «männlichen» Pflichtmoral und einer von willkürlich-chaotischen Gefühlen geleiteten, daher unreinen und kontrollbedürftigen «weiblichen» Moral der Neigungen einordnet:

«Das Frauenzimmer ist aller Befehle und alles mürrischen Zwanges unleidlich. Sie tun etwas nur darum, weil es ihnen so beliebt, und die Kunst besteht darin, zu machen, dass ihnen nur dasjenige beliebe, was gut ist. Ich glaube schwerlich, dass das schöne Geschlecht der Grundsätze fähig sei.»[13]

2   Die Kirchen: weiblich oder männlich?

Seit der europäischen Aufklärung gilt der Glaube an Gott im Westen als Privatangelegenheit. Als Resultat des Kampfes gegen eine selbstherrliche mittelalterliche Kirche, die den Menschen das eigenständige Denken verwehrte, haben sich Vernunft, Wissenschaft und Objektivität als Orientierungsgrößen für die Gestaltung des öffentlichen Lebens etabliert. Die Zweiteilung der Welt in höhere symbolisch männliche und niedere «weibliche» Sphären ist damit nicht aufgehoben, aber es haben sich wesentliche Verschiebungen in den inhaltlichen Zuordnungen ergeben: Den «männlichen» Spitzenplatz, der im mittelalterlichen Weltbild unbestritten Gott und den an den christlichen Glauben geknüpften Werten – Nächstenliebe, Demut, Barmherzigkeit etc. –

---

11 Vgl. Heidi Bernhard Filli u. a. (Hg.), Weiberwirtschaft. Frauen – Ökonomie – Ethik, Luzern 1994, 9–28.

12 Immanuel Kant, Beobachtungen über das Gefühl des Schönen und Erhabenen, in: ders. (Anm. 2), Band 1.

13 Ebd. 854 f.

vorbehalten war, erobert in der Moderne die Vernunft samt (vermeintlich) vernunftgemäßen Konzepten wie Eigennutz, Fortschritt und Marktgesetz.

Indem die Kirchen weiterhin für Werte wie Glaube, Liebe, Hoffnung, neuerdings: Solidarität, die jetzt als «weich» und irrational erscheinen, eintreten, sind sie also in modernen Gesellschaften tendenziell auf der symbolisch weiblichen Seite angesiedelt, was allerdings nichts daran ändert, dass innerhalb der weitgehend patriarchal organisierten Kirchenstrukturen selbst das zweigeteilte Wahrnehmen, Tun und Denken sich weiter entwickelt, vielleicht sogar verstärkt wird durch die Demütigung, vom aufgeklärten Vernunftmenschen als «weiblich» wahrgenommen zu werden: Weiterhin predigen Kirchenmänner von den Kanzeln, was Kirchenfrauen im Alltag leben, wird Diakonie von Männern geleitet, von Frauen geleistet. Und die Theologie kennt, wie die aufgeklärte praktische Philosophie, die mehr und mehr zum Vorbild auch für die kirchliche Morallehre wird, zwei Sorten von Moralität: eine höhere vernunftgeleitete, die sich an abstrakten Prinzipien ausrichtet, und darunter eine nicht ganz ernst zu nehmende, wenn auch dringend notwendige, die sich von Gefühlen und von unverwechselbar hier und jetzt vorhandenen menschlichen Bedürfnissen nach Gemeinschaft, Geborgenheit, Anerkennung, Freude und Sinn berühren und zum konkreten Tun bewegen lässt. Als eigentlich moralisch gilt dieser Auffassung zufolge also auch in den Kirchen der «männliche» Mensch, der keinen Zweifel daran aufkommen lässt, dass er sich an eindeutig identifizierbaren Prinzipien, etwa demjenigen der Solidarität, orientiert.

Frauenbewegungen, Feministische Theorien und Theologien und, teilweise in ihrem Gefolge, die philosophische Postmoderne haben die androzentrischen Zweiteilungen nun allerdings gründlich in (Un-)Ordnung gebracht, was vorerst vor allem mannigfaltige Irritationen verursacht und bei denjenigen, die sich der selbstkritischen Revision jahrhundertealter Dualismen verweigern, ein großes Lamento über einen allgemeinen «Werteverlust» ausgelöst hat. Es scheint, als sähen viele Kirchenobere und Moraltheologen das Ende der christlichen Moral unaufhaltsam auf sich zukommen, dieweil reale Frauen und Männer innerhalb und außerhalb der Kirchen sich längst aufgemacht haben, Events und Fun und Solidarität, Liebe und Recht, Gefühl und Verstand, Kampf und Kontemplation, Altruismus, Egoismus, Faulheit, Berechnung, Verliebtheit, Handwerk, Neugier und vieles mehr zu verbinden zu immer neuen Handlungsformen,[14] die in zweigeteilte Hirne nicht hinein passen und

---

14 Vgl. Wissenschaftliche Arbeitsgruppe für weltkirchliche Aufgaben der deutschen Bischofskonferenz (Hg.), Handeln in der Weltgesellschaft: Christliche Dritte-Welt-

deshalb von doppelt sehenden Augen nicht als moralisches Handeln wahrgenommen werden können. Um solches Handeln angemessen zu verstehen, ist es notwendig, die Welt jenseits der alt gedienten begrifflichen Ehepaare neu zu verstehen und zu benennen.

3 Die Weltsicht der Freiheit in Bezogenheit

Die Feministische Ethik ist in den siebziger Jahren des vergangenen Jahrhunderts angetreten mit Feststellungen wie dieser:

«Wir Christinnen und Christen werden gelehrt, dass es Werte und Handlungsmuster gebe, die wir als widersprüchlich und grundsätzlich unvereinbar erfahren sollen. Auf der einen Seite stehen Eigennutz oder Selbstsucht, auf der anderen Aufopferung und Selbsthingabe. Es gibt AGAPE – tiefe, selbstlose Liebe, und es gibt EROS – gewöhnlich als egoistische Leidenschaft definiert. Es wird uns beigebracht, dass dies grundlegend verschiedene Formen der Liebe seien, die keine Beziehung zueinander hätten … Aber mein und dein Wohlergehen stehen nicht von Natur aus im Gegensatz. Als beziehungshafte Wesen brauchen wir einander für unser gemeinsames Wohlergehen, und in unserer gegenseitigen Beziehung erfahren wir Gott/Göttin…»[15].

Angestoßen durch solche Einsicht, angeregt vor allem durch die Untersuchungen der amerikanischen Entwicklungspsychologin Carol Gilligan,[16] aber auch anknüpfend an Hannah Arendts Begriff des Handelns[17] und patriarchatskritische Philosophien aus dem romanischen Raum[18] entwickelt sich heute ein postpatriarchales ethisches Denken, in dessen Mitte die Begriffe

Gruppen, (Autoren Karl Gabriel, Sabine Keller, Franz Nuscheler, Monika Treber), Bonn 1995; und Wissenschaftliche Arbeitsgruppe für weltkirchliche Aufgaben der deutschen Bischofskonferenz (Hg.), Engagement für Osteuropa. Praxis und Motivation christlicher Solidaritätsgruppen, (Autoren: Karl Gabriel, Christel Gärtner, Maria-Theresia Münch, Peter Schönhöffer), Bonn 2002.

15 Beverly Wildung Harrison, Die neue Ethik der Frauen. Kraftvolle Beziehungen statt bloßen Gehorsams, Stuttgart 1991, 43, 63.

16 Carol Gilligan, Die andere Stimme. Lebenskonflikte und Moral der Frau, München 1984; vgl. dazu Ina Praetorius, Skizzen zur Feministischen Ethik, Mainz 1995, 10–18.

17 Vgl. Hannah Arendt, Vita Activa oder Vom tätigen Leben (1958), München 1981.

18 Vgl. Luce Irigaray, Ethik der sexuellen Differenz, Frankfurt/Main 1991; Diotima Philosophinnengruppe aus Verona, Der Mensch ist zwei. Das Denken der Geschlechterdifferenz, Wien 1987; Muraro (Anm. 5).

«Bezogenheit», «Beziehung» und «Freiheit» stehen:[19] Ob Menschen gut, zum Beispiel «solidarisch» handeln, hängt diesem Denken zufolge weniger davon ab, ob sie sich von universalisierbaren Prinzipien leiten lassen und/oder sich ihrer so genannten Selbstsucht entledigen. Vielmehr bedeutet Handeln jenseits des vermeintlichen Gegensatzes von Selbst- und Nächstenliebe, das eigene Leben wie einen Faden einzuschlagen «in ein Gewebe, das man nicht selbst gemacht hat.»[20] Nicht eine abstrakte Ideenwelt, sondern das «Bezugsgewebe menschlicher Angelegenheiten»[21] ist der Ort des Handelns, und dieses Gewebe lässt sich nicht überblicken und ordnen, weil es komplizierter ist als «ein ungeheuer kompliziertes Schachbrett».[22] Dennoch kann ich, dankbar dafür, dass mich dieses Bezugsgewebe bis heute genährt hat wie eine Mutter einen hilfsbedürftigen Säugling, meinerseits anfangen, es zu nähren, indem ich mich mitteile, neue Beziehungen knüpfe, tausche, schenke und Geschenke entgegennehme, meine Wünsche und Begabungen zu den Wünschen und Begabungen anderer so in Beziehung bringe, dass das Gewebe nicht reißt, sondern fester und geschmeidiger wird. Zwar «kann der Handelnde so gut wie niemals die Ziele, die ihm ursprünglich vorschwebten, in Reinheit verwirklichen.»[23] Dennoch führt das dankbare Staunen über die vorgefundene Fülle zu immer neuen Anfängen, in denen sich die unterschiedlichsten Wünsche mischen wie bei den deutschen Jugendlichen, die in Bosnien beim Wiederaufbau eines Dorfes halfen und dabei gleichzeitig ihre handwerklichen Fähigkeiten ausbildeten, anderen halfen, ihre Adoleszenzkrise bewältigten, religiöse Erfahrungen machten und sich womöglich verliebten.[24]

Das unabänderliche Faktum menschlicher Bezogenheit wurde zwar auch in der patriarchalen Geschichte immer wieder gedacht, allerdings meist unter negativem Vorzeichen, zum Beispiel als Verstrickung, Schuldverstrickung (Nell-Breuning), Abhängigkeit, Heteronomie (Kant) etc., also als etwas, dem Menschen nach Möglichkeit entkommen sollten, um «frei» zu werden für so genannt unabhängiges Entscheiden und Handeln. Hannah Arendt setzt mit

---

19 Vgl. vor allem Ina Praetorius (Hg.), Sich in Beziehung setzen. Zur Weltsicht der Freiheit in Bezogenheit, Königstein/Taunus 2005; vgl. auch Michaela Moser, Ina Praetorius (Hg.), Welt gestalten im ausgehenden Patriarchat, Königstein/Taunus 2003, 152–156.
20 Arendt (Anm. 17), 174.
21 Ebd. 171–180.
22 Ebd. 184.
23 Ebd. 174.
24 Wissenschaftliche Arbeitsgruppe, Engagement (Anm. 14), 59–79.

ihrem «Bezugsgewebe» und dem entsprechenden Freiheitsbegriff einen neuen Anfang: Sie geht nicht davon aus, dass die Bezogenheit verlassen werden kann oder soll, wohl aber dass es möglich sei, sie handelnd zu gestalten, und genau dies bedeute Freiheit:

«Ursprünglich erfahre ich Freiheit und Unfreiheit im Verkehr mit anderen und nicht im Verkehr mit mir selbst. Frei *sein* können Menschen nur im Bezug aufeinander, also nur im Bereich des Politischen und des Handelns; nur dort erfahren sie, was Freiheit positiv ist und dass sie mehr ist als ein Nicht-gezwungen-Werden. ... Solange man handelt, ist man frei, nicht vorher und nicht nachher, weil Handeln und Frei*sein* ein und dasselbe sind.»[25]

Die Idee vom menschlichen Bezugsgewebe, dem ungreifbaren DAZWISCHEN,[26] in das Menschen ihre unverwechselbaren, von den unterschiedlichsten, oft ihnen selbst nicht durchschaubaren Motiven angetriebenen Handlungen einweben, wohl wissend, dass gutes Leben und Zusammenleben sich nicht wie ein Gegenstand «herstellen»,[27] sondern nur immer neu in Bewegung setzen lässt, kommt biblischer Anthropologie nahe:[28]

«Aber es ströme wie Wasser das Recht
und die Gerechtigkeit wie ein unversieglicher Bach.»[29]

Auch die Bibel versteht nämlich, von ihren hebräischen Ursprüngen her gelesen,[30] unter gutem Handeln nicht die Orientierung an statischen, in einer höheren Sphäre aufgeschriebenen «Normen und Werten». Vielmehr hängen Menschen ganz und gar von ihrer Beziehung zum LEBENDIGEN ab, denn nur Gott, nicht die menschliche Vernunft ist in der Lage zu entscheiden, welches menschliche Tun dem guten Zusammenleben dient, weshalb Paulus zu Recht darauf besteht, dass sich die Sünde, verstanden als menschliche Unfä-

---

25 Arendt, Vergangenheit (Anm. 5), 206.
26 Arendt, Vita (Anm. 17), 173; vgl. auch Ina Praetorius, Gott dazwischen. Gedanken zu Pfingsten, St. Galler Tagblatt vom 18. Mai 2002, 2.
27 Vgl. zur Unterscheidung der Tätigkeitsformen Arbeiten, Herstellen und Handeln Arendt, Vita (Anm. 17).
28 Vgl. dazu Praetorius, Beziehung (Anm. 19), 116–119.
29 Am 5,24.
30 Vgl. hierzu Heinz Rothenbühler, Abraham inkognito. Eine Einführung ins althebräische Denken, Rothenburg 1998; Klara Butting, Prophetinnen gefragt. Die Bedeutung der Prophetinnen im Kanon aus Tora und Prophetie, Knesebeck 2001; Frank Crüsemann, Maßstab: Tora. Israels Weisung für christliche Ethik, Gütersloh 2003.

higkeit, die Folgen des eigenen Tuns «im Griff» zu haben, nicht durch Gesetz, sondern nur durch Vergebung und Vertrauen besiegen lässt.

Feministische und postpatriarchale Denkerinnen haben in den vergangenen Jahren vielfältig an diese Konzeption (guten) Handelns angeknüpft und dabei entdeckt, dass die Distanz zwischen biblischer Anthropologie und postpatriarchalem Denken weit geringer ist als die konfliktreiche Geschichte des Verhältnisses zwischen Kirchen und Neuer Frauenbewegung vermuten lässt. Feministinnen haben zu Recht das gerade in den Kirchen verbreitete misogyne Festhalten an der aristotelischen Metaphysik attackiert, weshalb sie sich zuweilen den Ruf einer prinzipiellen Kirchenfeindschaft zugezogen haben. Heute zeigt sich aber, dass die biblische Dynamik aus Bezogenheit und Freiheit dem postpatriarchalen Anliegen, Welt jenseits des nur scheinbar ewigen Oben und Unten neu zu gestalten, entgegen kommt.

Zahlreich sind die Versuche patriarchatskritischer Denkerinnen, jenseits des starren Gegenübers von Pflicht und Neigung, Egoismus und Altruismus, Selbst- und Nächstenliebe eine neue Sprache für gutes menschliches Da- und Tätigsein zu entwickeln. So hat zum Beispiel Sara Lucia Hoagland einen Namen vorgeschlagen für die Idee vom bezogen-freien Selbst, die der Theorie des guten Handelns aus Bezogenheit korrespondiert. Dieser Name «Autokoinonie» kombiniert zwei Konzepte, die im zweigeteilten Weltbild miteinander rivalisieren: Autonomie und Gemeinschaft, Freiheit und Bedürftigkeit:

«Ich will ein Selbst, das sich weder vor Einsamkeit noch vor Zusammenkünften fürchtet, ein Selbst, das elemental und bezogen zugleich ist, das ein Gespür dafür hat, dass es Entscheidungen im Kontext der Gemeinschaft trifft. Ich will ein Selbst, das getrennt und verbunden zugleich ist. Deshalb erfinde ich ein Wort für das, was ich meine: ‹Autokoinonie›…»[31]

In eine ähnliche Richtung weisen die Entwürfe der womanistischen Ethikerinnen Katie Geneva Cannon[32] und Sharon D. Welch,[33] die sich dezidiert von den Scheinselbstverständlichkeiten der gängigen Prinzipienethik abwenden, stattdessen an die Erzählungen schwarzer Vorfahrinnen und deren kontrafaktisches Vertrauen auf den befreienden Gott anknüpfen. Auch das von italienischen Philosophinnen entwickelte, in der deutschsprachigen Frauenbe-

31 Sarah Lucia Hoagland, Die Revolution der Moral. Neue lesbisch-feministische Perspektiven, Berlin 1991,124.
32 Katie G. Cannon, Black Womanist Ethics, Atlanta 1988.
33 Sharon D. Welch, A Feminist Ethics of Risk. Revised Edition, Minneapolis 2000.

wegung inzwischen breit diskutierte Denken einer produktiven Ungleichheit zwischen Frauen und die damit verbundene Wiederbelebung von Begriffen wie «Autorität» und «Vertrauen» («Affidamento») knüpft konstruktiv an den Arendt'schen Begriff des Handelns und damit an biblische Anthropologie an.[34] Und schon Carol Gilligan hat den sich vollziehenden epistemologischen Wandel in der Zusammenfassung ihres bekannten Werkes «Die andere Stimme» prophetisch auf den Begriff gebracht:

«... die Erkenntnistheorie verlässt ... das griechische Ideal des Wissens als Übereinstimmung von Geist und Form und nähert sich der biblischen Auffassung vom Wissen als einem Prozess menschlicher Beziehungen.»[35]

Werte und Normen – zum Beispiel «Solidarität» – sind auch für die Sichtweise des Handelns aus bezogener Freiheit wichtig, allerdings nicht mehr als weltlose Ideen, mit denen ich mein kontingentes Dasein komplett in Übereinstimmung zu bringen hätte, sondern als hilfreiche Regeln, die wir unseren Vorfahrinnen und Vorfahren verdanken. Dieses ausdrücklich historische und welt-hafte Verständnis moralischer Prinzipien entspricht der ursprünglichen Bedeutung der Tora im Juden- und Christentum. Denn auch die Tora ist kein universalisierbares Ideal ohne Anfang und Ende, das als solches in die Wirklichkeit «umgesetzt» werden könnte, sondern die gute Weisung, die uns mitgegeben ist, damit jeder und jede sie in ihrer unverwechselbaren Gegenwart prophetisch-schöpferisch zu neuem Leben erwecken möge.[36]

Auch heute handeln Menschen nicht dann solidarisch, wenn sie herkömmlichen Bildern von Selbstlosigkeit und Prinzipientreue entsprechen, die sich noch am «griechischen Ideal ... der Übereinstimmung von Geist und Form»[37] messen, sondern wenn es ihnen gelingt, eigene und fremde Wünsche getreu ihrem Herkommen und kreativ zu neuen, noch nie da gewesenen Handlungen und Lebensformen zu kombinieren, in denen Interessen nicht mir oder

---

34 Vgl. dazu Libreria delle Donne di Milano, Wie weibliche Freiheit entsteht. Eine neue politische Praxis, Berlin 1988; Muraro (Anm. 5); Andrea Günther, Art. «Affidamento/ Autorität», in: WFTh (Anm. 10), 8 f.; vgl. auch Arendt (Anm. 5), 159–200; Ina Praetorius, Von Gott sprechen. Als Frau. Nach der Aufklärung, in: Charlotte Methuen u. a. (Hg.), Holy Texts: Authority and Language. Heilige Texte: Autorität und Sprache. Textes Sacrés: Autorité et Langue. Jahrbuch 12/2004 der ESWTR, Leuven 2004, 77–90.

35 Carol Gilligan, Die andere Stimme. Lebenskonflikte und Moral der Frau, München 1984, 211.

36 Vgl. dazu die Vision von der Demokratisierung der Prophetie in Joel 2,28 f.; vgl. auch Butting (Anm. 30).

37 Gilligan (Anm. 35), 211.

dir gehören, sondern ihren ursprünglichen Sinn als Dazwischen-Sein[38] wiedergewonnen haben.

4 Die postpatriarchale Transformation

Es stünde den Kirchen gut an, die postpatriarchale Anregung anzunehmen. Denn sie führt zurück, besser gesagt: voran zur biblischen Dynamik aus Weisung und Prophetie. In der Bibel steht nämlich nicht (oder nur an ganz wenigen Stellen), dass man über die eigenen Wünsche und Begabungen und über die Köpfe realer bedürftig-freier Menschen hinweg sich an abstrakten Prinzipien, zum Beispiel am «Prinzip Solidarität» ausrichten soll. Vielmehr sollen Frauen und Männer in ununterbrochener Beziehung zum LEBENDIGEN, in Dankbarkeit gegenüber der gegebenen Fülle und der anfänglichen Weisung Gottes schöpferisch in ihren unwiederholbaren Gegenwarten tätig werden so, dass alle in Frieden zusammen leben können.

Nur weil man während Jahrhunderten die Bibel mit der aristotelischen Brille zu lesen sich angewöhnt hat, ist vielen diese genuin historische Dynamik fremd geworden und man meint, auch allerorten in der Bibel das ontologische Oben und Unten zu erkennen. Wer aber in der Zeit des ausgehenden Patriarchats die täglich von neuem überraschende heilsgeschichtliche Dynamik aus Bezogenheit und freiem Handeln wieder zu entdecken bereit ist, wird die wirklichen Wunder erleben – Wunder, die sich in vielen der untersuchten Solidaritätsgruppen[39] wohl längst zugetragen haben und die auf ein ihnen angemessenes Neu-Ausgesagt-Werden warten.

---

38 Inter-Esse lat.: Dazwischen-Sein.
39 Wissenschaftliche Arbeitsgruppe, Handeln (Anm. 14); dies., Engagement (Anm. 14).

IV Systematische und ethische Perspektiven

Solidarität – orientierender Grundbegriff christlichen Handelns und theologischen Denkens? Reflexionen aus der Perspektive der systematischen Theologie

Helmut Peukert, Münster

1 Zur Fragestellung

Systematische Theologie hat offensichtlich eine hermeneutische Aufgabe. Sie besteht darin, den Kern der menschheitlichen religiösen Traditionen und speziell der jüdischen und der christlichen Traditionen über den Abstand von Jahrtausenden auf die gegenwärtige gesellschaftlich-geschichtliche Situation hin so zu übersetzen und auszulegen, dass sie ihre Bedeutung freigeben, und zwar sowohl für das Selbstverständnis der einzelnen wie für ihr Handeln in einer sich rapide verändernden Gesellschaft. Dabei soll die Bedeutung dieser Traditionen gegenüber anderen Wissens- und Handlungswelten zumindest verständlich werden und vertretbar erscheinen. Ihr «semantisches Potential» darf deshalb weder in einer zum fremden Jargon gewordenen religiösen Sprache eingekapselt bleiben noch in dem Bemühen um Übersetzung in die gegenwärtige Situation depotenziert oder gar vernichtet werden. Jürgen Habermas nennt diese hermeneutische Leistung, die er den Vertretern religiöser Traditionen abverlangt, «rettende Übersetzung».[1] Die Frage ist: Kann der Begriff der Solidarität zu einer «rettenden Übersetzung» speziell der jüdischen und der christlichen Tradition beitragen?

Das Auftreten und die gehäufte Verwendung bestimmter Begriffe können tiefgreifende Veränderungen in einer Gesellschaft anzeigen und solche Veränderungen selbst mit vorantreiben. «Bewegungsbegriffe» (R. Koselleck) wie Aufklärung, Vernunft und Bildung waren von konstitutiver Bedeutung für die Entstehung der Moderne. Nach dem Zusammenbruch des Staatssozialismus und nach der fast durchgängigen «Entmarxifizierung» der Sozialwissenschaften schien der Begriff der Solidarität als Bezeichnung für die Kampfsolidarität

---

1 J. Habermas, Zwischen Naturalismus und Religion. Philosophische Aufsätze, Frankfurt/Main 2005, 116; vgl. insgesamt J. Habermas, Glauben und Wissen, Frankfurt/Main 2001.

der an abhängige Arbeit gebundenen Klasse seine Funktion als Schlüsselbegriff fast schon verloren zu haben. Die wachsende öffentliche Diskussion
um gefährdete gesellschaftliche «Solidarsysteme» sowie die vorliegenden empirischen Untersuchungen einer großen Zahl von «Solidaritätsgruppen» zeigen
jedoch, dass für viele der Begriff der Solidarität in seinen beiden Hauptbedeu-
tungen unentbehrlicher denn je erscheint, nämlich einmal als Bezeichnung
des Willens zur gegenseitigen Unterstützung der Angehörigen einer Gruppe,
die sich in einer sie alle gemeinsam betreffenden Not- oder Problemsituation
befinden, zum anderen als Bezeichnung für die Hilfsbereitschaft gegenüber
auch völlig fremden Menschen, die von Katastrophen betroffen, politisch
oder militärisch elementar bedroht oder von der Teilnahme am gesellschaftlichen Leben ausgeschlossen sind und die deshalb auf Hilfe von außen oder auf
Änderung gesellschaftlicher Unrechtsstrukturen angewiesen sind.[2] Im umfassenden Sinn einer «universalen Solidarität» hat der Begriff übrigens schon länger Eingang in zentrale Dokumente der Kirchen gefunden. Die Pastoralkonstitution des Zweiten Vatikanischen Konzils von 1965, an deren Ausarbeitung
erstmals auch Vertreter aus Entwicklungsländern beteiligt waren, fordert von
der eigenen Kirche, mit internationalen Institutionen zusammenzuarbeiten,
um «den Sinn für die Weltprobleme zu entwickeln» und «das Bewusstsein
wahrhaft weltweiter Solidarität und Verantwortung zu wecken» («ad forman-
dam conscientiam vere universalis solidarietatis et responsabilitatis»).[3] In ähnlicher Weise sieht die Vollversammlung des Ökumenischen Rates der Kirchen
in Uppsala 1968 die Aufgabe der Kirche darin, «für eine weltweite verantwortliche Gesellschaft zu arbeiten» und «die biblische Sicht von der Einheit
der Menschheit sowie ihre konkrete Bedeutung für die weltweite Solidarität
aller Menschen … besonders herauszustellen».[4]

Die mögliche theologische Bedeutung des Solidaritätsbegriffs auf dem Hintergrund solcher Befunde zu klären erfordert ein mehrdimensionales interdis-

---

2   H. Peukert, Universale Solidarität – Verrat an Bedrohten und Wehrlosen?, in: Dia-
    konia 9 (1978) 3–12; E. Arens, Internationale, ekklesiale und universale Solidarität,
    in: Orientierung 53 (1989) 216–220; K. Bayertz (Hg.), Solidarität. Begriff und Pro-
    blem, Frankfurt/Main 1998.
3   Das Zweite Vatikanische Konzil. Pastorale Konstitution über die Kirche in der Welt
    von heute, in: LThK, Das Zweite Vatikanische Konzil. Konstitutionen, Dekrete und
    Erklärungen. Teil III, Freiburg i. Br. 1968, 241–593, hier 576 (Nr. 90).
4   W. Müller-Römheld (Hg.), Bericht aus Uppsala 1968. Offizieller Bericht über die
    Vierte Vollversammlung des Ökumenischen Rates der Kirchen. Uppsala 4.–20. Juli
    1968, Genf 1968, 52 f.

ziplinäres Vorgehen.[5] Ich möchte im folgenden zunächst versuchen, einige Grundzüge unserer gesellschaftlich-geschichtlichen Situation zu charakterisieren (2), um dann zu fragen, wie wir die Fähigkeit, mit den Herausforderungen dieser Situation umzugehen und in ihr solidarisch zu handeln, genauer bestimmen und selbst erwerben können (3) und wie der normative Kern solchen Handelns in Auseinandersetzung in einer philosophischen Ethik der Solidarität gefasst werden kann, ohne unter das Niveau von Ethik in der Moderne zurückzufallen (4). Wenn wir jedoch versuchen, solidarisch zu handeln, ja überhaupt bewusst zu existieren, machen wir bestimmte Grenzerfahrungen (5). Die Frage ist dann, wie angesichts solcher Erfahrungen zentrale Aussagen der christlichen Tradition zu interpretieren sind (6) und welche Bedeutung der Solidaritätsbegriff in einer systematisch-theologischen Theorie intersubjektiven Handelns haben kann (7).

2   Zur Analyse unserer gesellschaftlich-geschichtlichen Situation

Unsere Probleme kommen von weit her. Als mit dem Übergang zu methodischer Pflanzen- und Tierzucht mehr Menschen ernährt werden konnten und Städte und Großreiche mit neuen Machtstrukturen entstanden, formulierten die mit den neuen Hochkulturen entstehenden Hochreligionen eine den neuen Strukturen entsprechende radikale Ethik. In dem etwa 3500 Jahre alten ägyptischen «Totenbuch» werden die Regeln aufgestellt, nach denen ein Leben zu beurteilen sei: «Ich habe keinen Schmerz zugefügt, ich habe keinen hungern lassen, ich habe keine Tränen verursacht, ich habe nicht getötet, ich habe nicht zu töten befohlen, ich habe niemandem Leid zugefügt.»[6]

Auch der Übergang zur modernen Industriegesellschaft verändert die Bedingungen für eine verantwortliche Lebensführung grundlegend. Das Zusam-

5 Vgl. dazu insgesamt H. Peukert, Identität in Solidarität. Reflexionen über die Orientierung humaner Bildungsprozesse und christlicher Praxis, in: Pastoraltheologische Informationen 23 (2003) Heft 2, 101–117; H. Peukert, Erziehungswissenschaft – Religionswissenschaft – Theologie – Religionspädagogik. Eine spannungsgeladene Konstellation unter den Herausforderungen einer geschichtlich neuartigen Situation, in: E. Groß (Hg.), Erziehungswissenschaft, Religion und Religionspädagogik, Münster 2004, 51–91.

6 J. Assmann, Ma'at. Gerechtigkeit und Unsterblichkeit im alten Ägypten, München 2001, 139.

menwirken von modernen Wissenschaften und kapitalistischer Marktwirtschaft setzt seit Beginn der Neuzeit eine Dynamik frei, die in ihrer Tendenz zur Selbststeigerung alle Verhältnisse umwälzt. Hegel hat vor fast zweihundert Jahren die entstehende neue Gesellschaft in seiner Rechtsphilosophie charakterisiert: «Die bürgerliche Gesellschaft ist ... die ungeheure Macht, die den Menschen an sich reißt, von ihm fordert, dass er für sie arbeite und dass er alles durch sie sei und vermittels ihrer tue.»[7] Diese Gesellschaft ist für Hegel eine totalitäre Größe geworden: Sie ist die bestimmende Instanz für das, was die einzelnen überhaupt tun, arbeiten und sein können. «Wenn die bürgerliche Gesellschaft sich in ungehinderter Wirksamkeit befindet, so ist sie innerhalb ihrer selbst in fortschreitender Bevölkerung und Industrie begriffen.»[8] Die Dynamik aus dem Zusammenspiel von modernen Wissenschaften und Marktwirtschaft erhöht laufend die Produktivität und ermöglicht eine Zunahme der Bevölkerung mit erweiterten Bedürfnissen. Die Weise der Organisation der Bedürfnisbefriedigung in dieser Gesellschaft führt aber zu Widersprüchen. «Durch die Verallgemeinerung des Zusammenhangs der Menschen durch ihre Bedürfnisse und der Weisen, die Mittel für diese zu bereiten und herbeizubringen, vermehrt sich die Anhäufung der Reichtümer ... auf der einen Seite, wie auf der anderen Seite die Vereinzelung und Beschränktheit der besonderen Arbeit und damit die Abhängigkeit und Not der an diese Arbeit gebundenen Klasse ...»[9] «Es kommt hierin zum Vorschein, dass bei dem Übermaße des Reichtums die bürgerliche Gesellschaft nicht reich genug ist, ... dem Übermaße der Armut und der Erzeugung des Pöbels zu steuern.»[10] Hegel sieht dabei «Pöbel» in seiner Gesellschaft gekennzeichnet durch die «niedrigste Weise der Subsistenz»;[11] und er schließt aus seiner Analyse: «Durch diese ihre Dialektik wird die bürgerliche Gesellschaft über sich hinausgetrieben...»[12]

Karl Marx, den diese Analyse bekanntlich intensiv beschäftigt hat, war jedoch der Meinung, dass das Ergebnis der Hegelschen Dialektik, der Staat, die Widersprüche der Gesellschaft nicht auflöse, sondern sie mit einer Ideologie allgemeiner Brüderlichkeit nur verschleiere, nachdem zuvor alle gewachsenen Solidaritäten zerstört worden seien. Allein die Kampfsolidarität der an abhän-

---

7 G. W. F. Hegel, Theorie Werkausgabe. 20 Bde., Frankfurt/Main 1970, Bd. 7, § 238.
8 Ebd.
9 Ebd. § 243.
10 Ebd. § 245.
11 Vgl. ebd. § 244.
12 Ebd. § 246.

gige Arbeit gebundenen Klasse könne durch Revolution, durch Umwälzung aller Verhältnisse, zu einer Lösung führen.

Wie hat sich die Situation in der Zwischenzeit verändert? Die Dynamik der gesellschaftlichen Entwicklung ist zweifellos durch die so genannte zweite und dritte wissenschaftlich-technische Revolution weiter erhöht worden. Dadurch scheint global eine neuartige Situation, gleichsam ein neuer Aggregatszustand der Menschheit entstanden zu sein, zuletzt mit der Beschleunigung aller Vorgänge durch die Informationsverarbeitungs- und Kommunikationstechnologie. Diese Dynamik schafft neue Lebensmöglichkeiten, gefährdet inzwischen jedoch sowohl die physischen wie die sozialen Grundlagen der Gesellschaft. Die Umwelt- und Klimaveränderungen sind tägliches Thema der Medien. Auf der Ebene sozialer Beziehungen hat sich vor allem die Spaltung in reich und arm, in Gewinner und Verlierer global verschärft. Was wir Globalisierung nennen, ist freilich ein schon lang andauernder Prozess. Die Globalisierung der Warenmärkte hat frühneuzeitliche Vorstufen; die Lieferanten von Rohstoffen aus den Ländern, die später «Entwicklungsländer» genannt werden, gerieten zunehmend in ökonomische und politische Abhängigkeit von den Produzenten industriell hergestellter Waren und wurden vielfach zu Kolonien.

Ein entscheidender neuerer Schritt in diesem Gesamtprozess war die Liberalisierung der Finanzmärkte seit den siebziger und achtziger Jahren des 20. Jahrhunderts, in der das nach dem Zweiten Weltkrieg geschaffene Regelwerk von Bretton Woods in wesentlichen Punkten aufgehoben wurde; die höchste im globalen Konkurrenzkampf zu erzielende Kapitalrendite wird nun zum fast ausschließlichen Kriterium für die Steuerung der deregulierten Finanzströme.[13] Die Deregulation ermöglichte den Export von Kapital und von Produktionsanlagen in Schwellenländer und erhöhte den Druck auf Arbeitnehmer in den Industrieländern. Sie förderte zugleich die Strategie international operierender Konzerne, technisches und organisatorisches Spezialistenwissen global einzukaufen und global einzusetzen. In dieser jüngsten, sich weiter intensivierenden Globalisierungswelle bleiben die bisher entstandenen Folgen in den Entwicklungsländern wie in den Industrieländern bestehen und werden verstärkt, in den Industrieländern entstehen jedoch neue Verlierer, zu denen vor allem die immobilen weniger Qualifizierten gehören, während als Gewinner immer deutlicher die Besitzer von Kapital sowie die mobilen Hoch-

---

13 E. Kitzmüller, H. Büchele, Das Geld als Zauberstab und die internationalen Finanzmärkte, Münster 2004.

qualifizierten auftreten. Eine Familie zu gründen und langfristige Verpflichtungen einzugehen bedeutet dann ein Armutsrisiko. Die gesamte höher qualifizierte Mittelklasse wird in bisher nicht gekannter Weise «vulnerabel» und mit einem erhöhten Risiko sozialen Abstiegs konfrontiert.

Diese Entwicklung führt insgesamt zu einer Spaltung der Gesellschaften. Sie bringen «Entbehrliche» oder «dispensables», «Ausgeschlossene», hervor.[14] Sie fallen als Kunden aus, sie verfügen über keine ökonomisch im System verwertbaren Qualifikationen und damit auch über kein organisierbares Störpotential innerhalb des Systems, etwa durch Streiks. Ihr Gefühl der Demütigung ist politisch ausbeutbar. Die bedrohlichste Entwicklung in dieser Situation scheint dann ein Terrorismus, mit dem die Ausgeschlossenen ihrer Situation zusammen mit dem System selbst ein schreckliches Ende zu bereiten versuchen. Der politische Streit zwischen Europäern und den USA geht inzwischen darum, ob diesem Phänomen eher mit präventiver globaler Sozial- und Entwicklungspolitik oder mit militärischen «preemptive strikes» begegnet werden soll.[15]

Betrachtet man die Situation aus der Perspektive der nächsten Generation oder aus der Perspektive eines Erziehungswissenschaftlers, der Studierende dafür zu qualifizieren hat, Kinder und Jugendliche zu erziehen, die zum großen Teil das 22. Jahrhundert erleben werden, dann fallen mindestens drei Entwicklungen ins Auge. Nach der neuesten mittleren Projektion der United Nations Population Division wird sich die Erdbevölkerung bis zum Jahr 2050 von jetzt 6,4 Milliarden auf 9,1 Milliarden erhöhen; die Zunahme um jährlich etwa 60 Millionen findet zu 95 Prozent in den Entwicklungsländern statt. Gleichzeitig altert die Erdbevölkerung; die Zahl der Personen, die über sechzig Jahre alt sind, wird sich in diesem Zeitraum verdoppeln. Bald werden auch bevölkerungsreiche Länder wie China, Indien oder Lateinamerika, die kaum oder gar nicht über ein ausgebautes Altersversicherungssystem verfügen, das über die verschwindenden familialen Strukturen hinausginge, mit diesem Alterungsprozess konfrontiert sein. Bei dem Wettkampf um Ressourcen wird mindestens die Versorgung mit sauberem Wasser und mit Energie in einer leicht handhabbaren Form Schwierigkeiten bereiten.

14 R. Dahrendorf, Was von Dauer ist. Klassen ohne Kampf, Kampf ohne Klassen, in: Frankfurter Allgemeine Zeitung, Nr. 58, 9. März 2002.
15 J. Habermas, J. Derrida, Philosophie in Zeiten des Terrors. Zwei Gespräche, geführt, eingeleitet u. kommentiert von G. Borradori, Berlin 2004.

Sind wir diesen Problemen überhaupt noch gewachsen? Oder müssen wir mit Bert Brecht sagen: «Denn für dieses Leben Ist der Mensch nicht schlau genug»?[16] Über welche Fähigkeiten müssten wir verfügen, wenn wir eine solidarische Gesellschaft im globalen Ausmaß aufbauen wollten?

3 Der Erwerb und der Charakter der menschlichen Fähigkeit zu sozialem und solidarischem Handeln

Versucht man, die Dimensionen der menschlichen Fähigkeit zu sozialem Handeln und die Art ihres Erwerbs aufzuklären, gerät man in ein hochkomplexes interdisziplinäres Forschungsfeld. Selbst wenn wir in Auseinandersetzung mit Genetik, Neurophysiologie und Hirnforschung die Entstehung von Bewusstsein einschließlich seiner tierischen Vorstufen geklärt hätten[17] und über eine schlüssige «theory of mind» verfügen würden, wäre noch nicht geklärt, wie Ich-Bewusstsein entsteht, also das Bewusstsein, Autor eigener Absichten und eigener Handlungen und ein Selbst sein zu können. Starke Argumente sprechen für die Hypothese, dass diese entscheidende Schwelle in der Entwicklung nur überschritten wird in Interdependenz mit der Wahrnehmung, dass auch andere eigene Intentionen haben, und zwar solche, die von meinen verschieden sein können, so dass ich die anderen als mir gleich und doch als verschieden wahrnehme.[18] Die Entwicklungspsychologie geht davon aus, dass etwa im Alter von neun Monaten, mit der «Neun-Monats-Revolution», diese ausdrückliche Wahrnehmung des anderen als intentional Handelndem beginnt und daraus sich immer komplexere Stufen des gegenseitigen Austauschs ergeben.

Einen entscheidenden Schritt in diesem Stufengang stellt offensichtlich der Erwerb der Fähigkeit zu sprachlicher Interaktion dar. Sprache ermöglicht nicht nur, Dinge zu benennen; sie eröffnet vielmehr einen intersubjektiv-kommunikativen Raum, in dem es möglich wird, Sachverhalte in ihrem Kontext unterschiedlich zu akzentuieren und in der sprachlichen Konstruktion in ihren offenen, prinzipiell unendlichen Möglichkeitsspielräumen so

---

16 B. Brecht, Die Stücke von Bertolt Brecht in einem Band, Frankfurt/Main 1978, 195.

17 W. Singer, Der Beobachter im Gehirn. Essays zur Gehirnforschung, Frankfurt/Main 2002.

18 M. Tomasello, Die kulturelle Entwicklung menschlichen Denkens. Zur Evolution der Kognition, Frankfurt/Main 2003; Peukert, Identität (Anm. 5), 109 f.; Habermas, Naturalismus (Anm. 1), 155–186, bes. 175 f.

auszuleuchten, dass sie als explizite individuelle Wirklichkeitskonstruktionen für andere verständlich und zugleich in ihrer Unterschiedlichkeit so deutlich werden, dass sich die Beteiligten jeweils frei dazu verhalten können. Dieser Raum intersubjektiv-kommunikativer Kreativität ist es, der weitere individuelle Entwicklung erst zulässt.

Vertreter einer evolutionären Anthropologie, die sich mit den Stufen der Humangenese in der Evolution beschäftigen, sehen in diesem Schritt zur Wahrnehmung des Anderen als Anderen den entscheidenden Schritt in der Evolution zum modernen Menschen vor etwa 200.000 bis 250.000 Jahren, der die sich ständig beschleunigende kulturelle Entwicklung in Gang setzte, und zwar schließlich auf einer seit etwa 40.000 Jahren unveränderten genetischen Basis.[19] Die sich auf die Andersheit der anderen einlassende Kooperation bildet auf jeden Fall den Quellgrund für die unerschöpfliche Kreativität menschlicher individueller und gesellschaftlicher Entwicklung in ihren Differenzen und ihrer Einheit.

Das Abenteuer menschlicher Bildungsprozesse verläuft nicht als stetiges Wachstum, sondern als Wechsel von Stabilitätsperioden mit kritischen Phasen der strukturellen Transformation des ganzen Wirklichkeits- und Selbstverständnisses. Die Arbeit, solche krisenhaften Prozesse fürsorglich-solidarisch pädagogisch zu begleiten, verlangt geduldige, unmittelbare, intensive, Zeit verbrauchende aufmerksame Zuwendung. Diese elementar kreativ-produktive Arbeit ist die primäre Form menschlicher Solidarität, denn erst sie ermöglicht kreatives Leben und erschließt Lebensmöglichkeiten auf Zukunft hin; ihr Produkt ist selbst wiederum die Fähigkeit zu menschlicher solidarischer Sozialität.[20] Aber selbst in ausgeprägt asymmetrischen Beziehungen wie in der frühen Kindheit muss als Norm gelten, das Kind als Person im eigenen Recht anzuerkennen und die wachsende Fähigkeit zur Selbstbestimmung vorausgreifend anzuerkennen. Deshalb ist es problematisch, solidarisches Handeln, das von der Not des Anderen berührt ist und mit ihm an dieser Not leidet, als grundsätzlich asymmetrisch zu begreifen und die Dimension der Anerkennung des Anderen als gleichberechtigter Person zu vernachlässigen.[21] Paulo

---

19 Vgl. Tomasello (Anm. 18), 13.

20 U. Peukert, Intergenerationelle Solidarität, in: Concilium 32 (1996) 162–169; S. Abeldt, W. Bauer u. a. (Hg.), «…was es bedeutet, verletzbarer Mensch zu sein». Erziehungswissenschaft im Gespräch mit Theologie, Philosophie und Gesellschaftstheorie (FS Helmut Peukert), Mainz 2000.

21 H. Peukert, Reflexionen über die Zukunft von Bildung, in: Zeitschrift für Pädagogik 46 (2000) 507–524.

Freire hat dies mit seiner «Pädagogik der Unterdrückten» und seiner «Pädagogik der Solidarität», dem bedeutendsten pädagogischen Ansatz aus den Entwicklungsländern, auf unvergessliche Weise eingeschärft.

Lassen sich dann die ethischen Implikationen, die in der Struktur solidarischer Interaktion selbst liegen, genauer bestimmen als eine «solidarische Ethik intersubjektiver Kreativität», wie ich das nenne, die zugleich die normative Grundstruktur einer humanen Lebensform darstellt?[22]

4 Ethik der Moderne und Ethik solidarischen Handelns

Man kann wohl die Grundfragen wie die Grenzfragen von Ethik, die für modernes Bewusstsein auftauchen, an der Ethik Kants studieren. Sie ist vielfach als Prototyp einer Pflicht-Ethik verstanden worden, die sich an der grundlegenden Entdeckung der Neuzeit, der Autonomie des Subjekts und an davon abgeleiteten abstrakten Prinzipien orientiere, dabei aber die solidarische Fürsorge für das konkrete Individuum in seiner singulären Situation außer Acht lasse. Eine genauere Analyse zeigt jedoch, dass Kant etwa seine dritte Formulierung des kategorischen Imperativs als Gerechtigkeits- und Fürsorgeethik in einem versteht. Sie lautet ja: «Handle so, dass du die Menschheit, sowohl in deiner Person, als in der Person eines jeden anderen, jederzeit zugleich als Zweck, niemals bloß als Mittel brauchest.»[23] Die Anerkennung seiner selbst und eines jeden Anderen in seiner Freiheit und daher in seiner Würde ist für Kant der grundlegende ethische Akt, der die Instrumentalisierung des Anderen verbietet.

Der Imperativ, jeden Menschen, auch sich selbst, als Zweck in sich selbst zu achten, verlangt nach Kant jedoch als Konsequenz noch mehr. Jeder müsse in der Befolgung dieses Imperativs auch danach trachten, «die Zwecke anderer, soviel an ihm ist, zu befördern ... Denn das Subjekt, welches Zweck an sich selbst ist, dessen Zwecke müssen, wenn jene Vorstellung bei mir alle Wirkung tun soll, auch soviel möglich, meine Zwecke sein.»[24] Da vorauszusetzen ist, dass neben der Verfolgung moralisch gerechtfertigter Ziele zu den Zwecken des anderen als einem endlichen Bedürfniswesen ebenso gehört, die Befriedigung seiner elementaren Bedürfnisse zu erlangen, gehört sein Zweck, gut und

---

22 Vgl. Peukert, Erziehungswissenschaft (Anm. 5), 67–73.
23 I. Kant, Werke in zwölf Bänden (hg. von W. Weischedel), Frankfurt/Main 1968, Band VII, 61.
24 Ebd. 63.

glücklich – in der Sprache des 18. Jahrhunderts «glückselig» – zu sein, auch zu meinen Zwecken. Die «Glückseligkeit» des anderen zu verfolgen, wird nach Kant kategorisch meine Pflicht.[25] Eine so konzipierte Ethik ist universalisierend, weil sie in unbegrenzter Wechselseitigkeit für alle gilt, und zugleich radikal individualisierend, sofern sie auf die individuellen Lebens- und Entwicklungsmöglichkeiten eines jeden einzelnen zielt. Die Wiener Philosophin Herta Nagl-Docekal sieht im Übrigen hier einen Berührungspunkt zwischen der Ethik Kants und einem elementaren Anliegen feministischer Ethik.[26] Ich halte diese späte Tugendlehre Kants für einen – in der Kant-Forschung allerdings kaum beachteten – entscheidenden Schritt in der Entwicklung der neuzeitlichen Freiheitsethik.

Ein Satz des altrömischen Dichters Terenz hat Kant bei der Entwicklung seiner Konzeption offensichtlich lang beschäftigt. Er lautet: «Homo sum. Humani nihil a me alienum puto.» «Ich bin ein Mensch. Nichts Menschliches, glaube ich, ist mir fremd.» In seiner späten Tugendlehre in der Metaphysik der Sitten von 1797, in der er die Verpflichtung auf die Glückseligkeit des anderen entwickelt, übersetzt er «Ich bin ein Mensch; alles, was Menschen widerfährt, das trifft auch mich».[27] Man könnte diesen Satz als Kurzfassung einer kategorischen Ethik unbegrenzter, universaler Solidarität verstehen. Kant versteht dieses «Prinzip der Teilnehmung» ausdrücklich als Interpretation des Gebots der Nächstenliebe.

Kant hat freilich dieses Prinzip noch nicht in seine Rechtslehre und seine Staatstheorie übersetzt. Aber die Prinzipien einer so angesetzten «Ethik der Teilnehmung» ließen sich durchaus – so meine ich – weiterentwickeln zu einer Theorie sozialer und kultureller Grundrechte, wie sie inzwischen mehrfach in international verbindlichem Recht kodifiziert worden sind, sowie zu einer Theorie der komplementären Ergänzung des Rechtsstaates durch den Sozialstaat.[28]

---

25 Ebd. Band VIII, 529.

26 H. Nagl-Docekal, Feministische Ethik oder eine Theorie weiblicher Moral? in: D. Hörster (Hg.), Weibliche Moral – ein Mythos?, Frankfurt/Main 1998, 42–72; M. Nussbaum, Langfristige Fürsorge und soziale Gerechtigkeit. Eine Herausforderung der konventionellen Idee des Gesellschaftsvertrages, in: Deutsche Zeitschrift für Philosophie 51 (2003) 179–198.

27 Kant (Anm. 23), Band VIII, 598; vgl. R. Langthaler, Kants Ethik als System der Zwecke, Berlin, New York 1991.

28 U. Peukert, Der demokratische Gesellschaftsvertrag und das Verhältnis zur nächsten Generation. Zur kulturellen Neubestimmung und zur gesellschaftlichen Sicherung frühkindlicher Bildungsprozesse, in: Wege zum Menschen 55 (2003) 48–67.

5 Grenzfragen einer solidarischen Ethik

Aber treten in einer solchen Konzeption nicht noch weitere Fragen auf? Ist die fundamentale Ambivalenz menschlichen Existierens, ja die Tragik des Versuchs, die eigene Identität an das Glück aller anderen zu binden, darin nicht verdeckt?

Die grundlegende Ambivalenz besteht ja zunächst darin, sich einfach in seiner faktischen, konkreten Existenz gegeben zu sein, ohne über den Grund und die Bedingungen dieses Gegebenseins verfügen zu können, und doch bei allen Beschränkungen des eigenen Bewusstseins und der eigenen Situation sich unbedingt zu dieser eigenen Existenz verhalten zu müssen. Es war Kierkegaard, der dies am schärfsten als die verzweifelte Aporetik des Selbstseins analysiert hat. Sie kann zu den Versuchen führen, entweder überhaupt kein Selbst sein zu wollen, also die Situation des Sich-zu-sich-verhalten-müssens-und-könnens zu leugnen, oder verzweifelt nicht man selbst sein zu wollen, also der eigenen endlich-konkreten Existenz auszuweichen, oder schließlich verzweifelt man selbst sein zu wollen und sich zu behaupten. Die Erfahrung, sich in seiner kontingenten Freiheit selbst gegeben zu sein als etwas, das schlechthin vorgegeben ist, sich aber dennoch frei dazu verhalten zu müssen und zu können, ohne sich selbst als Ganzes einholen zu können, kann in ihrer verzweifelten Dialektik jedoch auch zur Frage nach einer vorauszusetzenden vollkommenen schöpferischen Freiheit werden, die aus dem Nichts ins Dasein ruft und in die Freiheit des Sich-verhalten-könnens einsetzt.[29]

Der Handelnde, der sich an der Freiheit des anderen als Zweck in sich selbst und an dessen Glück als verpflichtendem Zweck orientiert, muss darüber hinaus jedoch zugestehen, dass das eigene Handeln weder notwendig zum eigenen Glück noch notwendig zum Glück des anderen führt. Die Antinomie der praktischen Vernunft, die Kant aufweist, liegt darin, dass Freiheit selbst gerade aus dem unbedingten Interesse an der Realisierung der Freiheit und des Glücks des anderen das Risiko ihrer Vergeblichkeit, ja der Vernichtung des anderen und ihrer selbst eingehen muss. Ist dann das Selbst-sein-wollen in Solidarität und überhaupt eine Ethik der Solidarität nur «phantastisch und auf leere, eingebildete Zwecke gestellt, mithin an sich falsch»?[30]

In einem Aufsatz «Zu Theodor Haecker. Der Christ und die Geschichte» hatte Max Horkheimer 1936 geschrieben, die Jenseits-Hoffnung der Katholi-

---

29 S. Kierkegaard, Die Krankheit zum Tode (übers. von E. Hirsch), Düsseldorf 1954.
30 Kant (Anm. 23), Band VII, 243.

ken erscheine ihm ebenso wie das Handeln der bürgerlichen Materialisten wesentlich auf das Wohl der eigenen Person bezogen. Dazu schrieb ihm Adorno in einem Brief vom 25. Januar 1937: «... die verzweifelte Hoffnung, in der allein das an Religion mir zu sein scheint, worin sie mehr ist als verhüllend, ist nicht sowohl die Sorge um das eigene Ich als vielmehr die, dass man Tod und unwiederbringliches Verlorensein des geliebten Menschen – oder Tod und Verlorensein derer, denen Unrecht geschah, nicht denken kann, und selbst heute kann ich oft nicht verstehen, wie man ohne Hoffnung für jene auch nur einen Atemzug zu tun vermöchte.»[31] Hier bricht offensichtlich die Frage nach einer absoluten, vollkommenen Freiheit auf, nach Gott, der sich nicht nur als schöpferischer Ursprung alles Gegebenen erweist, sondern der im Tode rettet.

Welche Antwort gibt die christliche Tradition auf diese Fragen angesichts der praktischen Antinomien und Aporien des Versuchs, solidarisch zu leben?

6   Die Verkündigung und das Handeln Jesu und das Zeugnis der christlichen Tradition

In den Forschungen zum historischen Jesus hat man in den letzen zwei bis drei Jahrzehnten versucht, methodisch und sachlich neu einzusetzen. Der neue Ansatz des so genannten «Third Quest» ist entschieden sozialgeschichtlich und sozial-anthropologisch orientiert.[32]

Das Verhalten und die öffentlichen Äußerungen Jesu müssen demnach auf dem Hintergrund einer vorindustriellen Agrargesellschaft von ausgeprägter Ungleichheit, Spaltung und struktureller Spannung zwischen Inklusion und Exklusion verstanden werden. Um nur ein Beispiel zu nennen: In der ersten Seligpreisung der Bergpredigt: «Selig die Armen» bezeichnet das Wort *ptochoí* nicht einfach im Unterschied zu den Reichen, die von der Arbeit anderer leben, diejenigen, die ihr Überleben durch eigene Arbeit gerade noch sichern können, sondern die wirklich Mittellosen und Verelendeten. Um die Provokation dieser Seligpreisung deutlich zu machen, übersetzt etwa Crossan das «Selig die Hungernden»: «Only those who have no bread have no fault».[33] Nur wer kein Brot hat, ist ohne Schuld.

---

31 M. Horkheimer, Gesammelte Schriften (hg. von A. Schmidt und G. Schmid Noerr). Bd. 16: Briefwechsel 1937–1940, Frankfurt/Main 1995, 34 f.

32 G. Theißen, A. Merz, Der historische Jesus. Ein Lehrbuch, Göttingen [3]2001; M. Ebner, Jesus von Nazaret in seiner Zeit. Sozialgeschichtliche Zugänge, Stuttgart 2004.

33 J. D. Crossan, The Essential Jesus, San Francisco 1994.

Wollte man die Aussagen Jesu jedoch nur auf den sozialen Unrechtszusammenhang der Gesellschaft beziehen, würde man zu kurz greifen. Er unterläuft gleichsam den ganzen Zusammenhang noch einmal. Dass er die Armen und Hungernden selig preist, bedeutet, dass er die unbedingte unmittelbare, nicht durch ein gesellschaftliches Mittlersystem zu vermittelnde Zuwendung Gottes als der absoluten Liebe zu ihnen voraussetzt und deshalb für sie in Anspruch nehmen kann und muss. Es geht um den Anbruch des Reiches Gottes, um eine eschatologische, die Geschichte als ganze betreffende Umwälzung, die in seiner Praxis beginnt, Gegenwart zu werden.

Jesus greift auf den Anbruch des Reiches Gottes vor, indem er die Wirklichkeit Gottes für die anderen behauptet, und zwar in seiner Verkündigung wie in seinem Handeln. Er ist selbst diese Behauptung für die anderen. Ernst Fuchs hatte wohl recht, wenn er in diesem Sinne meinte, Jesus verstehe sich von den anderen her.

Innerhalb der neutestamentlichen Forschung ist der Zusammenhang von Verhalten, Verkündigung, Bestimmung der Wirklichkeit Gottes und Selbstverständnis Jesu vor allem bei der Analyse von Gleichnissen untersucht worden. Wenn man das Gleichnis von der verlorenen Drachme aus Lukas 15 nimmt, so geben die Eingangsverse die bestehende Konfliktsituation, auf die hin es formuliert ist, wohl zutreffend wieder: «Es nahten sich ihm aber fortwährend alle Zöllner und Sünder, um ihn zu hören. Und die Pharisäer und Schriftgelehrten murrten und sagten: Dieser nimmt sich der Sünder an und isst mit ihnen.» (Lk 15,1–3). In dieser Situation beginnt Jesus, eine Geschichte zu erzählen. Eine Frau verliert eine ihrer zehn Drachmen aus dem Hochzeitsschmuck, den sie um den Hals trägt, sucht sie, indem sie die fensterlose Hütte ausfegt, um sie wenigstens im Dunkeln klirren zu hören, findet sie und fordert ihre Freundinnen und Nachbarinnen auf, sich mit ihr zu freuen. Die Reaktion auf diese Aufforderung wird nicht mehr berichtet. Aber es ist klar: Für diese Dorfsituation wird vorausgesetzt, dass die Frauen das Ereignis bereden und sich mitfreuen. In der erzählten Welt des Gleichnisses ist die Mitfreude selbstverständlich. Und darin scheint auch die elementare Argumentation Jesu zu liegen: Gibt es überhaupt einen Grund gegen die gemeinsame Freude? Ist es nicht evident, dass diese Weise des Umgangs miteinander, in der jeder jeden akzeptiert und sich über das Finden des anderen freut, allein legitimierbar ist?

Die Erzählung des fiktiven Gleichnisses entwirft eine alternative Welt zur bestehenden mit einer anderen Wirklichkeitskonstruktion. Dieser Kontrast stellt den eigenen Weltentwurf in Frage und mit ihm das eigene Selbstverständnis ebenso wie das Verhältnis zu den anderen und damit die gesamte bestehende individuelle und gesellschaftliche Wirklichkeitskonstruktion. Im metaphorischen Prozess des Gleichnisses geht es in potenzierter Weise um das Aufdecken von Spielräumen intersubjektiver Freiheit, und gerade damit wird auf den Ursprung dieser Freiheit verwiesen. Es geht darum, den Herrschaftsantritt Gottes erfahrbar zu machen als das Ereignis, das zur Freiheit befreit und die Möglichkeit schafft, einander anzunehmen, sich gegenseitig Lebensmöglichkeiten zuzugestehen und neu zu eröffnen, weil ein jeder von einer vollkommenen Freiheit in seine eigene Freiheit eingesetzt und angenommen, «gefunden» ist.

Der Tod Jesu verschärft die Frage. Jesus hatte in seinem Reden und Handeln behauptet, dass Gott die rettende Wirklichkeit für die Armen, die Ausgestoßenen und die Verlorenen sei. Angesichts seiner Hinrichtung musste in aller Schärfe die Frage aufbrechen, ob die unmittelbare Zuwendung Gottes, die er «für die vielen» ohne Einschränkung, d. h. für alle, verkündet hatte, auch für ihn galt, und zwar in seinem Tod. Das Zeugnis der Jünger und der christlichen Tradition ist eindeutig: Gott hat ihn im Tod gerettet und als nicht vernichtet erwiesen, und er hat damit seine Praxis bestätigt und gerechtfertigt.

Die christliche Tradition geht in «anamnetischer Solidarität»[34] mit Jesus von Nazaret aus von Erfahrung von Vernichtung und von Rettung im Tod. Sie versucht solche Erfahrung und das Zeugnis von ihr auszulegen als Einweisung in eine Existenzform und eine Praxis, in der das Abhängigmachen der eigenen Identität vom Glück der anderen zugleich gelebt wird als das hoffende Zugehen auf Gott, der – so formuliert es Paulus im Römerbrief (Röm 4,17 f.) im Anschluss an das Achtzehngebet des jüdischen Synagogengottesdienstes – «die Toten lebendig macht und das, was nicht ist, ins Dasein ruft», an den Abraham «gegen alle Hoffnung, auf Hoffnung hin, glaubte» (Röm 4,18). Identität in einer solchen Existenzform ist nicht das Behaupten einer schon erreichten Ganzheit, sondern hoffendes Ausgespanntsein auf die Gewährung von Integrität für die anderen und erst darin auch für sich selbst. Sie ist gegenüber einem sich selbst genügenden und behauptenden Selbstsein sich offen haltende, hoffende «Nicht-Identität».

---

34 H. Peukert, Wissenschaftstheorie – Handlungstheorie – Fundamentale Theologie. Analysen zu Ansatz und Status theologischer Theoriebildung, Frankfurt/Main ²1988, 308–311; Habermas, Naturalismus (Anm. 1), 216–257.

7 Solidarität in einer fundamentalen Theologie solidarischen intersubjektiven Handelns '

Karl Rahner hat in einem Aufsatz von 1965 über «Die Einheit von Nächsten-und Gottesliebe» die Struktur des dargestellten Zusammenhangs genauer zu charakterisieren versucht. Rahner schrieb: «Der Akt der Nächstenliebe ist also der einzige kategoriale und ursprüngliche Akt, in dem der Mensch die kategorial gegebene ganze Wirklichkeit erreicht, sich ihr gegenüber total richtig vollzieht und darin schon immer die transzendentale und gnadenhaft unmittelbare Erfahrung Gottes macht.»[35] Und er verdeutlicht diesen Zusammenhang noch einmal: «Die kategorial explizite Nächstenliebe ist der primäre Akt der Gottesliebe, die in der Nächstenliebe als solcher Gott in übernatürlicher Transzendentalität unthematisch, aber wirklich und immer meint, und auch die explizite Gottesliebe ist noch getragen von jener vertrauend-liebenden Öffnung zur Ganzheit der Wirklichkeit hin, die in der Nächstenliebe geschieht.»[36]

Ich halte diese Analyse der Einheit von Nächsten- und Gottesliebe für ein elementares Vermächtnis Karl Rahners gerade im Hinblick auf eine Theologie, die sich der Dimensionen solidarischen Handelns in dynamischen, sich beschleunigenden gesellschaftlichen Prozessen, die durch Selbstdestruktivität bedroht sind, zu vergewissern sucht.

Auszulegen, was Existenz in universaler Solidarität meint, also was Existenz in Solidarität auch gegenüber vergangenen und zukünftigen Generationen im einzelnen in unserer geschichtlichen Situation und für unsere gesellschaftlichen Handlungssysteme bedeuten kann, ist zweifellos eine hoch komplexe und zugleich zentrale Anforderung an eine Theologie, die aus interdisziplinärem Gespräch eine theologisch dimensionierte Theorie intersubjektiven Handelns als ihren Kernbereich zu entwickeln versucht.[37] Ihre Aufgabe besteht wesentlich darin, unbedingte Solidarität als zentrales Motiv der jüdischen wie der christlichen Tradition sowie der Tradition der Weltreligionen öffentlich

---

35 K. Rahner, Über die Einheit von Nächsten- und Gottesliebe, in: ders., Schriften zur Theologie, Bd. VI, Einsiedeln 1965, 277–298; vgl. H. Peukert, Kommunikative und absolute befreiende Freiheit. Bemerkungen zu Karl Rahners These über die Einheit von Nächsten- und Gottesliebe, in: H. Vorgrimler, (Hg.), Wagnis Theologie. Erfahrungen mit der Theologie Karl Rahners (FS Karl Rahner), Freiburg i. Br. 1979, 274–283.

36 Rahner (Anm. 35), 295.

37 Vgl. H. Peukert, Wissenschaftstheorie (Anm. 34), 311 ff.

auszulegen und an dieser Aufgabe gerade dann festzuhalten, wenn Solidarität sowohl in theoretischen Konzepten wie im praktischen Ansatz unserer gesellschaftlichen Systeme ausgeschlossen zu werden droht.

Solidarität als Einsatz für (soziale) Gerechtigkeit
Die Perspektive christlicher Sozialethik

Gunter M. Prüller-Jagenteufel, Wien

> *Die Kirche ist den Opfern jeder Gesellschaftsordnung*
> *in unbedingter Weise verpflichtet,*
> *auch wenn sie nicht der christlichen Gemeinde zugehören.*
> *Dietrich Bonhoeffer*

Dass Solidarität nicht nur als sozialwissenschaftlicher oder politischer Begriff eine Rolle spielt, sondern auch einen Zentralbegriff der christlichen – insbesondere der katholischen – Sozialethik ausmacht, ist wohl eines der bestgehüteten Geheimnisse der Kirche. So findet sich der christlich-ethische Solidaritätsbegriff in einem eigenartigen Zwiespalt wieder: Von «Insidern» als so selbstverständlich erachtet, dass man auf ihn kaum einen zweiten Gedanken verschwendet; von «Außenstehenden» mitunter auch heute noch mit großem Erstaunen zur Kenntnis genommen: Was hat das Christentum, was haben die Kirchen mit Solidarität zu tun?

Im Folgenden möchte ich aus der Perspektive der christlichen Sozialethik, wie sie vor allem, aber nicht nur in der katholischen Sozialverkündigung ihren Niederschlag gefunden hat, die Frage stellen, was es bedeutet, Solidarität als «christliche Tugend»[1] vorzustellen. Es soll dabei aber nicht um eine Exegese von kirchlichen Dokumenten gehen, sondern um eine christlich-ethische Sicht der Solidarität, wie sie sich sozialtheologisch und sozialethisch begründen lässt. Auf diese Weise möchte ich versuchen, eine grundsätzliche Kriteriologie zu entwickeln, anhand derer die Solidaritätsphänomene und -typen, die sich u. a. in den in diesem Buch präsentierten empirischen Studien zeigen, einer kritischen Analyse aus ethischer Perspektive unterzogen werden können. Dazu möchte ich ganz bewusst die christliche Perspektive ins Zentrum meines Denkens stellen, denn die großen christlichen Kirchen verstehen ohne jeden

---

1 Johannes Paul II., Enzyklika »Sollicitudo rei socialis« (1987), Nr. 38–40; seither häufig.

Zweifel solidarisches Handeln als ein Konstitutivum christlicher Praxis. Solidarität ist also als ein dem Christentum *wesentlich* inhärentes Moment zu verstehen.[2]

Bevor aber ein spezifisch christlich-ethisches Solidaritätsverständnis mit den ihm inhärenten Optionen entwickelt wird, empfiehlt sich ein Blick auf die vorfindbaren unterschiedlichen Verständnisweisen von Solidarität.

1 Begrifflichkeit und Verständnis von Solidarität

Der inflationäre Gebrauch des Begriffs «Solidarität», den wir in den letzten Jahren beobachten können, ist insbesondere deshalb problematisch, weil dabei die inhaltliche Konkretheit und Eindeutigkeit verloren geht. So erscheint «Solidarität» in sozialpolitischen Debatten nicht nur als beliebig einsetzbarer Joker; der Begriff wird sogar – in Umkehrung der ursprünglichen Wortbedeutung – systematisch zu Lasten der Schwächeren und Benachteiligten gebraucht: Solidarität «mit dem Wirtschaftsstandort» fordern Politiker und Industrieverbände von den Arbeitern ein, wenn Arbeitszeiten verlängert und Löhne gekürzt werden sollen; die USA fordern die so genannte «freie Welt», d. h. die Industrienationen, zur «Solidarität» im «Kampf gegen den Terrorismus» auf etc.

Wenn aber alle Seiten für ihre Ziele «Solidarität» beanspruchen, wird die Frage virulent, was denn Solidarität legitimerweise bedeuten kann: Verlangt die Solidarität, dass wir Flüchtlinge und Migrantinnen und Migranten aufnehmen, oder verlangt sie, dass wir unser Land und unsere Kultur vor der «Überfremdung» schützen? Ist es eine legitime Forderung der Solidarität, sich ohne Wenn und Aber auf die Seite zu schlagen, wo die eigenen Interessen liegen – «good or bad, my country» – oder fordert ein christlich-ethisches Solidaritätsverständnis nicht vielmehr die Kritik einer allein auf das kollektive Eigeninteresse fixierten Politik?

Schon die Begriffsdefinition wird also zur ethischen Aufgabe. Wenn wir etwa in der Linie «wertfreier» Sozialwissenschaften Solidarität als «Eintreten füreinander zum Zweck gegenseitiger Unterstützung, das auf gleichen An-

---

2 Paradigmatisch wäre hier auf das «Sozialwort des Ökumenischen Rates der Kirchen in Österreich» aus dem Jahr 2003 zu verweisen, dem ersten auf derart breiter ökumenischer Basis erarbeiteten Sozialdokument Europas, hg. v. ÖRKÖ, Wien [2]2004.

schauungen und Zielen beruht»[3], definieren, so lässt sich diese Definition zwar für sozialpsychologische Labortests problemlos operationalisieren, doch ist sie aus ethischer Perspektive auf doppelte Weise in Frage zu stellen.

• Zum einen ist die Definition zu eng, denn es ist fragwürdig, ob Reziprozität[4] und Gemeinsamkeit der Ziele der Solidarität notwendig inhärent sind. Im Unterschied dazu beschäftigen sich ja alle drei in diesem Band diskutierten Studien zum großen Teil oder sogar ausschließlich mit Solidarität als «Fremdhilfe». Auch die oben genannten «gleichen Anschauungen und Ziele» sind wohl weder bei den Dritte-Welt- noch bei den Osteuropa-Gruppen unmittelbar gegeben, und sie treffen auch nur für den kleineren Teil der Gruppen aus der Deutschschweizer Studie «Solidarität und Religion» zu.

• Zum anderen erscheint die Definition als zu weit, weil sie rein formal ohne inhaltliche Bestimmung bleibt. In diesem Sinne gibt es Solidarität auch – und besonders – in der Mafia.

Die Konsequenz, die *Paul Weß* ziehen möchte, nämlich den Solidaritätsbegriff überhaupt zu streichen und stattdessen von christlicher Nächstenliebe zu sprechen,[5] kann ich dennoch nicht gutheißen, hieße das doch nichts anderes, als einen missverständlichen Begriff durch einen anderen – mindestens ebenso missverständlichen – zu ersetzen. Deshalb plädiere ich – unter Rückgriff auf den täglichen Sprachgebrauch – für eine Beibehaltung des Begriffs «Solidarität» – allerdings unter spezifisch ethischem Verständnis.

Dieser Zugang erscheint mir umso mehr berechtigt, als die Entwicklung des Solidaritätsbegriffs[6] in den letzten beiden Jahrhunderten vor allem eine Konstante aufweist: eine hohe ethische Aufladung. Schon bei *Pierre Leroux* (1797–1871), auf den das Wort im modernen Verständnis zurückgeht, bezeichnet *solidarité* die unausweichliche Pflicht jedes Menschen, sich um die le-

---

3   Hans-Werner Bierhoff, Beate Küpper, Das «Wie» und «Warum» von Solidarität: Bedingungen und Ursachen der Bereitschaft zum Engagement für andere, in: EuS 10 (1999), 181–196, hier 181.

4   Vgl. Karl Gabriel u. a., Solidarität mit Osteuropa. Praxis und Selbstverständnis christlicher Mittel- und Osteuropagruppen. Teil 1: Theoretische Vorüberlegungen und Befragungsergebnisse, Mainz 2002, 40.

5   Vgl. Paul Weß, Strukturen der Liebe. Von der kirchlichen Soziallehre zur Kirche als Sozialpraxis, in: StZ 207(1989), 110–122.

6   Vgl. Gunter M. Prüller-Jagenteufel, Solidarität – eine Option für die Opfer. Geschichtliche Entwicklung und aktuelle Bedeutung einer christlichen Tugend anhand der katholischen Sozialdokumente, Frankfurt/Main 1998 (Forum interdisziplinäre Ethik 20), 28–44.

gitimen Bedürfnisse des anderen zu sorgen. Auf diesem Grundgedanken bauen in der Folge alle solidaristischen Systeme bis ins 20. Jahrhundert auf. In der zweiten Hälfte des 19. Jahrhunderts wird Solidarität dann – besonders, aber keineswegs ausschließlich im Marxismus – zum politischen Schlüsselbegriff in der Doppelbedeutung von Interessenvertretung nach außen und Fürsorgebereitschaft nach innen. In jedem Fall wird Solidarität als Beitrag zu mehr (sozialer) Gerechtigkeit oder zu größerem Gemeinwohl bestimmt und damit ethisch positiv konnotiert. Bei aller unbestrittenen Bedeutung von ethisch neutralen, human- und sozialwissenschaftlich operationalisierbaren Begriffen halte ich es daher auch aufgrund der Begriffsgeschichte für geboten, den Solidaritätsbegriff auf Haltungen und Verhaltensweisen zu beschränken, die ethisch motiviert und begründet sind.

Für sozialwissenschaftlich zu untersuchende gruppendynamische Faktoren erscheinen mir dagegen Begriffe wie *(Gruppen-)Kooperation, (Gruppen-)Identifikation, Loyalität* etc. angemessener – Faktoren, die aus ethischer Perspektive neutral sind und daher auch in ihrer Ambivalenz analysiert werden können. Diese Ambivalenz ist doppelter Art: Zum einen bestimmt sich die ethische Wertigkeit immer erst vom Ziel her, zum anderen verhalten sich diese Faktoren – z. B. in Solidaritätsgruppen – jeweils unterschiedlich, funktional oder dysfunktional, zum intendierten Solidaritäts-Ziel.[7]

---

7 Die Ausbildung einer spezifischen Gruppenidentität – mitunter auch in Abgrenzung nach außen – fördert die Identifikation mit dem Ziel und damit die Effektivität des solidarischen Handelns. So dürfte es nicht von ungefähr kommen, dass Dritte-Welt-Gruppen, die sich häufig «am Rande» der Pfarrgemeinden angesiedelt wissen, gerade deshalb ein hohe Motivation aufweisen und sich selbst als quasi «prophetisch» verstehen; vgl. Wissenschaftliche Arbeitsgruppe für weltkirchliche Aufgaben der deutschen Bischofskonferenz (Hg.), Handeln in der Weltgesellschaft: Christliche Dritte-Welt-Gruppen, (Autoren Karl Gabriel, Sabine Keller, Franz Nuscheler, Monika Treber), Bonn 1995, 63–64.
Anderseits ist der innere Zusammenhalt einer Gruppe noch keine Garantie für ethisch positiv zu wertendes Solidarverhalten; nicht selten führt es zu einer Ausschließungsdynamik und zu einer Beschränkung auf den Binnenraum, wie die Studie «Solidarität und Religion» z. B. anhand des «Milieutyps» aufweist; vgl. Michael Krüggeler u. a., Solidarität und Religion. Was bewegt Menschen in Solidaritätsgruppen? Zürich 2002, 96–103.
Ähnlich verhält es sich mit der Gruppenkonformität: Wo sie aus Identifikation mit den Anliegen entspringt, wirkt sie stabilisierend nach innen und damit solidaritätsfördernd auch nach außen. Wo sie aber unter Ausschlussdrohung erzwungen wird, wo Kritikverbot und hohe Sozialkontrolle herrschen, gehen Mitglieder tendenziell auf innere Distanz, worunter auf lange Sicht nicht nur das Solidaritätspotential, sondern

Solidaritätsdimensionen

Für eine ethische Begriffsbestimmung der Solidarität ist es zudem notwendig, die verschiedenen Dimensionen der Solidarität in den Blick zu nehmen. Für unser Anliegen erscheinen mir die folgenden vier Unterscheidungen notwendig.

- *Solidarität nach «innen» oder nach «außen»*
  Da beide Ausrichtungen, sowohl die Solidarität innerhalb einer Gruppe oder Gesellschaft als auch der Einsatz für andere, aus ethischer Perspektive wesentliche Gemeinsamkeiten aufweisen, spricht vieles dafür, beide Verhaltensweisen mit dem einen Begriff der Solidarität zu benennen. Im Unterschied zu breiten sozialwissenschaftlichen Studien, die sich auf den Innenbereich beschränken, beziehen sich ja auch die weitaus meisten der hier diskutierten Untersuchungen auf Solidarität nach außen.
- *Solidarität als Praxis von Einzelpersonen und Gruppen*
  Die Betonung der Solidarität als «Tugend», wie sie seit Johannes Paul II. in der katholischen Sozialverkündigung vorherrscht, führt dazu, dass Solidarität weitgehend individualisiert wird. Nun ist Solidarität wie jedes ethische Handeln zwar wesentlich personal und damit an das Einzelsubjekt gebunden, doch ist eine Individualisierung dem Solidaritätsbegriff ebenso wenig angemessen wie eine Reduktion auf gesellschaftliche Solidarstrukturen. Vielmehr sind alle drei Dimensionen – Individuen, Gemeinschaften und Gesellschaften – komplex aufeinander bezogen.
- *Mikro- und Makro-Solidarität*
  Die Unterscheidung in Mikro- und Makrosolidarität ist nur in der Deutschschweizer Studie «Solidarität und Religion» einschlägig. Die beiden anderen Untersuchungen aus Deutschland beschränken sich auf Makrosolidarität, jene Form, die aus ethischer Perspektive die interessanteste ist, weil sie am ehesten für «Universalität» steht und sich damit nicht allein durch Eigeninteresse erklären lässt.
- *Freiwillige Solidarität und «Zwangssolidaritäten»*
  Der in den 1990er Jahren oft beklagte Solidaritätsverlust erklärt sich aus dem Abnehmen von Zwangssolidaritäten, die durch hohe Sozialkontrolle stabilisiert waren. Dass damit kein Totalverlust von Solidarität einhergeht, sondern vielmehr ein Wandel, ja sogar eine Entgrenzung, wurde verschie-

---

auch die Gruppe selbst leidet, vgl. Martin Irle, Zur Sozialpsychologie der Solidarität, in: Ruprecht Kurzrock (Hg.), Ideologie und Motivation, Berlin 1973, 97–104.

dentlich aufgewiesen.[8] Insbesondere Makrosolidarität, z. B. der Dritte-Welt-Gruppen, erwächst wesentlich aus Freiwilligkeit, aus dem «Willen zum Handeln und Verändern».[9]

2 Solidarität als christlich-ethische Grundhaltung

Nach diesen – zugegebenermaßen holzschnittartigen – begriffstheoretischen Überlegungen, soll im folgenden ein Verständnis von Solidarität umrissen werden, das diese als christlich-ethische Grundhaltung charakterisiert. Es geht also um einen Ansatz, der Solidarität in ihrem Bezug auf ethische Wertmaßstäbe definiert. Dabei ist der fundamentale Zielbegriff der Ethik – je nach Denkansatz als «Gerechtigkeit» oder «gutes Leben» definiert – in seiner Bezogenheit auf das soziale Gefüge – also seine Gemeinschafts- bzw. Gesellschaftsbezogenheit – zu konkretisieren: Gerechtigkeit wird hier als «soziale Gerechtigkeit», gutes Leben als «Gemeinwohl» relevant, wobei in beiden Fällen wesentlich der Bezug auf «andere» mit ausgesagt ist.

Aufgrund dieses fundamentalen Bezugs der Solidarität auf Rechte und Güter anderer schlage ich folgende Begriffsdefinition vor:

«A ist solidarisch mit B in einer konkreten Situation», heißt: A ist bereit, aktiv mitzuwirken, die Rechte und Güter von B, die durch eine konkrete Unrechts- oder Notsituation gefährdet oder verletzt sind, zu verteidigen und wiederherzustellen. Solidarität bedeutet in diesem Sinn, die vorrangige Option für die Opfer[10] einer konkreten Mangel- oder Unrechts-Situation zu ergreifen – mit dem Ziel der Veränderung dieser Situation selbst oder ihrer Auswirkungen.

---

8 Als ein Beispiel unter vielen vgl. Karl-Otto Hondrich, Claudia Koch-Arzberger, Solidarität in der modernen Gesellschaft, Frankfurt/Main 1992.

9 Wissenschaftliche Arbeitsgruppe (Anm. 7), 11.

10 An dieser Stelle kann der Opferbegriff mit all seinen Facetten und Anklängen nicht diskutiert werden. Ich bin mir der Ambivalenz dieses Begriffs in vielerlei Hinsicht bewusst, habe aber noch keinen gefunden, der in aller Prägnanz folgende Dimensionen, die damit angesprochen werden sollen, umfasst: Dass es sich in den wesentlichen Fällen in irgendeiner Weise um Situationen handelt, in denen es eine Täter- und eine Opferseite gibt, auch wenn die «Täter» nicht individuell, sondern strukturell zu verorten sind. Dabei spielt die Frage der aktiven oder passiven «Mittäterschaft» eine nicht unwesentliche Rolle. Wenn Solidarität in einer solchen Situation als Parteinahme für die «Opfer» verstanden wird, so ist allerdings zu beachten, dass das keine wesentliche, sondern primär eine situationsbezogene Zuschreibung bedeutet: Das Opfer einer Situation S_1 kann sehr wohl zugleich Täter in einer Situation S_2 sein – dementsprechend ist

Solidarität erweist sich somit als dreistelliger Relationsbegriff: Sie bezieht sich auf zwei Subjekte – Einzelpersonen, Gruppen oder Gesellschaften – und eine konkrete Situation der – potentiellen oder aktuellen – Deprivation.[11] Daraus ergeben sich zwei Konsequenzen:

- Zum einen ist die Subjekthaftigkeit, d. h. die autonome Selbstbestimmung *aller* Beteiligten, zu achten und jede Bevormundung – auch innerhalb einer Gruppe – zu vermeiden.
- Solidarität zielt auf die Überwindung einer konkreten Not- oder Unrechts-situation ab. Sie agiert also primär zielgerichtet und hat ihre Mittel und Strategien diesem Ziel entsprechend zu bestimmen.

Dieses Verständnis von Solidarität entspricht weitgehend der aktuellen Sozial-verkündigung der Kirchen, und zwar durchaus im ökumenischen Konsens. Es sei hier nur auf das deutsche Dokument «Für eine Zukunft in Solidarität und Gerechtigkeit» (1997) und auf das «Sozialwort des Ökumenischen Rates der Kirchen in Österreich» (2003) verwiesen.

Wenn katholische Sozialverkündigung Solidarität als «christliche Tugend» versteht, so verweist das explizit auf dieses ethische Moment: Es geht um eine christliche Grundhaltung, die sich in verantwortlicher und praktischer Mit-sorge um (soziale) Gerechtigkeit konkretisiert. Spezifisch «christlich» wird diese Grundhaltung dort, wo sie als «Antwort auf Gottes zuvorkommendes Heilshandeln»[12] verstanden wird – als gnadenvolles Handeln aufgrund von selbst erfahrener und geglaubter Begnadung. Dabei möchte ich keineswegs behaupten, dass solcher Glaube notwendig explizit und reflexiv vorliegen muss; aber gerade Solidaritätserfahrungen – und zwar sowohl solche der ge-schenkten als auch solche der geleisteten Solidarität – lassen sich als «anony-me» Gnadenerfahrungen deuten und sind so offen auf eine reflexiv-religiöse Interpretation hin.[13]

Solidarität denn auch zu differenzieren. Weiters ist der Opfer-Begriff nicht phänome-nologisch zu verstehen, sondern vor dem Hintergrund einer zugrunde gelegten Ge-rechtigkeits-Konzeption, wie die folgenden Ausführungen grundsätzlich klären sollten.

11 Es sei hier nur angedeutet, dass die Beziehung von A zu B in aller Komplexität sozialer Verflochtenheit und dementsprechend auch über vielerlei Vermittlungsinstanzen läuft. Um der Kürze und Klarheit der Darstellung willen, bleiben diese komplexen Bezie-hungen hier bewusst ausgeklammert.

12 Vgl. Klaus Demmer, Die Wahrheit leben. Theorie des Handelns. Freiburg i. Br. 1991, 33.

13 Vgl. z. B. den «Identitätstyp» in der Studie Krüggeler u. a. (Anm. 7), 118–125.

Aus diesen grundsätzlichen Überlegungen ergeben sich aus den empirischen Studien zwei Fragen zum Thema dieses Bandes:

- Wenn Karl Gabriel u. a. zu Recht feststellen, dass sich Dritte-Welt-Gruppen eher «am Rande» der Kirchen ansiedeln,[14] so ist im Sinne der Sozialpastoral die Frage an die Kirchen zu richten: Wie christlich sind Kirchen, die solches Engagement als «Randfrage» behandeln?
- Anderseits stellt sich eine Frage an die Studie «Solidarität und Religion»: Ist die Solidarität des «Milieutyps» tatsächlich immer auf den kirchlichen Binnenraum beschränkt, oder liegt das an der Auswahl der untersuchten Gruppen? Die beiden anderen Studien weisen m. E. eher darauf hin, dass auch milieugebundene «Solidarität aus Religion» fähig ist, die eigenen Grenzen zu transzendieren.

3 Spannungsfelder der Solidarität

Bevor eine ethische Kriteriologie des Solidaritätsverhältnisses möglich ist, ist in einem Zwischenschritt noch auf zwei sehr grundlegenden Differenzierungen einzugehen: auf die Dialektik von Solidarität «nach innen» und «nach außen» und auf die Frage nach Universalität und Partikularität.[15]

3.1 Con-Solidarität und Pro-Solidarität

Im Allgemeinen wird der Unterschied zwischen Solidarität «nach innen» und «nach außen» an den Interessenlagen festgemacht: Gemeinsames Interesse führt zu einer Kampfes-Solidarität, die sich im Wesentlichen aus «wohlverstandenem Eigeninteresse» erklärt, während eine altruistische Grundhaltung zur Hilfs-Solidarität nach außen motiviert.[16] Da aber «Interesse» immer schon eine intentionale Größe darstellt, plädiere ich für eine Unterscheidung nicht aufgrund von Interessen und Motivationen, sondern nach Betroffenheiten:

---

14 Wissenschaftliche Arbeitsgruppe (Anm. 7), 9.
15 Vgl. zum folgenden Gunter M. Prüller-Jagenteufel, Eine Option für die Opfer. Versuch einer ethischen Kriteriologie zur «christlichen Tugend» der Solidarität, in: ThGl 91 (2001), 262–276.
16 Vgl. Bierhoff, Küpper (Anm. 3), 181 f.

Ist das solidarisch handelnde Subjekt (das kann auch eine Gruppe oder Gesellschaft sein) von einer konkreten Not- oder Unrechtssituation in qualitativ (nicht notwendig quantitativ) gleicher Weise betroffen wie die Person(engruppe), der die Solidarität gilt, so spreche ich von Con-Solidarität, ist es dagegen nicht in gleicher Weise betroffen, von Pro-Solidarität.

Damit ist zum einen ein Nahverhältnis zur traditionelleren Unterscheidung gegeben: Selbsthilfegruppen, Gewerkschaften und andere Interessenvertretungen bilden Netzwerke der Con-Solidarität, während Dritte-Welt- und Osthilfe-Gruppen sich pro-solidarisch für andere einsetzen. Darüber hinaus zeigt sich allerdings, dass Pro-Solidarität bzw. Con-Solidarität keineswegs, wie es häufig geschieht, mit Hilfs- bzw. Kampfes-Solidarität gleichgesetzt werden können.

- Denn einerseits beinhaltet auch *Pro-Solidarität* ein konfliktives Moment, sofern sie auf eine Änderung des Status quo abzielt und damit – zumindest implizit – gegen die Interessen anderer gerichtet ist. Durch die Entscheidung, sich mit anderen zu solidarisieren, bildet sich nämlich ein gemeinsames Interesse an der Veränderung heraus, das unter Umständen anderen Interessen zuwiderläuft.
- Andererseits weist auch *Con-Solidarität* stets ein fürsorgendes Moment auf, das nicht allein durch «gemeinsames Interesse» erklärbar ist: z. B. wenn ein/e «Kampfgenosse/in» eine/n andere/n auch unter Inkaufnahme von persönlichen Nachteilen unterstützt oder wenn Vorteile, die jemand durch die Solidarität anderer bereits gewonnen hat, nicht zur Beendigung des Solidareinsatzes führen.

«Kampf» und «Hilfeleistung» sind also zwei unterschiedliche Strategien, in denen sich *beide* Arten von Solidarität realisieren. Zudem ist zu beachten, dass in den meisten Fällen beide Formen der Solidarität gemeinsam vorkommen – je nach Situation in dynamischen Übergängen mit unterschiedlicher Gewichtung.[17]

---

17 Dass beide Formen der kirchlichen Tradition entsprechen, macht Johannes Paul II. in «Sollicitudo rei socialis» Nr. 39 deutlich. Zum einen betont er die Bedeutung der Pro-Solidarität, wenn er fordert: «diejenigen, die den größeren Einfluss haben, weil sie über eine größere Menge an Gütern und Dienstleistungen verfügen, sollen sich verantwortlich für die Schwächeren fühlen und bereit sein, Anteil an ihrem Besitz zu geben». Das spricht aber nicht gegen die Wichtigkeit der Con-Solidarität, denn im selben Absatz betont der Papst die Wichtigkeit des «wachsende[n] Bewusstsein[s] für die Solidarität der Armen untereinander».

a) Zur Komplexität des Verhältnisses von Con-Solidarität und Pro-Solidarität

Aus ethischer Perspektive erscheint als ursprüngliche Solidarität die Pro-Solidarität, d. h. die freie Parteinahme für die (leidenden) anderen. Auch wenn ich mich einer Selbsthilfegruppe anschließe, gilt es, meine Solidarität auf den anderen hin zu richten und nicht allein meine eigenen Bedürfnisse im Auge zu haben. Nur so können Selbsthilfegruppen stabil und wirksam bleiben. Die «Konsumhaltung» dagegen, wie sie z. B. im Eingangszitat der Studie «Solidarität und Religion» beklagt wird, destabilisiert die Gruppe und ist somit kontraproduktiv.[18]

Für die pro-solidarische Praxis wäre hingegen – wie besonders die Theologien der Befreiung einmahnen – der Con-Solidarität der Opfer besonderes Augenmerk zu widmen, damit tatsächlich deren originäre Anliegen wahrgenommen, hörbar gemacht und aufgegriffen werden können. Im solidarischen Engagement ist es dann angezeigt, eine Pro-Solidarität zu praktizieren, die nicht paternalistisch agiert, sondern die in der freien Identifikation mit den Opfern deren Anliegen advokatorisch aufnimmt und partizipativ ihre Con-Solidarität fördert.

An dieser Stelle ist eine Frage an die Dritte-Welt- und Osteuropa-Gruppen zu richten, die wohl einer weiteren Diskussion bedürfen: Setzen sie grundsätzlich bei den Erfahrungen der Armen selbst an, bei ihrem Protest und ihrem Kampf, oder agieren sie eher aus mittelbarer Betroffenheit?[19] Und wenn letzteres, so ist nochmals nachzufragen: Können solche Gruppen prinzipiell nicht anders, oder haben wir nur noch nicht die richtigen Methoden entwickelt, um das Anliegen aus dem Munde der primär Betroffenen zu vernehmen und dann dementsprechend zu klären, wie praktische Solidarität konkret aussehen müsste?

b) Symmetrie und Asymmetrie: «Aufgeklärtes Eigeninteresse» oder «Altruismus»?

In diesem Zusammenhang stellt sich weiters die Frage nach der Motivation der Solidarität: Häufig wird die Meinung vertreten, dass Con-Solidarität als *self-enhancement*-Strategie sich letztlich aus «Eigeninteresse» erklärt. Pro-Solidarität als *self-transcendence*-Ausrichtung dagegen motiviert sich aus «Altruismus». Dementsprechend würden einander beide Solidaritätsformen ausschließen.[20]

---

18 Krüggeler u. a. (Anm. 7), 11.
19 Vgl. Wissenschaftliche Arbeitsgruppe (Anm. 7), 13.
20 Vgl. Bierhoff, Küpper (Anm. 3), 182.

Meine These dagegen ist, dass auch Con-Solidarität notwendig auf Selbsttranszendenz hin ausgerichtet sein muss, wenn sie stabil und wirksam sein will. Denn eine Motivation aus «aufgeklärtem Eigeninteresse», das also einem Kosten-Nutzen-Kalkül folgt,[21] setzt voraus, dass Solidarität «soziale Güter» produziert, die Außenstehenden vorenthalten werden (können), so dass solidarisches Handeln «belohnt», unsolidarisches dagegen «bestraft» wird. Nun zeigen die umfangreichen Studien der Spieltheorie zur Trittbrettfahrer-Problematik,[22] dass eine rein eigennützig motivierte Solidarität nur unter den Bedingungen starker Sachzwänge und sozialer Kontrolle stabil ist. Wie das schon angesprochene Eingangszitat der Studie «Solidarität und Religion» illustriert, ist das in auf Freiwilligkeit basierenden Solidaritätsgruppen kaum der Fall. Ich bestreite damit keineswegs, dass solche Motivlagen beobachtbar und mitunter sogar vorherrschend sind. Für *stabile* Solidarität sind ich-zentrierte Motivlagen aber ungenügend.

Wenn sich also auch Con-Solidarität darin bewährt, dass Menschen selbst unter Inkaufnahme eines persönlichen Nachteils solidarisch zu ihrer Gruppe stehen, wenn also in jedem solidarischen Handeln das Moment des Anderen wesentlich ist, steht und fällt Solidarität mit der Bereitschaft, sich für andere einzusetzen und das auch gegen Widerstände durchzutragen. Dazu bedarf es einer Persönlichkeit, die gerade in der *self-transcendence* ihr *self-enhancement* zu finden vermag. Das ist m. E. nur auf der Basis einer «Anthropologie der Bezogenheit» möglich, die der gegenwärtigen Plausibilität des Hobbes'schen «Krieges aller gegen alle»[23] konträr entgegensteht.

Dass solidarisches Verhalten jenseits von Eigeninteresse möglich ist, zeigen Studien zur Identitätstheorie und zur ethischen Entscheidungsfindung.[24] So bringt etwa das Selbstbild eines «Aktivisten» die Bereitschaft mit sich, auch unter persönlichem Nachteil solidarisch zu handeln.[25] Wesentlich ist also,

---

21 So z. B. J. W. Thibaut, H. H. Kelly, The Social Psychology of Groups, New York 1959.
22 Vgl. Bierhoff, Küpper (Anm. 3), 181, 183–185.
23 Vgl. Thomas Hobbes, Leviathan – oder Stoff, Form und Gewalt eines bürgerlichen und kirchlichen Staates, Frankfurt/Main 1976, 96.
24 Vgl. Gerfried W. Hunold, Zur Moralfähigkeit des Menschen. Selbstkonzept, Selbstwahrnehmung und Selbstbewertung als Verstehenswege der Gewissenskompetenz, in: ThQ 174 (1994), 34–45. Hunold bezieht sich darin u. a. auf E. H. Erikson, E. Goffman, S. Epstein, R. Kegan, K. Haußer, R. A. Wicklund und L. A. Pervin.
25 Vgl. C. Kelly, Group identification, intergroup perceptions and collective action, in: European Review of Social Psychology 4 (1993), 59–83. Dass Eigeninteresse und Gemeinwohl nicht Gegensätze sind, sondern im solidarischen Handeln zu einer dialektischen Synthese kommen (können), zeigt Ulrich Oevermann, Die Bewährungsdynamik

eine entsprechende soziale Identität auszubilden – eine Chance und Herausforderung für die Kirchen.

3.2 Universalität und Parteilichkeit

Christliche Solidarität, die auf der Basis der Personwürde gründet und sich somit im Einsatz für die Menschenrechte bewährt, hat notwendig universalen Charakter. Universale Solidarität «mit allem ..., was Menschenantlitz trägt»[26], ist jedoch kein statischer, sondern ein dynamischer Begriff, der im Konkreten den parteilichen Einsatz für die jeweils Benachteiligten fordert – nicht trotz, sondern gerade wegen der Universalität und Unteilbarkeit der Menschenrechte.

Der Rede von der *vorrangigen* Option für die Armen, die sich umfassend in kirchlichen Dokumenten findet, meint ja keineswegs Exklusivität, sondern versteht sich explizit in einem universalen Horizont. Konkrete Parteilichkeit ist der Weg, auf dem ein höheres Maß an Gerechtigkeit erzielt werden soll. Universalität ist hier weder vorausgesetztes Faktum noch bloßes Ideal, aber auch nicht einfach ein erreichbares Ziel, sondern der – letztlich eschatologische – Horizont des Handelns.[27]

In der Praxis zeigen sich hier zwei Problemlagen:

• Zum einen steht jede Solidarität in der Gefahr, den universalen Horizont aus dem Blick zu verlieren und zu unhinterfragtem Parteigängertum zu verkommen.

• Auf der anderen Seite führt ein Verharren auf der Ebene universaler Prinzipien dazu, dass die Notwendigkeit der konkreten Parteinahme nicht mehr gesehen wird.

Universalität als dynamisches Prinzip – gerade in konkreter Parteilichkeit – bedeutet somit:

• Erstens grundsätzlich die *potentielle Solidarität* mit allen, die jemals auf irgendeine Art und Weise zu Opfern werden können. Es darf also niemand

---

des modernen Subjekts als Triebfeder des Spannungsfeldes von Gemeinwohlbindung und Eigeninteresse. Rationalität in der Entfaltung der Krise der Arbeitsgesellschaft. (Vortragsmanuskript: 16. 6. 2000; www.objektivehermeneutik.de/bib_oev.htm); vgl. dazu auch den Beitrag von Christel Gärtner in diesem Band.

26 Alois Baumgartner, Wilhelm Korff, Das Prinzip Solidarität. Strukturgesetz einer verantworteten Welt, in: StZ 208 (1990), 237–250, hier 238.

27 Vgl. dazu auch Krüggeler u. a. (Anm. 7), 162–169.

von vornherein aus dem Solidaritätshorizont ausgeschlossen werden; Solidarität muss *prinzipiell* für alle Menschen offen sein.

• Daraus folgt zweitens, dass sich die Akteure konkreten Solidarhandelns niemals mit dem aktuell gegebenen Horizont ihres Handelns zufrieden geben dürfen, sondern dass die *konkreten Grenzen* solidarischen Handelns auf je größere soziale Zusammenhänge hin zu überschreiten sind. Motivational wird die dazu nötige Ausweitung des Horizonts eher durch Identifikation gelingen als durch Verweis auf abstrakte ethische Prinzipien. Und hier bildet die Empathie[28] – insbesondere aus der Kontrasterfahrung heraus – einen unerlässlichen Faktor der Motivation.[29]

4 Versuch einer ethischen Kriteriologie

Zum Abschluss möchte ich – ohne Anspruch auf Vollständigkeit – eine ethische Kriteriologie skizzieren, anhand derer Solidaritätsgruppen, welcher Art und Provenienz auch immer, ihre Praxis nochmals hinterfragen können. Die Kriterien verstehen sich dabei keineswegs als überzeitlich-absolut, sondern als Gesprächsbeitrag und Einladung zum Dialog, wobei mir auch bewusst ist, dass unterschiedliche Solidaritätsziele auch eine entsprechend flexible Adaptierung der Kriterien erfordern.

Grundsätzlich sei noch vorausgeschickt, dass Solidarität stets komparativisch zu verstehen ist: Den Maßstab bildet nicht ein abstraktes, überzeitlich-universales Ideal des Gemeinwohls bzw. der Gerechtigkeit «für alle», so als ob ein solches jemals erreicht werden könnte, sondern im Konkreten geht es um ein dynamisches Je-Mehr: ein höheres Maß an Gemeinwohl bzw. sozialer Gerechtigkeit für mehr Menschen.

1. Solidarität ist nicht abstrakt, sondern ist auf ein konkret angebbares Ziel auszurichten.

Die diskutierten Studien zeigen denn auch, dass ein umfassender Weltveränderungsanspruch in Dritte-Welt-Gruppen leicht zur Resignation führt, während erfahrbare Erfolge die Solidaritätsbereitschaft stabilisieren.[30] Damit

---

28 Vgl. C. D. Batson, Why act for the public good? Four answers, in: Personality and Social Psychology Bulletin 20 (1994), 603–610.

29 Vgl. Dietmar Mieth, Moral und Erfahrung I. Grundlagen einer theologisch-ethischen Hermeneutik, Freiburg/Schweiz, Freiburg i. Br., Wien ⁴1999, v. a. 141–145.

30 Vgl. Wissenschaftliche Arbeitsgruppe (Anm. 7), 12.

will ich aber keinem platten Pragmatismus das Wort reden, denn gerade eine umfassende Gerechtigkeitsorientierung motiviert zu konkreter Solidarpraxis.

Eine Konsequenz der Zielorientierung ist, dass die aktuelle Solidarität endet, wo das intendierte Ziel erreicht ist; damit werden zugleich bislang gebundene Kräfte frei zu neuer Solidarität mit anderen. Was bleiben kann und soll, ist eine Verbundenheit auf der Ebene der (Nächsten-)Liebe, somit auch potentielle Solidarität, d. h. eine Solidarität der Gesinnung, die zur konkreten Praxis reaktiviert werden kann, sobald dies wieder nötig erscheint.

2. Konkrete Solidaritätspraxis ist stets konfliktiv.

Jedes Handeln, das auf Änderung des Status quo abzielt, steht notwendig gegen die Interessen jener Personen(-gruppen), die vom Status quo profitieren: Parteinahme *für* die Opfer bedeutet *eo ipso* die Parteinahme *gegen* die (Mit-)Täterinnen und (Mit-)Täter. Wer daher solidarisch handeln will, muss bereit sein, sich auf Konflikte einzulassen und die damit einhergehenden Risiken zu tragen.

3. Solidarität ist mit Rücksicht auf die sittliche Autonomie aller Beteiligten dialogisch und partizipativ zu gestalten.

Das gilt sowohl bei der Bestimmung des angestrebten Zieles als auch bei der aktuellen Anwendung der dazu nötigen Mittel. Es verbietet sich daher jeder Paternalismus; zugleich ist aber auch keineswegs alles kritiklos zu akzeptieren, was die Opfer prima vista wünschen.

Neben den Entscheidungsfindungsprozessen sind auch die *konkreten Aktionen* partizipativ zu gestalten. Auch pro-solidarisches Handeln ist herausgefordert, so weit wie möglich con-solidarische Elemente der Selbstorganisation und Selbsthilfe zu integrieren.

4. Solidarität dient der Ermächtigung der Opfer.

Das bedeutet konkret, die Opfer zu eigenem Handeln zu befähigen, so dass sie ihren Opferstatus überwinden und wahrhaft zu «Urhebern ihres eigenen Schicksals»[31] (Oscar A. Romero) werden. Eine ermächtigende Solidaritäts-

---

31 «… sean autores de su propio destino». Zitiert in: Peter Rottländer, Zur Theologie kirchlicher Solidaritätsarbeit, in: Bischöfliches Hilfswerk Misereor (Hg.), Die alten Antworten passen nicht mehr. Theologische und sozialethische Beiträge zur kirchlichen Solidaritätsarbeit, Aachen 1991, 11–49, hier 35.

beziehung widerspricht dabei nicht prinzipiell der Wahrnehmung einer gewissen Anwaltschaft, die jedoch grundsätzlich auf ihre eigene Aufhebung abzielen muss.

5. Solidarität ist immer auch strukturbezogen.

Zur Ermächtigung reicht es nicht aus, «den Armen» Hilfsgüter zukommen zu lassen, wie es z. B. die traditionalistische Gruppe «Ora et labora»[32] tut, sondern es sind die entsprechenden technischen, ökonomischen, sozialen und politischen Voraussetzungen zu schaffen, die allen einen gerechten Anteil am Gemeinwohl sichern.

6. Solidarität braucht personale und soziale – im weiten Sinn: spirituelle – Verankerung.

Weil auch die subjektiven Voraussetzungen und Fähigkeiten der beteiligten Personen berücksichtigt werden müssen, genügt es nicht, Solidarität moralisierend einzufordern. Vielmehr braucht es eine Verankerung der Solidarität sowohl in der Persönlichkeit der Einzelnen als auch in sozialen Netzwerken. Zu beidem könnte eine «Spiritualität der Solidarität» beitragen.

5 Theologischer Schlussgedanke: Eine relationale Anthropologie

Gegen die aktuelle Entwicklung, wo die Hobbes'sche Anthropologie in neoliberale Marktdogmen umgemünzt wird, gilt es, das Augenmerk daraufhin zu richten, dass die Identität des Menschen stets eine relationale ist. Nicht nur verschiedene theologische und philosophische Anthropologien – insbesondere auch feministische[33] – weisen in diese Richtung; auch moderne Psychotherapie, wie z. B. der personzentrierte Ansatz nach Carl Rogers oder die Narziss-

---

32 Vgl. Wissenschaftliche Arbeitsgruppe für weltkirchliche Aufgaben der deutschen Bischofskonferenz (Hg.), Engagement für Osteuropa. Praxis und Motivation christlicher Solidaritätsgruppen, (Autoren: Karl Gabriel, Christel Gärtner, Maria-Theresia Münch, Peter Schönhöffer), Bonn 2002, 91–96.

33 Vgl. dazu das z. Zt. in Vorbereitung befindliche Themenheft der Zeitschrift für Evangelische Theologie «Weltsicht der Freiheit in Bezogenheit» (EvTh 65 (2005) Heft 4), sowie die Beiträge von Schnabl und Praetorius in diesem Band.

musforschung, psychologische Identitätstheorien und aktuelle Hirnforschung stützen diesen Ansatz.[34]

Dass der Mensch *gleichursprünglich* Individuum und relational auf andere bezogen ist, dass Relationalität und Individualität nicht in Konkurrenz zueinander stehen, sondern im Grunde gleichsinnig wachsende Größen darstellen, ist eine Grundüberzeugung, die eine angstfreie Solidarisierung mit anderen erst ermöglicht.

Dagegen erweist sich die Selbstbehauptung des Individuums auf Kosten anderer als entfremdete Form des Menschseins – theologisch gesprochen: als *incurvatio*, also als Sünde. Vor diesem theologischen Deutungshorizont erweist sich solidarische Praxis nicht nur als Realisierung einer christlichen Forderung, sondern im Vollsinn des Wortes als Nachfolge Christi. Für Christinnen und Christen wie für die Kirchen geht es dabei aber nicht um ethischen Hochleistungssport, sondern um ein praktisches Umsetzen dessen, was von Gottes Schöpfungs- und Christi Erlösungshandeln her das grundlegende Wesen der Menschen ausmacht: Dasein für andere.[35]

---

34 Vgl. Helmut Peukert, Identität in Solidarität. Reflexionen über die Orientierung humaner Bildungsprozesse und christlicher Praxis, in: PThI 23 (2003), 101–117, hier 106–111.

35 Dass das Wesen des Menschen im Dasein für andere besteht, ist der zentrale Gedanke der theologischen Anthropologie Dietrich Bonhoeffers; vgl. dazu Gunter M. Prüller-Jagenteufel, Befreit zur Verantwortung. Sünde und Versöhnung in der Ethik Dietrich Bonhoeffers, Münster, Hamburg, London 2004 (EThD 7), v. a. 61–80.

V Praktisch-theologische Perspektiven

Christliche Solidarität in der Praxis
Praktisch-theologische Aspekte des Solidaritätsbegriffs

Stephanie Klein, Luzern

Solidarität ist ein Begriff der politischen Praxis und hat seine Bedeutung vor allem als ein politischer Kampfbegriff erlangt. Im politischen Diskurs machen sich heute auch besonders die Kirchen stark für eine strukturell verankerte Solidarität mit den Schwachen der Gesellschaft. Sie prangern Prozesse der Entsolidarisierung an, die sich im Sozialabbau niederschlagen, und fordern gesellschaftlich abgestützte Solidarisierung. Der Begriff wird dabei vorrangig appellativ und normativ gebraucht und bezeichnet heute öfter eine Leerstelle, um etwas einzuklagen, was fehlt, als dass er deskriptiv-empirisch etwas beschreibt, was da wäre.

1   Ein brauchbarer Begriff
zur Deskription christlicher Praxis?

In der Sozialwissenschaft, der Politikwissenschaft und der Wirtschaftswissenschaft ist Solidarität keine zentrale Kategorie. In der Theologie und in der Verkündigung der Kirchen hingegen hat der Begriff inzwischen Bedeutung erlangt. Er ist nicht nur ein wichtiger Begriff der kirchlichen Sozialverkündigung,[1] sondern auch ein «orientierender Grundbegriff»[2] der Theologie geworden. Dies ist insofern nicht selbstverständlich, als der Begriff nicht aus der

---

1   Vgl. z. B. das gemeinsame Sozialwort der evangelischen und katholischen Kirche in Deutschland: «Für eine Zukunft in Solidarität und Gerechtigkeit» (1996). Zur katholischen Sozialverkündigung vgl. den Beitrag von Hermann-J. Große Kracht in diesem Band.

2   Vgl. den Beitrag von Helmut Peukert in diesem Band. Johann Baptist Metz hat den Solidaritätsbegriff zu einer grundlegenden theologischen Kategorie entwickelt und ihn mit den Kategorien Subjekt, Erinnerung, Erzählung und Primat der Praxis verbunden; vgl. Johann Baptist Metz, Glaube in Geschichte und Gesellschaft. Studien zu einer praktischen Fundamentaltheologie, Mainz 1977.

biblischen und kirchlichen Tradition stammt. Er hat sich zuerst im säkularen und teilweise antikirchlichen Kontext etabliert.[3] Um die Wende zum 20. Jahrhundert wurde er vorsichtig in die katholische Sozialverkündigung aufgenommen, wobei er zunächst nicht auf die individuelle christliche Praxis bezogen, sondern als ein gesellschaftliches Strukturprinzip reflektiert wurde. Papst Johannes Paul II. proklamierte seit Mitte der 1980er Jahre die Solidarität dann auch öfter als eine christliche Tugend.[4]

Der Gebrauch des Solidaritätsbegriffs in der kirchlichen Sozialverkündigung, in Theologie und Kirche ist vorwiegend normativ und appellativ. Es stellt sich die Frage, ob dem normativ-orientierenden Gebrauch auch eine *christliche Praxis* entspricht. Ist Solidarität auch ein brauchbarer *deskriptiver* Begriff, um christliche Praxis wahrzunehmen, zu beschreiben und zu reflektieren? Diese Frage nach der christlichen solidarischen Praxis ist der normativen Rede keineswegs nachgängig, und sie ist alles andere als eine illustrierende Ausschmückung der normativen Rede. Die solidarische Praxis ist mit der theologischen Rede von Gott untrennbar verbunden; sie geht ihr sogar voraus, wie Johann Baptist Metz in seiner These vom Primat der Praxis deutlich macht. Religion wird ohne den fundamentalen Bezug zur Praxis zur Ideologie oder zu einer bloßen Verdoppelung des Bestehenden. Wenn die Theologie vermeiden will, dass ihre Rede «nicht nur symbolisch überhöhende Paraphrase oder ohnmächtige Gegenspiegelung dessen ist, was ohnehin geschieht ..., ist Theologie darauf angewiesen, eine Praxis beschreiben oder anrufen zu können, in der Christen die gesellschaftlichen (historischen) Bedingungszusammenhänge durchstoßen».[5] Gerade angesichts von Not und Leiden versagt die argumentative und normative Rede: Hier muss Heilsgeschichte praktisch weitererzählt werden, im helfenden und heilenden Tun.[6] Nur durch den Bezug zur gelebten Praxis, durch das Zeugnis, ist eine Theologie und kirchliche Verkündigung, die den Anspruch erhebt, orientierend und normativ zu sein,

---

3 Seine heutige Bedeutung bekam er in der Folge der französischen Revolution, als der aus der französischen Rechtssprache übernommene Begriff *solidarité*, mit der Parole der *fraternité* verbunden wurde und später zu einer Parole der Arbeiterbewegung wurde. Erst im 19. Jahrhundert wanderte er in den allgemeinen Sprachgebrauch ein; zur Geschichte des Begriffs vgl. Rainer Zoll, Was ist Solidarität heute? Frankfurt/Main 2000, 11–143; Kurt Bayertz, Begriff und Problem der Solidarität, in:˙ders. (Hg.), Solidarität. Begriff und Problem, Frankfurt/Main 1998, 11–53.

4 Vgl. Johannes Paul II., Enzyklika «Solicitudo rei socialis» (1987), Nr. 38–40; vgl. dazu auch den Beitrag von Gunter M. Prüller-Jagenteufel in diesem Band.

5 Metz (Anm. 2), 74.

6 Vgl. ebd. 134.

auch glaubwürdig. Denn Kirche wird nicht allein durch ihre normative Rede, sondern durch ihr gelebtes Zeugnis ein Zeichen und Werkzeug des Heils (LG 1).

In diesem Beitrag soll die solidarische Praxis von Christinnen und Christen in kirchlichen und gesellschaftlichen Gruppen, wie sie in einschlägigen empirischen Studien erhoben worden ist, sichtbar gemacht werden. Zuvor muss die Frage geklärt werden: Ist Solidarität ein geeigneter Begriff, um christliche Praxis heute zu beschreiben? Dazu sollen zwei Aspekte untersucht werden:

1. Wenn der Begriff der Solidarität nicht aus der christlich-jüdischen Tradition stammt, muss überprüft werden, ob und inwiefern er die Anliegen der christlich-jüdischen Botschaft zum Ausdruck zu bringen vermag. Eine solche biblische Vergewisserung kann hier nur exemplarisch durchgeführt werden.

2. Es soll geklärt werden, ob Solidarität allein ein gesellschaftliches Strukturprinzip ist, oder ob sie auch eine individuelle Praxis ist, in der die Kirche ihren pastoralen Auftrag in der Gesellschaft verwirklicht. Um diese Frage zu beleuchten, wird auf Aussagen des II. Vatikanischen Konzils zurückgegriffen.

2   Biblische Vergewisserungen

Die mit der Gottesliebe verbundene Nächstenliebe ist der zentrale Kern der biblischen Ethik, die in der Ethik Jesu eine Bestätigung und erneute theologische Untermauerung findet.

1. In der hebräischen Bibel ist das Verhältnis des Volkes zu seinem Gott Jahwe untrennbar verbunden mit seinem Verhalten gegenüber den Armen und Entrechteten. Der kultischen Verehrung Jahwes ist die Zuwendung zu den Armen und Bedürftigen vorgängig (Jes 1,10–17; Am 5,21–27). Wo die Gottesverehrung mit der Missachtung von Menschen einhergeht, erreicht sie Jahwe nicht (Jes 58,1–12) und ist kein Gottesdienst. Als der wahre Gottesdienst werden die Werke der Barmherzigkeit genannt: Die Gefangenen zu befreien, die Unterdrückung zu beenden, die Hungernden zu ernähren, den Obdachlosen ein Haus zu geben, die in Lumpen Herumlaufenden zu kleiden und den Menschen, die Hilfe brauchen, zu helfen. Diese Taten stellen das rechte Verhältnis zu den Menschen her und sind die Voraussetzung für das rechte Verhältnis zu Jahwe. Wenn diese Taten den Menschen vorangehen, dann werden die Herrlichkeit Gottes und sein

Schutz den Menschen folgen (Jes 58,8). Der theologische Grund für die geforderte Zuwendung zu den Bedürftigen und Fremden ist Jahwes Verhältnis zu seinem Volk: Sie selbst waren Unterdrückte und Fremde, und ihr Schreien und ihre Not hat Gott zum Handeln veranlasst und das Verhältnis zwischen Gott und seinem Volk begründet (Ex 22,20–26). Der Bund schafft aber kein exklusives Verhältnis zwischen dem Volk und Gott. Gott bleibt auf der Seite der Notleidenden, und wo das Volk andere unterdrückt, da setzt sich das Volk ins Unrecht und zerstört sein Verhältnis zu Gott.

2. Jesus knüpft an diese Theologie an. Ich möchte dies an drei Beispielen verdeutlichen.[7] Paradigmatisch für das Verständnis der Gottes- und Nächstenliebe ist das Gleichnis vom barmherzigen Samariter (Lk 10,15–37). Es steht im Kontext der Frage des Gesetzeslehrers nach dem ethisch richtigen Handeln zur Erlangung des Ewigen Lebens. Auf der normativ-allgemeinen Ebene ist die Sache schnell geklärt: Man muss das Doppelgebot der Gottes- und Nächstenliebe halten. «Handle danach, und du wirst leben», sagt Jesus lapidar. Die eigentlichen ethischen Implikationen zeigen sich erst in der konkreten Praxis. Deshalb fragt der Gesetzeslehrer mit seiner zweiten Frage nach, wer denn nun der Nächste sei. Jesus antwortet mit einer konkreten Beispielerzählung, die nicht nur die Frage nach der Nächstenliebe beantwortet, sondern auch die Frage nach der Gottesliebe, indem er diese auf die Nächstenliebe bezieht. Ausgangspunkt ist die situative Herausforderung durch die Not des unter die Räuber Gefallenen. Diese Herausforderung nehmen der Priester und der Levit nicht an. Sie stehen symbolisch für die Zugehörigkeit zur richtigen Glaubensgemeinschaft und für ein Leben im Dienst Gottes. Doch sie erkennen den ethischen Anspruch der Situation nicht und verwirken damit das Heil. Der Samariter steht für die abtrünnige und falsche Glaubensgemeinschaft. Doch er lässt sich von der Not des anderen ansprechen und handelt richtig. Weder die Verehrung Gottes allein noch die Zugehörigkeit zur richtigen Glaubensgemeinschaft führen zum eschatologischen Heil: Zentral ist die konkrete Tat, die sich auf die Herausforderung durch die Not eines anderen einlässt.[8]

---

7 Vgl. zur Ethik Jesu auch Helmut Merklein, Die Gottesherrschaft als Handlungsprinzip. Untersuchung zur Ethik Jesu, Würzburg [3]1984.

8 Lukas hat die Geschichte vom barmherzigen Samariter den Perikopen über die Nachfolge und die Vollmacht der Jünger folgen lassen und damit das falsche Verständnis abgewehrt, die Jüngerschaft Jesu allein sei schon der Weg zum Ewigen Leben.

3. Das Gleichnis vom Weltgericht (Mt 25,31–46) führt diese Aussage christologisch fort. Auch hier geht es um das Ewige Leben. Die helfende Tat am Notleidenden wird hier interpretiert als eine Tat an Christus selbst, der im Notleidenden begegnet. Doch kommt es nicht darauf an, ob Christus im anderen erkannt wird (niemand in dem Gleichnis hat Christus erkannt). Die Richtigkeit des Handelns hängt weder vom richtigen Bewusstsein noch vom richtigen Bekenntnis ab, sondern von der helfenden Tat. Wer sich der Herausforderung der Situation stellt, sich von der Not des anderen anrühren lässt und ihm hilft, handelt richtig. Die Tat allein, nicht die Interpretation oder das Bekenntnis ist das Kriterium beim Weltgericht.

4. Die konsequenten Weiterführungen der geforderten Haltung der Nächstenliebe sind der Verzicht auf das eigene Recht, auf Vergeltung und das Richten über andere und das Gebot der Feindesliebe (Mt 5,38–48; Lk 6,27–42). Eine Nächstenliebe, die weder von der eigenen Person noch der Notwendigkeit der Durchsetzung der selbst begriffenen Norm ausgeht, sondern vom anderen, und danach fragt, was der andere braucht, gipfelt konsequent in der Feindesliebe. Die Frage lautet dann nicht mehr: Was dient meinem Recht, meinen Normen, meiner Sicherheit, meinem religiösen Heil, meiner Moral oder meinem Ewigen Leben, sondern: Was hilft dem anderen, und sei es mein Feind, zu seinem Wohl? Diese weitgehende Forderung Jesu läuft dem natürlichen Empfinden des Menschen zuwider und sprengt das natürliche Sittengesetz. Der Ermöglichungsgrund und die theologische Begründung für ein solches Handeln ist die Orientierung am Handeln Gottes, der die Menschen unterschiedslos liebt und sich trotz deren Feindschaft und Unglauben für ihr unbedingtes Heil entschieden hat.

Zusammenfassend lässt sich festhalten: In der biblischen Tradition kann die Einheit von Nächsten- und Gottesliebe als Kernstück der Ethik angesehen werden. Sie hat ihre Begründung in der Menschenliebe Gottes. Was diese Nächsten- und Gottesliebe bedeutet, lässt sich nicht in einem abstrakten Begriff fassen, sondern kann nur in vielen konkreten Erzählungen beschrieben und erläutert werden.

Vor diesem Hintergrund kann nun die Frage nach dem Begriff der Solidarität neu beleuchtet werden. Zwar entstammt der Begriff nicht der biblischen oder kirchlichen Tradition. Er kann aber sowohl in seiner normativen als auch in seiner deskriptiven Funktion dazu beitragen, den in der Bibel zum Ausdruck gebrachten ethischen Anspruch und die ethische Praxis zu benennen. Im christlichen Sprachgebrauch weisen Begriffe wie Liebe und Nächstenliebe, Barmherzigkeit (Lk 6,36), Brüderlichkeit, Diakonie und Caritas in eine ähnliche Richtung wie der Begriff der Solidarität. Alle diese Begriffe sind unzureichend, immer neu erklärungsbedürftig, biblisch rückzubinden und in der christlichen Praxis zu verifizieren und zu konkretisieren. Die Beschreibung der Solidaritätspraxis von Menschen kann dazu beitragen, das Wirken dessen, was mit Nächstenliebe gemeint ist, sichtbar zu machen.

3 Die Praxis der Kirche im Handeln der Christinnen und Christen: eine Perspektive des Konzils

Das II. Vatikanische Konzil sieht den pastoralen Auftrag der Kirche in der Gesellschaft vor allem durch das Leben und Handeln der Gläubigen in der Gesellschaft verwirklicht. Das Konzil spricht von einem je unterschiedlichen Apostolat eines jeden einzelnen, das durch nichts ersetzt werden kann (AA 16). Dieses Handeln und Leben in der Gesellschaft konstituiert Kirche: «Es gibt viele Formen des Apostolates, durch die die Laien die Kirche aufbauen, die Welt heiligen und in Christus beleben.» (AA 16).

In der Perspektive des II. Vatikanischen Konzils verwirklicht die Kirche ihren pastoralen Auftrag besonders durch das Leben und Handeln der Gläubigen in der profanen Gesellschaft. In den vielfältigen Verhältnissen der Gesellschaft (LG 31; AA 2), in denen sie leben, sollen sie Christus, «der in ihnen lebt» (AA 16), durch ihr Leben und Handeln sichtbar machen. Sie sollen das Reich Gottes in der profanen Welt suchen und «so wie ein Sauerteig zur Heiligung der Welt gewissermaßen von innen her» (LG 31) beitragen. Dabei sind die Gläubigen zwar häufig auf sich allein gestellt, sie sollen aber auch die Zusammenarbeit untereinander und mit allen Menschen «guten Willens» suchen. Sie sollen sich zu Gemeinschaften, Vereinigungen oder «freien Gruppierungen» zusammenschließen (AA 15; AA 18), die ihre ekklesiologische Würde durch Christus selbst (Mt 18,20; vgl. AA 18) und nicht durch die Zugehörigkeit zu amtskirchlichen Strukturen haben.

Das Konzil betont aber auch, dass die Gläubigen die Zusammenarbeit mit allen Menschen anstreben sollen, die sich für die gleiche gerechte Sache einsetzen, und betont, «dass alle Menschen, Glaubende und Nichtglaubende, zum richtigen Aufbau dieser Welt, in der sie gemeinsam leben, zusammenarbeiten müssen.» (GS 21). «Die Katholiken seien bestrebt, mit allen Menschen guten Willens zusammenzuarbeiten zur Förderung all dessen, was wahr, gerecht, heilig und liebenswert ist» (AA 14). Der apostolische Auftrag und das Handeln der Gläubigen haben sowohl individuelle als auch strukturelle, die Gesellschaft aufbauende und verändernde Dimensionen. «Es geht um die Rettung der menschlichen Person, es geht um den rechten Aufbau der menschlichen Gesellschaft» (GS 3), so fasst das Konzil den Auftrag zusammen. Es geht darum, «eine bessere Welt in Wahrheit und Gerechtigkeit aufzubauen» (GS 55), wozu Gesinnungswandel und «weit reichende Änderungen der Gesellschaft selbst» (GS 26) notwendig seien. Die Solidarität muss wachsen (GS 32), die Menschen sollen über eine individualistische Ethik hinauswachsen und die Bedeutung der Aufgaben der Menschen für die Welt als ganze sehen (GS 39).

Wenn nun kirchliche Praxis sich nicht nur in amtskirchlichen Strukturen, sondern in der individuellen Praxis der Christinnen und Christen in der Gesellschaft konstituiert, stellt sich für die Praktische Theologie die Frage, wie diese Praxis zu entdecken und zu identifizieren ist. Ergänzend zum Zugang zur kirchlichen Praxis über amtskirchliche Strukturen muss ein materialer Zugang über inhaltliche Kategorien gewählt werden. Christliche Praxis kann dort anzutreffen sein, wo die Ethik der jüdisch-christlichen Tradition gelebt wird, sie kann dort aufzuspüren sein, wo es «um die Rettung der Person und um den rechten Aufbau der Gesellschaft» (GS 3) geht.

Zusammenfassend lässt sich festhalten, dass Solidarität ein adäquater Begriff ist, um heute die zentralen Anliegen der ethischen Botschaft Jesu zum Ausdruck zu bringen und in einer säkularen Welt zu kommunizieren. Dabei sind die säkularen Wurzeln des Begriffs nicht von Nachteil. In ihm treffen sich Erfahrungen und Normen, die sich auf jüdisch-christlichem Boden entwickelt haben, mit jenen, die sich in nichtchristlicher Praxis entwickelt haben. Indem der Begriff nicht ausschließlich christliche Konnotationen aufweist, vermag er zu verbinden und auch die weltanschaulich übergreifende Zusammenarbeit von Christen und Nichtchristen zu beschreiben. Bemerkenswert ist, dass der Begriff in die katholische Soziallehre integriert wurde und inzwischen zu einer ihrer zentralen Kategorien geworden ist. Der Begriff steht damit prototypisch für die Möglichkeit, dass die Anliegen der jüdisch-christlichen Tradition in modernen säkularen Kategorien zum Ausdruck gebracht werden und dass diese Kategorien in die eigene Tradition integriert werden können.

4   Das solidarische Handeln in der Praxis

Es liegen drei umfangreiche und gründlich erarbeitete empirische Studien vor, die Einblick in die christliche Praxis in Solidaritätsgruppen geben: die von Michael Krüggeler, Markus Büker, Alfred Dubach, Walter Eigel, Thomas

Englberger, Susanne Friemel und Peter Voll (2002) erarbeitete qualitative Studie: Solidarität und Religion, die zwölf Fallstudien zu Solidaritätsgruppen in der Schweiz auswertet;[9] die von Franz Nuscheler, Karl Gabriel, Sabine Keller und Monika Treber (1995) erarbeitete Studie, die christliche Dritte-Welt-Gruppen untersucht;[10] sowie die von Karl Gabriel, Christel Gärtner, Maria-Theresia Münch und Peter Schönhöffer (2002) erarbeitete Studie, die das christliche Engagement in Mittel- und Osteuropagruppen untersucht.[11] Die Dritte-Welt-Studie und die Osteuropa-Studie untersuchen ausschließlich Gruppen, die mit katholischen Kirchenstrukturen in Verbindung stehen; sie bestehen aus einer umfangreichen quantitativen und einer qualitativen Untersuchung. Die ausschließlich qualitative Schweizerische Untersuchung nimmt auch Gruppen in den Blick, die in keinem kirchlichen Zusammenhang stehen.

In allen drei Studien gehört die Frage nach der Religiosität und Kirchlichkeit zum Ausgangssetting. Die Dritte-Welt-Studie kommt in ihrem Ergebnis zu einer Typologie entlang der Kirchen- bzw. Gemeindenähe und unterscheidet drei Milieus:

• Gruppen im kirchlichen Binnenmilieu (Milieu der Gemeindenahen),
• Gruppen auf der Grenze zwischen Gemeinde und außergemeindlicher Öffentlichkeit (Grenzmilieu),
• christliche Gruppen im Kontext der sozialen Bewegungen (Bewegungsmilieu).

Die Schweizerische Studie nimmt ausdrücklich nichtkirchliche Gruppen in die Untersuchung auf und fragt nach dem Verhältnis von Religion und Solidaritätsarbeit. Dadurch haben sich im Verlauf der Durchführung die Kategorien verändert. Wurde im Ausgangssetting in Bezug auf die Religion zwischen

---

9 Michael Krüggeler u. a., Solidarität und Religion. Was bewegt Menschen in Solidaritätsgruppen?, Zürich 2002.

10 Franz Nuscheler u. a., Christliche Dritte-Welt-Gruppen. Praxis und Selbstverständnis, Mainz 1995; in Kurzfassung: Wissenschaftliche Arbeitsgruppe für weltkirchliche Aufgaben der deutschen Bischofskonferenz (Hg.), Handeln in der Weltgesellschaft: Christliche Dritte-Welt-Gruppen, (Autoren Karl Gabriel, Sabine Keller, Franz Nuscheler, Monika Treber), Bonn 1995.

11 Karl Gabriel u. a., Solidarität mit Osteuropa. Praxis und Selbstverständnis christlicher Mittel- und Osteuropagruppen. Teil 1: Theoretische Vorüberlegungen und Befragungsergebnisse. Teil 2: Motive christlichen Solidaritätshandelns, Mainz 2002; in Kurzfassung: Wissenschaftliche Arbeitsgruppe für weltkirchliche Aufgaben der deutschen Bischofskonferenz (Hg.), Engagement für Osteuropa. Praxis und Motivation christlicher Solidaritätsgruppen, (Autoren: Karl Gabriel, Christel Gärtner, Maria-Theresia Münch, Peter Schönhöffer), Bonn 2002.

Kirchennähe und Kirchenferne und in Bezug auf Solidarität zwischen Fremdhilfe und Selbsthilfe unterschieden, so kommt die Studie im Laufe der Untersuchung zu einer neuen Differenzierung:

- «Solidarität aus Religion»: Die Religion bzw. die Konfession konstituiert
  die Solidaritätsarbeit, sie ist die Grundlage, aber auch die Grenze der Solidarität. Das gemeinsame Leben der Religion steht im Vordergrund («Milieutyp»).
- «Solidarität ohne Religion»: Hier steht die gemeinsame Solidaritätsarbeit
  im Mittelpunkt. Die religiöse Motivation ist Privatsache und wird kaum
  zum Thema, denn die Diskussion um Religionen und Weltanschauungen
  könnten die Arbeit and der Sache behindern («Funktionstyp»).
- «Religion aus Solidarität»: Religion kann der gemeinsamen Problem- und
  Lebensbewältigung dienen. Hier geht es um gemeinsame Selbsthilfe und
  Identitätsfindung («Identitätstyp»).

Diese empirischen Studien zur christlichen Solidarität haben Pionierarbeit auf
dem bislang noch unerforschten Feld der christlichen Solidaritätspraxis in
Gruppen geleistet. Im Folgenden sollen nun nicht die theoretischen Typolo-
gien der Studien referiert oder diskutiert werden. Vielmehr möchte ich in einer Zusammenschau der drei Studien, vor allem in Bezug auf die insgesamt
29 dokumentierten Fallstudien, einige praxisnahe Erkenntnisse zu gelebter
christlicher Solidarität festhalten und in einigen Zitaten die engagierten
Christinnen und Christen selbst zu Wort kommen lassen.[12] Mein Anliegen ist
es dazu beizutragen, christliche Solidaritätspraxis sichtbar zu machen und in
die theologische und kirchliche Diskussion einzubringen.

4.1 Die Weite und Bandbreite
der christlichen Solidaritätspraxis in Gruppen

Die drei Studien machen gerade in ihrer Zusammenschau eine breite Solidaritätspraxis von Christinnen und Christen deutlich, wie sie bislang noch kaum
sichtbar geworden ist. Die Osteuropa-Studie und die Dritte-Welt-Studie machen das quantitativ hohe Ausmaß an christlicher Solidaritätsarbeit sichtbar.
Obwohl die Begrenzung auf christliche Gruppen, die mit katholischen Strukturen in Verbindung stehen, den Fokus bereits stark einschränkt, werden

---

12 Zugunsten der besseren Lesbarkeit werden die Zitate teilweise sprachlich leicht berei-
   nigt.

2000 Gruppen mit ca. 25.000 Personen erfasst, die sich in Deutschland in der Solidaritätsarbeit mit Osteuropa engagieren.[13] Erstaunlich ist hier auch die Kontinuität der Arbeit: 22 % der Gruppen arbeiten seit mehr als 20 Jahren zusammen; fast drei Viertel der Gruppen wurden vor mehr als fünf Jahren gegründet. Für die Studie zu den Dritte-Welt-Gruppen wurde eine Auswahl von 1000 Gruppen in den alten Bundesländern befragt, die mit katholischen Strukturen in Verbindung stehen: je zu einem Viertel Gruppen aus dem Bereich der katholischen Gemeinden, aus dem Bereich der katholischen Erwachsenenverbände und der katholischen Bewegung, aus dem Bereich der katholischen Jugendverbände sowie allgemein christliche oder ökumenische Gruppen mit Verbindung zu katholischen Strukturen.[14]

Die Schweizerische Studie ergänzt das Bild dadurch, dass sie nicht konfessions- und religionsgebunden angelegt ist. Auf diese Weise kommt zusätzlich eine Vielfalt von Facetten des Verhältnisses von Religion und Solidaritätsarbeit zum Vorschein. So wird hier der Zusammenhang von Religion und Solidarität auch in einer Amnesty-International-Gruppe oder in einer gewerkschaftlich angebundenen Gruppe untersucht. Zudem kommen Solidaritätsgruppen in den Blick, die an einer gemeinsamen eigenen Problembewältigung arbeiten, wie z. B. eine Gruppe von Anonymen Alkoholikern, eine Gruppe von Eltern herzkranker Kinder, eine Selbsthilfe-Initiative von Erwerbslosen oder eine Männergruppe. Solidarität wird hier nicht nur als *Parteinahme für andere* untersucht, sondern auch als *Solidarität aus gemeinsamer Betroffenheit*.[15] Religion kommt hier als Lebenshilfe, als Heil für das eigene Leben ins Spiel. Sie steht «*im Dienst* der transformierenden Identitätsarbeit und wird in dem Maße beansprucht, als sie diesen Dienst zu erbringen vermag.»[16] Diese Solidaritätsarbeit steht im Dienst am Wohlsein und Heil der Person, an der «Rettung der Person» (GS 3).

---

13 Vgl. Wissenschaftliche Arbeitsgruppe, Engagement (Anm. 11), 15 f. Bei 84 % der Gruppen mit Osteuropa-Engagement fand die Gründung in einem katholischen Umfeld statt; 87 % der in die Studie einbezogenen Mitglieder sind katholisch; vgl. ebd. 21.

14 85 % der Gruppen mit Dritte-Welt-Engagement wurden im katholischen Umfeld gegründet, im Durchschnitt sind 86 % der Mitglieder einer Gruppe katholisch; vgl. Wissenschaftliche Arbeitsgruppe, Handeln (Anm. 10), 27 f.

15 Zu dieser Unterscheidung vgl. Hermann Steinkamp, Art. Solidarität – IV: Praktischtheologisch, in: LThK[3] Bd. 9, Freiburg 2000, Sp. 710. Gunter M. Prüller-Jagenteufel spricht in seinem Beitrag zum vorliegenden Band auch von «Con-Solidarität» und «Pro-Solidarität».

16 Krüggeler u. a. (Anm. 9), 125.

4.2 Offenheit am Anfang
und in der Entwicklung der Solidaritätsarbeit

Der Beginn der Solidaritätsarbeit hat, soweit sich aus den dargestellten Interviews entnehmen lässt, nichts Zwingendes, sondern oft eher etwas Zufälliges. Der Anfang wird oft als unscheinbar beschrieben. Eine Kolpinggruppe, die ein Kinderdorf in Lateinamerika unterstützt, erzählt: «... in kleinen Anfängen sind wir dann, haben wir begonnen, das machen wir jetzt 14 Jahre»[17], und in ganz ähnlichen Worten beschreibt eine Hochschulgemeinde-Gruppe ihren Anfang: «Eigentlich hat sich die ganze Sache entwickelt mit ganz zarten Anfängen.»[18]

Der Prozess und die Entwicklung der Arbeit sind weder absehbar noch planbar. Die Arbeit gestaltet sich im Rahmen der vorgegebenen Situation und des Möglichen in kleinen Schritten. Manchmal haben Anstöße von außen eine Bedeutung. Dass sie aufgegriffen und umgesetzt werden, setzt aber eine Offenheit der Gruppenmitglieder voraus, eine Suche nach einem sinnvollen Engagement. So hat eine Jugendhausgruppe die Weihnachtspredigt von Kardinal Lehmann 1995 aufgegriffen und ein Projekt entwickelt, einen Friedenskindergarten in einem zerstörten Dorf in Bosnien zu errichten. Die Vorstellungen sind zu Anfang vage. Eine Teilnehmerin erzählt: «... ja also konkrete Erwartungen, sag ich mal, hat ich nicht, also ich hatte jetzt keine konkreten Vorstellungen oder so, aber es hat sich schon erfüllt, auf jeden Fall, also ich war auch hinterher total begeistert und bin es jetzt irgendwie immer noch.»[19] Eine Kolpinggruppe erzählt, wie sie sich, angeregt durch die Vermittlung eines Bischofs, auf eine Projektpartnerschaft mit einer sibirischen Gemeinde eingelassen hat, ohne zu wissen, was auf sie zukommt. Daraus entwickeln sich mit der Zeit Verbindlichkeiten: «... zunächst wussten wir ja über diese Arbeit und was da auf uns zukommt überhaupt nichts und über L. S. ..., der hat uns mehr oder weniger einfach mal so R-Stadt (sibirische Gemeinde) zugewiesen, ... und dass daraus dann später der Wunsch zu einer Partnerschaft entstanden ist, die eben auf Dauer geht und dann ganz speziell auch tiefere Verbindungen eingegangen werden, das ist erst so im Laufe der Zeit entstanden.»[20]

---

17 Nuscheler u. a. (Anm. 10), 259.
18 Ebd. 315.
19 Gabriel u. a. (Anm. 11), Teil 2, 109 f.
20 Ebd. 63 f.

Was bewegt diese Menschen, sich auf ein offenes und unsicheres Projekt einzulassen und hier Verantwortung zu übernehmen?

4.3 Vieldimensionale Motivationsbündel

Ein Grundimpuls für die Solidaritätsarbeit ist oftmals das Bedürfnis, den in der Nächstenliebe, im «Helfen» begriffenen Kern des christlichen Glaubens konkret zu leben und sichtbar zu machen: « ... man praktiziert so das Prinzip der Nächstenliebe, ne, was eben sonst sehr theoretisch ist, oder da sieht man's halt, ja, daran kann man's festmachen.»[21] Auch in Selbsthilfegruppen spielt das christliche Moment des gegenseitigen Helfens eine zentrale Rolle. So erzählt ein Mitglied einer Erwerbslosengruppe: « ... also für mich ist dies auch der christliche Gedanke also einander helfen und so, also das ist für mich jetzt schon auch der Grund dass ich hier mitmache»[22].

Die Motive für die Solidaritätsarbeit sind niemals eindimensional. Der Wunsch zu helfen und sich für andere zu engagieren wird mit anderen Motiven verbunden wie z. B. Gemeinschaft zu erleben, andere Menschen oder fremde Kulturen kennen zu lernen oder mit anderen etwas zusammen zu tun. Eine Teilnehmerin einer Jugendgruppe, die sich in Bosnien engagiert, beschreibt ihre Motivation als eine Mischung aus Neugier auf Fremdes, dem Wunsch zu helfen und dem Wunsch nach Gemeinsamkeit: « ... die Motivation war, also zum einen einfach so eben dieses Fremde, und auch ein anderer Teil war so das Helfen, also da helfen können, weil man's ja auch so mit dem ganzen Kriegsgeschehen, und während der Krieg da war, in den Nachrichten so mitgekriegt hat, und auch einfach auch mit anderen Jugendlichen so was zusammen zu machen»[23]. Als Motivationen nennt sie weiter das Leben mit der Gruppe, die Aufbauarbeit an den Häusern, die Arbeit mit Kindern, die Umgebung sowie die Anteilnahme und den Wunsch zu verstehen, was die Menschen in den Kriegsgebieten erlebt haben. Doch wird der Blick auf das Erleben der andern sofort ergänzt durch den Blick auf das eigene Erlebnis: « ... das so zu sehen irgendwie und mitzukriegen, was die, oder so versuchen,

---

21 Ebd. 52 f.
22 Krüggeler u. a. (Anm. 9), 250 f.
23 Gabriel u. a. (Anm. 11), Teil 2, 108.

nachzuvollziehen, was die erlebt haben während des Krieges, das war auf jeden Fall etwas Besonderes, keine Alltagssituation»[24].

Vor allem die Freude und der Spaß sind immer wiederkehrende Motive des Engagements. «Also für mich setzt das natürlich irgendwo Glauben voraus, sonst äh könnte man den, den Sinn dieses Engagements nicht, nicht begründen, oder ich könnte es vor mir selbst auch nicht begründen, auf der anderen Seite ist es einfach auch so, dass es einfach auch Spaß macht, wenn man sieht, dass man etwas bewegen kann, da ist für mich auch ein wichtiger Motivationspunkt.»[25] Durch die Betonung der Freude am Engagement soll offenbar der Eindruck der Selbstaufopferung vermieden werden. Das Engagement wird nicht als Zurückstecken eigener Bedürfnisse und nicht als die Erfüllung von angetragenen Pflichten oder Geboten begriffen, die als entfremdend angesehen werden. Vielmehr wird es als Verwirklichung der eigenen Fähigkeiten, Möglichkeiten, Werte und des eigenen Glaubens verstanden. Die Betonung des persönlichen Gewinns, der Freude an der Arbeit soll Authentizität zum Ausdruck bringen. Diese Akzentuierung ist allerdings generationenabhängig. Bei älteren Interviewpartnern tritt die Betonung des Spaßes zurück, dennoch kommt nur selten das Moment der Selbstaufopferung offen zum Ausdruck.

4.4 Partikularität und Erfolg des solidarischen Handelns

Die Gruppen, die sich auf ein konkretes Solidaritätsprojekt eingelassen haben, sind mit der Begrenztheit ihrer Möglichkeiten konfrontiert. Zum einen schließt die Arbeit an einem einzelnen Projekt die Arbeit an anderen Projekten aus. Die Arbeit geschieht «in ganz kleinem Rahmen. Es könnte sicherlich viel, ganz anders laufen.»[26] Zum anderen ist der Erfolg der Solidaritätsarbeit häufig kaum abzusehen. Die Gruppe freut sich, wenn sie etwas erreicht hat, und die erzielten Erfolge werden stolz erzählt und mit Zahlen, etwa von gesammelten Unterschriften, belegt. Doch sie weiß gleichzeitig, wie wenig sie letztendlich oft erreichen kann und wie partikular ihr Handeln ist. Zudem werden in den Interviews auch Rückschläge, Misserfolge und Frustrationen deutlich, die häufig durch die Missachtung oder Abwertung der Arbeit verursacht sind. Trotzdem erweisen sich die Gruppen als erstaunlich resignations-

---

24 Ebd. 110.
25 Ebd. 49.
26 Ebd. 52 f.

resistent. Sie haben einen «langen Atem» und freuen sich über die kleinen Schritte. Ein Grund für das Durchhaltevermögen ist darin zu sehen, dass der Erfolg nicht das einzige Ziel und Kriterium der Arbeit ist. Vielmehr wird der Solidaritätsarbeit in sich ein Sinn und Wert zugemessen. Der solidarische Akt in sich schafft schon eine neue Wirklichkeit. Es ist zumindest die Wirklichkeit, dass Menschen sich anderen zuwenden.

Die Mitglieder einer Gruppe, die Dritte-Welt-Produkte vertreibt, räsonieren mit viel ironischem Abstand über Partikularität und Erfolg ihrer Arbeit: «(Fw): Und ich denke, es ist klar, daß man mit einer Gruppe von 20 Leuten nicht die ganze Welt so ändern kann (Lachen), bis daß ich denke: ‹ja, so ist es eine gerechte Welt›. (Bw): Da hast du was vor. (Großes Gelächter) (Gw): Ja, aber es ist ja auch nicht so, als käme man jetzt jeden Donnerstag, finde ich, hierhin, weil man ja von diesem ständigen Drang getrieben wird, die Welt zu verbessern. Also man kommt ja einfach auch gerne und – also und das darf man auch nicht vergessen, daß es einfach auch Spaß macht so eine Arbeit. (Fw): Ich habe das Gefühl, es bringt auch was, und es bringt mir was, also es macht mir Spaß, aber ich habe auch den Eindruck, es ist nicht die Weltrevolution, aber es erreicht schon was. (Lm): Ich denke, wir arbeiten eben an der Basis, und da, denke ich, erreichen wir eine Menge. (Fw): So würde ich es nicht bezeichnen, aber es ist, ja, es verändert nicht die ganze Welt, aber es verändert punktuell halt was, und insofern ist es auch sinnvoll. (Ew): Ich glaube es ist auch wichtig, was man als bedeutend empfindet, ob das Ergebnis oder die Arbeit, d. h. es ist nicht nur so eine Sternstunde, weil man ein gutes Ergebnis hat, sondern das Ganze ist irgendwie, die Arbeit an sich ist so eine gewisse Sternstunde, also von da ist nicht nur das einzige, was jetzt schön ist für unsere Arbeit, daß hinten was ganz Dolles bei rauskommt.»[27] In diesem Dialog wird eine ironische Distanz zu größenwahnsinnigen Weltverbesserungsideen deutlich. Dennoch wird die eigene Arbeit im Kontext der Weltverbesserung verortet. Es geht um Veränderung, aber man ist sich der Grenzen der eigenen Möglichkeiten bewusst. Wichtig bei der Arbeit ist der Doppelaspekt von Spaß und Erfolg. Der Erfolg bemisst sich nicht alleine am Ergebnis, sondern er liegt bereits im Akt der Arbeit an sich.

Ein Verständnis des eigenen Handelns, das nicht allein am Erfolg orientiert ist, zeigt sich auch im kirchlichen Binnenmilieu. Hier haben auch gesellschaftlich nicht anerkannte und honorierte Tätigkeiten und Gegenstände, die keinen Tauschwert haben, wie die Tätigkeiten der alten Menschen oder die Handarbei-

---

27 Nuscheler u. a. (Anm. 10), 356 f.

ten der Frauen, ihren Ort. In der Gesellschaft oft als Almosenmentalität abgewertet, werden hier Beiträge zur Solidaritätsarbeit gerade auch von Menschen anerkannt, die ihr Zutun nur noch symbolisch oder in Form einer (oft nur geringen) finanziellen Spende ausdrücken können. Gerade im kirchlichen Binnenmilieu wird (manchmal) noch ein Handeln sichtbar, das nicht am Tausch- und Erfolgsprinzip orientiert ist.[28] Hier gelten weniger die Gesetze des ökonomischen Handels als vielmehr die des Gabentausches, bei dem der Gegenstand eine Botschaft wird, die einen sozialen Zusammenhang konstituiert. «Der Weihnachtsmarkt bietet denjenigen, deren Kompetenzen nicht mehr gefragt werden, weil sie zu alt sind, weil die teure Handarbeit durch Maschinenarbeit ersetzt ist oder weil sie als Hausfrauenarbeit nicht bewertet wird, die Chance, ihre Fähigkeiten öffentlich zu präsentieren und Anerkennung zu finden.»[29]

Mit dem aufkommenden Bürgertum, so Johann Baptist Metz, sind Tausch und Nützlichkeit zu den Prinzipien geworden, die alle sozialen Beziehungen regeln. Alle anderen Werte, die das Sozialwesen bis dahin getragen hatten, treten zurück in die Sphäre des Privaten. «Die gesellschaftliche Entmächtigung und Entwertung von traditionellen Haltungen, für die es keinen Gegenwert gibt, für die man buchstäblich nichts bekommt, die ‹umsonst› sind, wie Freundlichkeit, Dankbarkeit, Aufmerksamkeit für die Toten, Trauer etc. schreitet voran.»[30] Die Gemeinden und andere christliche Gruppen haben zum Teil einen Raum gewahrt, in dem Haltungen gelebt und tradiert werden können, die in der Gesellschaft nicht anerkannt sind, weil sie nicht ihren Effektivitäts- und Tauschprinzipen entsprechen. Man kann nun in der Anerkennung von Tätigkeiten ohne Tausch- und Effektivitätswert ein vormodernes Rudiment sehen (was es in gewissem Sinne auch ist), das im noch ausstehenden Modernisierungsprozess zwangsläufig, sozusagen evolutionär, aussterben wird. Man kann in ihnen aber auch ein Hoffnungspotential der jüdisch-christlichen Religion gegenüber der Totalität der Modernisierungsidee sehen. Auch der einfachste Akt der Zuwendung zum anderen, so ineffektiv er sein mag, setzt bereits eine neue Wirklichkeit und ist zugleich ein Zeichen der kommenden neuen Wirklichkeit eines größeren Heils.[31]

---

28 Vgl. dazu die Fallstudie «Pfarrei» in: Krüggeler u. a. (Anm. 9), 195–204 und das Fallbeispiel «Kolpinggruppe» in: Nuscheler u. a. (Anm. 10), 254–280.

29 Nuscheler u. a. (Anm. 10), 263.

30 Metz (Anm. 2), 34 f.

31 In diesem Sinn sind wohl auch die Erzählungen über das Opfer der Witwe (Mk 12,41–44 parr) und über die Frau, die Jesus in Bethanien salbte (Mk 14,3–9), zu verstehen.

4.5 Zeugnis und Bekenntnis

In der Alltagssprache der Gruppen wird der Begriff der Solidarität wenig gebraucht. Häufiger wird von «Helfen» gesprochen, doch wird der Begriff sofort durch Zusätze oder Erzählungen erläutert, relativiert oder modifiziert. Auch eine theologische oder christliche Bekenntnissprache ist kaum anzutreffen. Obwohl der Glaube als ein zentrales Motiv des christlichen Engagements deutlich wird, wird zurückhaltend und unprätentiös über ihn gesprochen. Es geht nicht um große Worte, um abstrakte Formeln und Parolen, nicht um das verbale Bekenntnis, sondern es geht um die Praxis, die das, was geglaubt wird, Wirklichkeit werden lassen soll. Da die eigene Praxis als partikular und begrenzt wahrgenommen wird, erscheinen auch die großen Begriffe nicht angemessen.

Die zurückhaltende Ausdrucksweise hängt auch mit einer Skepsis gegenüber Ideen und Bekenntnissen zusammen, denen keine Praxis entspricht und die dadurch ideologisch verzerrt werden. Dies wird explizit, wo sich eine Gruppe gegen den Gebrauch des Solidaritätsbegriffs in der ehemaligen DDR abgrenzt: An sich seien die Solidarität, die Freundschaft zu allen Menschen und die Idee der Völkerfreundschaft zwar hohes Gut der Erziehung gewesen – « ... die Solidarität mit allen Menschen wurde einem vom Kindergarten über die Schule beigebracht»[32] – doch sei der Wert ideologisch missbraucht worden: « ... was die da oben für Parolen ausgeben, das ist alles nur irgendwelche Agitation, sinnlose Propaganda, ... die ganze Solidaritätsidee (ist) nur eine Idee, Leuten das Geld aus der Tasche zu ziehen und die ganze Völkerfreundschaft ist im Prinzip ein Quatsch, der nur ein Bestandteil dieser ganzen Verdummungs- und Unterdrückungsmaschinerie ist.»[33]

In Gruppen, die nicht kirchlich oder religiös gebunden sind, kann das religiöse Bekenntnis die Arbeit sogar behindern. Grundlegend für die Arbeit in der Amnesty-Gruppe z. B. ist «eine politisch unbedingt unparteiische Parteinahme für die Menschenrechte»[34]. Religion ist hier kein Bestandteil der gemeinsamen Handlungspraxis, sie ist kein konjunktives Element, das die Gruppenmitglieder unausgesprochen, vorreflexiv und habituell miteinander verbindet, wie dies in christlichen Gemeinden der Fall ist. Die Verständigung über religiöse Themen muss explizit kommunikativ hergestellt werden. Da es

---

32 Gabriel u. a. (Anm. 11), Teil 2, 224.
33 Ebd. 231.
34 Krüggeler u. a. (Anm. 9), 286.

hier aber unterschiedliche Auffassungen geben kann, lenkt die Diskussion über religiöse Themen von der gemeinsamen Arbeit ab und behindert sie vielleicht. Religion wird als eine private Motivation der einzelnen Mitglieder der Gruppe durchaus geschätzt, aber als explizites Thema vermieden.[35]

4.6 Kriterien der Solidaritätsarbeit

In den Fallstudien kommt eine große Vielfalt der Solidaritätsarbeit zum Ausdruck: Die Erzählungen handeln vom Einsatz für die Menschenrechte, von der Aufbauhilfe einer von Erdbeben zerstörten Kirche, von politischer Begegnungs- und Versöhnungsarbeit, vom Handel mit Dritte-Welt-Produkten, von Informationsveranstaltungen und Begegnungsfahrten, vom Sammeln von Spenden und der Organisation von Hilfsgütertransporten usw. Jede Gruppe entwickelt eigene Vorstellungen von guter Solidaritätsarbeit. Was zeichnet im Selbstverständnis der Gruppen eine gute Solidaritätsarbeit aus?

Als Kriterien für die Solidaritätsarbeit werden vor allem drei Aspekte sichtbar:

- erstens das Helfen, wo Menschen in Not sind, dazu zählt auch die gemeinsame Selbsthilfe,
- zweitens die politische Arbeit an der Strukturveränderung für eine gerechte Welt,
- und drittens die Gegenseitigkeit, die Reziprozität bzw. der wechselseitige Austausch.

Auch wenn die Gruppen ihre Kriterien manchmal verabsolutieren, können aus diesen Aspekten keine allgemeinen Kriterien für Solidaritätsarbeit abgeleitet werden. In der Praxis können oder sollen oftmals nicht alle drei Kriterien gleichzeitig verwirklicht werden; die Gruppen setzen hier unterschiedliche Schwerpunkte. Zudem werden die Kriterien in der Praxis unterschiedlich bewertet. Die Gruppen favorisieren oftmals ein oder zwei Kriterien und grenzen sich gegen das dritte ab. So wird vor allem das «Helfen» in vielen Gruppen abgelehnt, weil es in Verdacht steht, paternalistisch zu sein und die Ursachen der Not nicht zu beseitigen. Als Reaktion darauf wird auf Reziprozität, auf «Geben und Nehmen» oder einen persönlichen oder kulturellen Austausch Wert gelegt, oder es wird ein Akzent auf den politischen oder ökonomischen Strukturwandel gelegt. Dass die einseitige Hilfe für Menschen in Not nicht paternalistisch

---

35 Vgl. dazu auch ebd. 42–48.

sein muss, zeigt das Beispiel der Amnesty-Gruppe. Die Beziehungen «lassen keine unmittelbare, aufgeschobene oder generalisierte Reziprozität erkennen»[36]. Es gibt keine Begegnung, keinen kulturellen Austausch, auch die politische Veränderung von Strukturen ist nicht direkt angezielt, sondern es geht um direkte Hilfe für konkrete Menschen und darin um die Menschenrechte. In manchen Gruppen, deren Schwerpunkt das Helfen ist, ist ein Misstrauen gegenüber der Verwendung von Geldern für politische Maßnahmen zu spüren. Jedes der drei Kriterien hat einen zentralen Solidaritätsaspekt, aber auch eine Kehrseite, die in der konkreten Praxis sorgfältig reflektiert werden muss.

4.7 Zum Verhältnis zwischen Solidaritätsgruppen und kirchlichen Institutionen

Das Verhältnis zwischen den Solidaritätsgruppen und den kirchlichen Institutionen ist ambivalent. Viele Gruppen erhalten ihre zentralen Anregungen sowie finanzielle und räumliche Unterstützung von kirchlichen Institutionen. Zugleich begreifen sich die kirchlich orientierten Gruppen explizit als ein Teil der Gemeinde wie auch der Weltkirche und handeln im Namen der Kirche und für sie.[37] Sie sind in die Gemeinden und ihre Ausschüsse oder in die kirchlichen Verbände eingebunden und bemühen sich, das kirchliche Milieu oder die Verbandsideale zu beleben, Gottesdienste zu gestalten, die Gemeinde zu informieren und zu mobilisieren. Doch bei all ihrem kirchenbezogenen Einsatz sind diese Solidaritätsgruppen bereits im innergemeindlichen Kontext oftmals schon im Abseits. Bereits eine kleine Abweichung von den Erwartungen der Gemeinde oder der Hauptamtlichen lässt sie an den Rand geraten. Sie leiden darunter, dass sie randständig sind, dass ihre Arbeit nicht gewürdigt oder ignoriert wird. Ein «Sachausschuss Mission-Entwicklung-Frieden», der in Gottesdiensten und Gemeindeveranstaltungen für eine weltkirchliche Perspektive wirbt und nicht nur den «eigenen», aus der Gemeinde stammenden Missionar unterstützt, wird in Entscheidungen in eigener Sache übergangen und fühlt sich von der Gemeinde und dem Pfarrer nicht wahrgenommen und überflüssig: « ... das würde auch laufen wahrscheinlich, wenn wir gar nicht existierten.»[38] In diesem Fall führt der Wunsch, anerkannt zu werden, dazu,

---

36 Ebd. 228.
37 Vgl. Gabriel u. a. (Anm. 11) Teil 2, 23; Nuscheler u. a. (Anm. 10), 139 ff.
38 Nuscheler u. a. (Anm. 10), 155.

dass die Gruppe unter Absehung von ihrer eigentlichen Solidaritätsarbeit eine Annäherung an die Gemeinde durch einen Frühschoppen plant, damit die Gemeinde sieht: «und wenn es nur wenige sind: ‹Ach guck mal, die können ja auch was anderes machen›.»[39]

So überrascht es nicht, dass viele Gruppen sich die Reibereien und Frustrationen im kirchlichen Milieu ersparen, sich von der Gemeinde entfernen oder völlig aus kirchlichen Strukturen auswandern und sich ganz auf ihre Solidaritätsarbeit konzentrieren, wobei sie dann oftmals mit anderen religiös ungebundenen Gruppen zusammenarbeiten. Der Rahmen des Handelns ist dann nicht mehr die Gemeinde, sondern die gesellschaftliche Öffentlichkeit.[40] Dadurch geht aber faktisch den Gemeinden und kirchlichen Institutionen ein wichtiges Potential verloren.

Zusammenfassend lässt sich in Vergegenwärtigung der Perspektiven des Konzils festhalten: Die Praxis der Kirche lässt sich in der heutigen Gesellschaft immer weniger allein im Blick auf die kirchlichen Strukturen wahrnehmen. Zu sehr wird bislang noch die Praxis jener Menschen übersehen, die «wie der Sauerteig» (LG 31) in der Gesellschaft durch ihre christliche Solidaritätsarbeit den Auftrag der Kirche leben und zur «Rettung der menschlichen Person» und zum «rechten Aufbau der menschlichen Gesellschaft» (GS 3) beitragen. Diese Praxis ist ein Zeugnis im Tun, bei dem das Bekenntnis um des gemeinsamen Handelns willen gerade in weltanschaulich inhomogenen Gruppen oftmals zurückgestellt werden muss. Diese Solidaritätsarbeit ist notwendig konkret, partikular und oft winzig in ihren Erfolgen. Aber sie verändert die Wirklichkeit, nicht allein wegen ihrer Effektivität, sondern bereits durch ihre Existenz.

Theologie und Kirche haben in Bezug auf die Integration der solidarischen Praxis der Christinnen und Christen in das kirchliche Selbstverständnis eine wichtige Funktion. Wenn sie deren gesellschaftliches Solidaritätsengagement wahrnehmen, dem kirchlichen Handeln zurechnen, es würdigen und unterstützen, dann fällt es den Christinnen und Christen auch leichter, sich selbst und ihre Praxis in den Kategorien der kirchlichen Tradition zu begreifen und sich an die kirchlichen Institutionen rückzubinden. Der Gewinn liegt auf beiden Seiten: Die in den kirchlichen Institutionen engagierten Christinnen und Christen werden Kirche nicht mehr als eine schwindende gesellschaftliche Randgruppe begreifen, sondern sehen, wie vielfältig Kirche an den anstehen-

---

39 Ebd. 160.
40 Dies ist auch das zentrale Ergebnis der Typologie von Nuscheler u. a., ebd. 408–418.

den Aufgaben der Gesellschaft mitarbeitet. Und die Christinnen und Christen, die ihren Glauben in der Solidaritätsarbeit in kirchlich nicht angebundenen gesellschaftlichen Zusammenhängen leben, werden ihr Handeln besser als ein kirchliches Handeln begreifen und reflektieren können.

5 Woran weiterzuarbeiten wäre

Die empirischen Studien zum Zusammenhang von Religion und Solidaritätsarbeit in Gruppen zeigen – bildlich gesprochen – nur die Spitze eines Eisbergs. Die Vielfalt der christlichen Solidaritätsgruppen, der Mitarbeit von Christinnen und Christen in nicht-religiös orientierten Gruppen sowie der individuellen Solidaritätsarbeit kann nur erahnt werden. Weitere empirische Studien zur christlichen Solidaritätspraxis sind notwenig, um die christliche Praxis und das Handeln der Kirche in der Gesellschaft sichtbar zu machen. Zu untersuchen wäre z. B. die Solidaritätspraxis von Christinnen und Christen in unterschiedlichen nicht religiös gebundenen Gruppen. Zu erheben wäre die Praxis der «anamnetischen Solidarität» (H. Peukert) mit den Toten. Auch weite Felder der individuellen Solidaritätsarbeit sind noch kaum wahrgenommen und reflektiert worden. Vor allem die vernetzende und generationenübergreifende Solidaritätsarbeit von Frauen ist bislang weithin der Wahrnehmung entzogen, indem sie oftmals noch unhinterfragt mit der Frauenrolle identifiziert und biologisch legitimiert wird.[41] Die Wahrnehmung, Sichtbarmachung und Würdigung der christlichen Solidaritätsarbeit in der Gesellschaft stärkt das Selbstverständnis der Institution Kirche wie auch das der in der Gesellschaft handelnden Christinnen und Christen.

---

41 Vgl. hierzu auch den Beitrag von Christa Schnabl in diesem Band.

Solidaritätsarbeit als Lern- und Bildungsprozess

Norbert Mette, Dortmund

Auch wenn die in diesem Buch vorgestellten empirischen Studien dazu nur bedingt Auskünfte enthalten, regen sie zum Nachdenken darüber an, zum einen wie die Mitglieder der untersuchten Solidaritätsgruppen dazu kommen, sich zu engagieren, und zum anderen welchen Lern- und Bildungsprozess sie im Verlauf ihres Engagements durchmachen. Der Versuch einer solchen Rekonstruktion der Solidaritätsarbeit in (religionspäd)agogischer Perspektive könnte genauere Aufschlüsse über die individuellen Voraussetzungen für ein solches Engagement sowie seinen Einfluss auf die Persönlichkeitsentwicklung gewinnen lassen und dazu verhelfen, dieses in (päd)agogischen Prozessen stärker zu berücksichtigen. Die folgenden Ausführungen dazu sind mangels dafür zur Verfügung stehenden empirischen Materials notgedrungen tentativ gehalten und wollen zu vertiefenden Studien anregen.

1 Zum Werdegang von Solidaritätsgruppen – eine idealtypische Rekonstruktion

Die aus der qualitativen Untersuchung der Dritte-Welt-Gruppen rekonstruierte typologische Zuordnung der interviewten Gruppen zu einem pfarrgemeindlichen Binnenmilieu, einem kirchlichen Grenzmilieu und einem außerhalb der etablierten kirchlichen Strukturen sich bildenden Bewegungsmilieu[1] lässt es nicht nur zu, sich eine genauere Vorstellung über die Vielfalt dieser im Kontext der katholischen Kirche antreffbaren Gruppen und deren unterschiedliche Selbstverständnisse zu machen. Sondern sie kann auch fragen lassen, ob die Typologie über die Bestandsaufnahme eines gleichzeitigen Ne-

---

1 Vgl. Franz Nuscheler Karl Gabriel, Sabine Keller, Monika Treber, Christliche Dritte-Welt-Gruppen. Praxis und Selbstverständnis, Mainz 1995, 408–418; vgl. auch den Beitrag von Karl Gabriel in diesem Band.

beneinanders verschiedener Milieuzuordnungen der Dritte-Welt-Gruppen nicht auch einen Hinweis auf einen möglichen Entwicklungsverlauf solcher Gruppen gibt, etwa vom Binnen- zum Bewegungsmilieu hin. Wenn diese Vermutung nicht völlig aus der Luft gegriffen ist, wäre es interessant, Faktoren angeben zu können, die eine solche Weiterentwicklung begünstigen oder die Gruppe auf einem bestimmten Stand stehen lassen oder auch zur Auflösung einer Gruppe führen. Es liegt nahe, dass solche Faktoren mit bestimmten Krisen- und Konfliktsituationen, die eine Gruppe durchläuft, in Verbindung zu bringen sind.[2]

In diesem Sinne sei im Folgenden idealtypisch der Werdegang einer Solidaritätsgruppe nachgezeichnet, der seinen Ausgangspunkt im gemeindenahen Kontext nimmt:

(1) Entweder besteht bereits eine Gruppe, die ihr künftiges Programm stärker auf eine Solidaritätsarbeit hin ausrichten möchte; oder es bildet sich zu diesem Zweck eine neue Gruppe aus dazu bereiten Pfarrangehörigen. Es gibt verschiedene Anlässe, die dazu geführt haben können: sei es etwa der Wunsch des Pfarrers, einen Schwerpunkt für Mission und Entwicklung in der Gemeindearbeit zu setzen, sei es der Heimatbesuch eines mit der Pfarrgemeinde verbundenen Missionars oder einer Missionarin, deren Begegnung den Willen bekräftigt hat, seine oder ihre Arbeit in der Fremde materiell und ideell zu fördern, sei es der Aufruf eines international tätigen katholischen Verbandes, die von ihm in Ländern der Dritten Welt betriebene Entwicklungsarbeit aktiv zu unterstützen, oder anderes mehr. Die Motivation der einzelnen, in einer solchen Gruppe mitzuarbeiten, rührt bei nicht wenigen stark von einer christlich-katholischen Sozialisation her, die eine besondere Empfindsamkeit für die Hilfsbedürftigkeit anderer und das Gefühl der Verpflichtung ihnen gegenüber geweckt und gefördert hat – nicht selten in Form einer eigenartigen Verbindung von Altruismus und Werkgerechtigkeit. Eine nicht unwichtige Rolle spielt auch der Wunsch nach Geselligkeit mit Gleichgesinnten, zumal wenn man freigesetzt von beruflichen und/oder familiären Verpflichtungen für neue Tätigkeiten Zeit gewonnen hat.

Wenn die auf diese Weise initiierte Solidaritätsarbeit im Rahmen der in der Pfarrgemeinde – genauer: in ihrer «Kerngemeinde» – dominierenden Vorstel-

---

2   Einblicke in diese Prozesse vermittelt die Untersuchung von Ludger Weckel, Michael Ramminger, Dritte-Welt-Gruppen auf der Suche nach Solidarität, Münster 1997; Beispiele gibt Karl-Heinz Feldbaum u. a. (Hg.), Neues Lernen für globale Solidarität. Entwicklungsbezogene Bildung in kirchlicher Kinder- und Jugendarbeit, Düsseldorf 2001.

lungswelt bleibt, ist die Gruppe als Teil dieser Gemeinde akzeptiert und erfährt auch Zuspruch und Unterstützung, z. B. durch den Kauf von (selbst hergestellten) Waren auf einem Weihnachtsbasar oder andere Spenden. Das ist solange der Fall, wie die Gruppe nach dem Motto agiert, anderen helfen zu wollen, also selbst aus einer paternalistischen oder assistentialistischen Einstellung heraus handelt. Die Beziehung zu dem Projekt, dem die Hilfe zukommt, lässt sich als Patenschafts-Verhältnis charakterisieren; relevante Rückwirkungen auf das Leben der Gruppe und ihrer Pfarrgemeinde zeitigt sie – abgesehen von dem Gefühl, mit der «weiten Welt» in Verbindung zu stehen und etwas Gutes zu tun – nicht.

Wozu es innergemeindlich durchaus kommen kann, ist, dass die Gruppe im Verlauf ihres Engagements sich mehr und mehr von der Sache selbst motivieren lässt und dabei selbstständiger wird, unabhängiger von Zusprüchen «von außen», dass sie womöglich so etwas wie ein eigenes Bewusstsein in Richtung eines Laiencharismas entwickelt. Begünstigt wird das zudem in dem Maße, wie die Gruppenkohäsion zunimmt. Die Gruppe lernt es, ihr Anliegen in die eigene Hand zu nehmen und es selbstständig zu verfolgen.

(2) Einen anderen Richtungsverlauf nimmt die Solidaritätsarbeit, wenn sie die Gruppenmitglieder dazu bringt, sich intensiver mit der Situation der Menschen, für die sie sich engagieren wollen, zu befassen, sie durch Einholung und Aufarbeitung von entsprechenden Informationen genauer kennen zu lernen und dabei auf Sachverhalte in deren Lebensverhältnissen aufmerksam zu werden, die sie – nicht zuletzt im Vergleich zu der eigenen Situiertheit hierzulande – betroffen machen. Dieses Berührt-Sein von dem, was sie über die Lebensbedingungen im Kontext ihres Projekts in Erfahrung gebracht haben, treibt sie dazu an, dies auch andere wissen zu lassen, vorrangig die Gemeindeöffentlichkeit, um die Wichtigkeit ihres Engagements bewusst werden zu lassen und dafür nach Möglichkeit eine breitere Basis zu gewinnen. Nur selten haben sie erfahrungsgemäß damit größeren Erfolg. Häufig kommt es sogar zu einer gegenteiligen, für die Gruppe alles andere als leicht zu verarbeitenden Erfahrung, nämlich dass in dem Maße, wie sie sich in der Gemeinde zum Anwalt der «Fremden» macht, ihr aus deren eigenen Reihen heraus ein Befremden bescheinigt wird – mit der Folge, dass sich mehr und mehr eine gegenseitige Fremdheit zwischen Gruppe und Gemeinde auftut.

Zum offenen Konflikt kann diese Entwicklung eskalieren, wenn es in Fragen des Aufbringens von finanziellen Mitteln zu einer Konkurrenz zwischen einem innergemeindlichen Vorhaben (z. B. Anschaffung einer neuen Orgel) und der Unterstützung für das Solidaritätsprojekt kommt. Es kommt eher selten vor, dass die Majorität der (Kern-)Gemeinde nicht den eigenen Belangen den Vorzug gibt. Solche Spannungen zwischen Gruppe und Gemeinde können dazu führen, dass einzelne Gruppenmitglieder «um des lieben Friedens» mit der Gemeinde willen sich aus der Gruppe zurückziehen oder dass die Gruppe insgesamt zer- und zusammenbricht.

(3) Sie kann aber wiederum die Solidaritätsarbeit einen anderen Richtungsverlauf nehmen lassen. Die Gruppenmitglieder betrachten das von ihnen betriebene Solidaritätsprojekt als eine besondere je persönlich wie gemeinsam eingegangene Verpflichtung, mit der nicht «nach Lust und Laune» umgegangen werden kann. Dies ist umso mehr der Fall, je mehr der Kontakt zum Projekt nicht bloß in schriftlicher und ähnlicher Form verläuft, sondern es durch Begegnungen konkrete Gesichter annimmt. Je intensiver dies geschieht, desto mehr gestaltet sich das anfängliche patenschaftliche Verhältnis zu einem partnerschaftlichen um. Hinzu kommt, dass die gemeinsam durchgemachte Auseinandersetzung mit Teilen der Gemeinde die Mitglieder aneinandergeschweißt hat und damit auch ihre Beziehungen untereinander noch verbindlicher hat werden lassen.

Ein weiterer Punkt ist dann die Frage, wie es die Gruppe mit der Kirchengemeinde hält. Manche Gruppen sind nicht mehr bereit, diesen «Ballast» weiter mit sich herumzuschleppen, brechen die Beziehungen ab und verbünden sich stärker mit anderen Gruppen aus der Solidaritätsarbeit. Andere Gruppen möchten sich aus ihrer ursprünglichen kirchlichen Anbindung nicht lösen und werden dazu teilweise gerade durch ihre Erfahrungen mit einer anderen Weise des Kircheseins bzw. -werdens im Kontext ihres Projekts ermutigt, einer menschenfreundlichen und für die Benachteiligten parteilichen Kirche, die sie als Vorbild für eine Kirche nehmen, wie sie auch hier sein sollte und könnte, und für die sie sich einsetzen.

Alle drei Momente bedeuten für die Solidaritätsgruppe eine enorme Stabilisierung. Sie stellen sie aber auch, wie gleich zu zeigen sein wird, vor neue Herausforderungen.

(4) Was für eine Partnerschaft «im Nahbereich» zutrifft, gilt für eine Partnerschaft «in der Ferne» erst recht: Sie ist vor krisenhaften Entwicklungen und Konflikten nicht gefeit. Zu einem nicht nur programmatisch deklarierten, sondern wirklich partnerschaftlichen Verhältnis kommt es in dem Maße, wie beide Seiten es lernen, sich jeweils als andere wahr und ernst zu nehmen und sich in dieser Andersartigkeit gegenseitig anzuerkennen. Das macht in der Regel ein schmerzhaftes Abschiednehmen von lieb gewordenen Vorstellungen vom Anderen erforderlich, von Vorstellungen etwa, die dadurch zustande ge-

kommen sind, dass der oder die Andere als ideale Projektionsfläche für eigene Wünsche und Sehnsüchte hat dienen müssen. Partnerschaftliches Verhältnis bedeutet insofern auch, sich gegenseitig nüchterner, realistischer zu sehen, zu akzeptieren, dass das Gegenüber auch Schwächen hat und Fehler macht, dass es seinen eigenen Weg gehen darf, den ich nicht vorher allererst zu billigen habe, usw. Soll das zugelassen werden können, bedarf es eines tiefen gegenseitigen Vertrauens, das aus einem lang dauernden Prozess des Sich-Kennen-Lernens erwächst. Je ferner die Abstände voneinander sind, desto schwieriger gestaltet sich das – trotz Email-Kontakten etc.

Von daher ist es nicht verwunderlich, dass manche Solidaritätsgruppen daran scheitern. Sie fühlen sich beispielsweise enttäuscht oder sogar betrogen, wenn ihr Projektpartner nicht so mit ihrer mühsam erwirtschafteten und zur Verfügung gestellten Unterstützung umgegangen ist, wie sie sich das vorgestellt haben. Wenn es keine Möglichkeit gibt, dieses gemeinsam aufzuarbeiten, ist die Basis für eine weitere Zusammenarbeit zerstört.

Auch in der Solidaritätsgruppe selbst kann es in der Frage des Umgangs miteinander zu Problemen kommen, die bearbeitet werden müssen, soll es nicht irgendwann zum Zerwürfnis untereinander kommen. Gerade weil bei einem längeren und womöglich konfliktträchtigen Werdegang einer Gruppe auch die Beziehungsdimension immer stärker ins Spiel kommt, muss diesem subjektiven und intersubjektiven Faktor neben der «Sacharbeit» ausdrücklich Beachtung geschenkt werden. Auch hier muss gegebenenfalls zugelassen und ertragen werden, dass die eine oder der andere irgendwann einen anderen Weg geht als die restliche Gruppe. Ein Testfall ist auch, ob eine Gruppe in der Lage ist, neue Mitglieder in ihre Reihen so aufzunehmen, dass diese nicht so gut wie möglich in das Bestehende «hineinsozialisiert» werden, sondern ihrerseits der Arbeit neue Impulse geben können.

Schließlich kann die Kirchenanbindung in doppelter Hinsicht zu einem Problem werden: Zum einen sieht man durch den langjährigen Austausch und durch konkrete Begegnungen «vor Ort» nüchterner, dass auch dort, im Kontext des Projekts, die Kirche keineswegs in jedweder Hinsicht so ist, wie man sie sich erträumt hat. Zum anderen stößt man bei dem Ansinnen, hierzulande einen Kirchwerdungs-Prozess in Gang zu bringen, auf dermaßen massive Widerstände, dass man nicht einmal ansatzweise weiterkommt. Soll es nicht spätestens hier zu einer gänzlichen Loslösung von der kirchlichen Anbindung der Solidaritätsarbeit kommen, muss es einzeln und gemeinsam gelernt werden, sich auch in den religiösen Belangen auf die eigenen Füße zu stellen und sich einzeln und gemeinsam zu vergewissern, was die praktizierte

Solidaritätsarbeit mit dem Evangelium zu tun hat. Insofern sie gemacht werden konnten, können sich diesbezüglich die Erfahrungen mit der spirituellen Praxis von Basisgemeinden als hilfreich und weiterführend erweisen.

(5) So sehr Gelingen oder Scheitern von Solidaritätsarbeit in Gruppen von personalen und interpersonalen Faktoren, die hier oder dort bedingt sein können, abhängig ist, wäre es doch verkürzt, alles darauf zurückführen zu wollen. Einen mindestens ebenso erheblichen Anteil haben die strukturellen Faktoren, die sie in der Regel eher erschweren als begünstigen. Einen Optimismus, dass in Politik, Wirtschaft, Kultur etc. alles auf eine solidarischere und gerechtere Welt hinausläuft, hat es in den siebziger Jahren des letzten Jahrhunderts gegeben. Genau auf dieses Jahrzehnt geht der breite Aufbruch der Solidaritätsarbeit an der kirchlichen und gesellschaftlichen Basis zurück. Dieser Optimismus ist inzwischen gänzlich verflogen. Rücksichtslos werden allenthalben Eigeninteressen verfolgt, um sich an den geringer werdenden Ressourcen und Gewinnmöglichkeiten einen möglichst großen Anteil zu sichern. Der Solidaritätsarbeit schlägt – angefangen im Nahbereich und erst recht in globaler Ausrichtung – der Wind ins Gesicht.

Umso mehr gehört es zur Solidaritätsarbeit, sich mit diesen sie behindernden strukturellen Zusammenhängen offensiv auseinanderzusetzen und ihnen Alternativen entgegenzusetzen, angefangen in vor Ort realisierbaren Kleinprojekten bis hin zur öffentlichen Bewusstseinsbildung für allfällige Strukturveränderungen. Dazu können die Gruppen einerseits auf ihre praktischen Erfahrungen zurückgreifen. Sie kommen aber nicht daran vorbei, diese theoretisch zu vertiefen und weiterzudenken. Entscheidend für das Überdauern von einzelnen Solidaritätsgruppen ist es, ob sie sich mit anderen ähnlich denkenden und agierenden Gruppen zu netzwerkartigen Verbünden zusammenschließen. Gruppen, die sich als christlich und zugleich als Teil dieses zivilgesellschaftlichen «Bewegungsmilieus» verstehen, können hier möglicherweise einen Ort finden, um für sich zu entdecken, was Kirche heißt.

Natürlich verläuft der Werdegang einer Solidaritätsgruppe nicht so, wie hier idealtypisch beschrieben. Die Gruppen, die bei (1) anfangen, gehören wohl mittlerweile zum Auslaufmodell; je stärker die Erosion der überkommenen Volkskirche vonstatten geht, desto mehr werden sie verschwinden. Die Frage, ob es demnächst überhaupt noch Solidaritätsgruppen mit kirchlicher Anbindung geben wird, wird davon abhängen, wie sehr Kirche sowohl im Grenzmilieu als auch im Bewegungsmilieu vertreten sein wird.

Aber abgesehen davon kam es in dieser Darstellung darauf an, herauszustellen, wie sehr der Werdegang von Solidaritätsgruppen in Form eines andauernden selbstreflexiven Prozesses verläuft und insofern einen erheblichen Zuwachs hinsichtlich des individuellen und gemeinsamen Bewusstseinsstandes mit sich bringt. Dieser Lern- und (Bewusstseins-)Bildungsprozess umfasst die verschiedenen Dimensionen und Bereiche, angefangen von eher kognitiven Lernleistungen etwa im Sinne des Sich-Vertrautmachens mit einem fremden Land und einer fremden Kultur über das Kennenlernen und Sich-Verständigen (auch sprachlich!) mit bis dahin fremden Menschen bis hin zu einem existenziellen Sich-Aussetzen («exposure») in einen völlig fremden Kontext (z. B. zeitweiliges Mitleben mit armen Menschen), das unweigerlich die bisherigen eigenen Lebensweisen und -praktiken nachhaltig in Frage stellt. Wesentlicher Antrieb zu dem Lern- und Bildungsprozess sind immer wieder im Werdegang einer Gruppe sich einstellende Krisen- und Konfliktsituationen, sei es dass sie intern bedingt sind, sei es durch die «Außenkontakte» der Gruppe entweder zur Pfarrgemeinde oder zu den Projektpartnern, die jeweils zur neuen Standortvergewisserung nötigen.[3]

Wie verheerend es für die Kirche – und die Gesellschaft – wäre, dem immer noch – auch in den eigenen Reihen – vorhandenen Solidaritätsengagement mitsamt seinem Bildungspotential nicht die Aufmerksamkeit zu widmen, die ihm gebührt, und wie hilfreich es für viele Gruppen wäre, ihrerseits mit der Solidarität einer ihnen von ihrem Auftrag her nahe stehenden Institution rechnen zu können, ist prägnant den am Schluss der Dritte-Welt-Gruppen-Studie angeführten Empfehlungen zu entnehmen.[4] Zwei von ihnen (8. und

---

3 Der südafrikanische Theologe Albert Nolan (Der Dienst an den Armen und geistliches Wachstum, Bonn, Bern 1986) hat für das Erlernen der «Option für die Armen» vier Entwicklungsstufen angegeben: Die erste Phase ist von Mitleid bestimmt, das sich in der direkten Hilfe äußert. In der zweiten Phase wird Armut als strukturelles Problem erkannt, zu dessen Überwindung ein politisch bewusstes Handeln erforderlich ist. Die Entdeckung der dritten Phase besteht darin, auf die Kraft der Armen gestoßen zu werden, von denen die Nicht-Armen allererst zu lernen haben. Die daraus leicht erwachsende Idealisierung der Armen wandelt sich in der vierten Phase zu echter Solidarität mit ihnen, die auch durch Enttäuschungen und Entmutigungen nicht mehr zunichte gemacht werden kann. – Zum Lern- und Bildungsprozess vgl. weiterführend Helga Kohler-Spiegel, Betroffenheit ermöglichen – handeln lernen, in: Religionspädagogische Beiträge 29 (1992), 25–43; Klaus Piepel, Lerngemeinschaft Weltkirche. Lernprozesse in Partnerschaften zwischen Christen der Ersten und der Dritten Welt, Aachen 1993; Michael Rupieper, Ortskirchen gemeinsam auf dem Weg. Auf der Basis ihrer Verbundenheit und als gemeinsamer Lernprozess, Münster 2004.

4 Vgl. Nuscheler u. a. (Anm. 1), 419–423.

13.) weisen besonders enge Bezüge zu den hier angestellten Überlegungen auf und sollen darum durch ihre wörtliche Zitation bekräftigt werden:

«Die christlichen Dritte-Welt-Gruppen lassen sich heute als wichtige ‹Laboratorien› begreifen, in denen unterschiedliche Modelle der Verschränkung von Glauben und gesellschaftlichem Handeln praktiziert, erprobt und weiterentwickelt werden. Von besonderer Bedeutung für die Zukunft dürfte ein Glaubensstil sein, der auf individuell-biographischer Entscheidung beruht, Glauben und Alltagsleben bzw. Glauben und Politik zu integrieren sucht und in christlich inspiriertem Gruppenengagement seinen Ausdruck und sein Stützsystem findet. Die pastorale (und religionspädagogische, N.M.) Praxis kann deshalb wichtige Impulse aus der Arbeit und Erfahrung der Dritte-Welt-Gruppen gewinnen.»[5]

«Die Dritte-Welt-Gruppen sind kleine (‹radikale›) Minderheiten innerhalb und am Rande der Kirche. Aber sie haben den sozialen Katholizismus wiederbelebt und mit der ‹internationalen sozialen Frage› konfrontiert; sie machen auf ihre Art – gelegentlich am Rande oder schon außerhalb der Kirche – eine ‹pastorale Drecksarbeit› dazu noch ehrenamtlich und mit hohem Zeit- und Energieeinsatz; sie sind Sauerteig einer gelebten Solidarität und Antriebskräfte eines Bewusstseinswandels in den Ego-Gesellschaften des Nordens, ohne den die solidarische Eine Welt nicht entstehen kann. Die globale Verantwortungsethik (‹global denken›) muss unten entstehen (‹lokal handeln›), damit sich oben überhaupt etwas bewegt.

Die Untersuchung stützt diese Einschätzung der Dritte-Welt-Gruppen als Bausteine zu einer zur Solidarität und Empathie fähigen Gesellschaft. Die kirchlichen Autoritäten haben dieses kreative Potential noch nicht entdeckt und deshalb sträflich vernachlässigt. Die Gruppen verdienen mehr Anerkennung und Unterstützung, sowohl immaterieller als auch materieller Art, als sie bisher bekommen haben. Sie nehmen der Kirche ein Gutteil der Arbeit für internationale Gerechtigkeit ab, die ihr ‹Populorum Progressio› und ‹Sollicitudo rei socialis› abgefordert haben. Wenn die Kirche ihr weltkirchliches Engagement für internationale Gerechtigkeit ernst nehmen will, muss sie ihr Verhältnis zu den Aktivposten dieses Engagements gründlich überdenken.»[6]

---

5   Ebd. 420 f.
6   Ebd. 423.

2   Bildung zur Solidarität[7]

Angesichts des Brüchigwerdens von manchen Formen solidarischen Engage-ments z. B. aufgrund des Ausbleibens der herkömmlichen christlich-kirchli-chen Sozialisation drängt sich die Frage auf, wie Menschen dazu kommen, so-lidarisch füreinander und für andere einzustehen, und sich nicht dem von bestimmten Interessen geleiteten Diktat zu unterwerfen, nur auf den eigenen Vorteil bedacht zu sein.

Zunächst wird man in diesem Zusammenhang darauf hinzuweisen haben, welche Bedeutung den frühen und somit grundlegenden Interaktionserfah-rungen in der menschlichen Entwicklung zukommt. Vergegenwärtigt man sich, wie sehr Kinder von Beginn an darauf angewiesen sind, dass sie in einer Umgebung groß werden können, in der sie so selbstständig wie ihrer Entwick-lung entsprechend ihre verschiedenen Kompetenzen zum Umgang mit der Welt, mit anderen und mit sich selbst Schritt für Schritt ausbilden können, er-geben sich daraus Erfordernisse insbesondere für den Umgang der Erwachse-nen mit den Kindern, die mit Ursula Peukert treffend unter dem Postulat der «intergenerationellen Solidarität» zusammengefasst werden können: «Weil sich dem Kind konkrete Möglichkeiten der Selbstwerdung erst durch die in-terpretativen Vorleistungen des Erwachsenen eröffnen, die sein Handeln in den größeren Zusammenhang einer bestimmten sozialen Welt stellen, kann es ihm misslingen, sich selbst zu finden. Es ist der Übermacht seiner Inter-aktionspartner ausgeliefert und zur Anpassung gezwungen. Die Beziehungen zwischen Kind und Erwachsenen sind deswegen so prekär, weil der Erwach-sene dominant ist, mit einem nicht einholbaren Vorsprung an Wissen und Können ausgestattet, und weil er sich nicht nur mit seinen Möglichkeiten, sondern auch mit seinen Grenzen und Beschädigungen auf die Beziehung zum Kind einlassen muss. Im Versuch des Erwachsenen, diese Asymmetrie ge-genüber dem Kind zu reflektieren und in eine ‹intergenerationelle Rezipro-zität› zu verwandeln, wird das Kind als Partner im gleichen Recht anerkannt und damit die kommunikative Voraussetzung für eine Entwicklung geschaf-fen, in der das Kind seinerseits lernen kann, andere als andere anzuerkennen … Erst eine so strukturierte Solidarität mit der nächsten Generation eröffnet

---

7   Erweiterte Fassung eines Abschnitts aus meinem Beitrag: Solidarität – Verfall oder Wandel?, in: Concilium 35 (1999), 480–489.

dieser die Möglichkeit, in humane Formen des Zusammenlebens hinein-
zuwachsen und sie sich anzueignen.»[8]

Dem Einwand, damit seien Kinder überfordert, kann durch Verweis auf
Forschungen begegnet werden, die belegen, dass Kinder von Anfang an aktiv
an ihrer Entwicklung beteiligt sind und auch schon sehr früh ein prosoziales
Empfinden ausbilden[9], dass sie jedoch aufgrund ihrer durch ihr Wesen be-
dingten Abhängigkeit von Erwachsenen, aus der sie sich zunehmend zu lösen
haben, darauf angewiesen sind, dass diese ihnen die für ihre Entwicklung för-
derlichen Spielräume zur Verfügung stellen. Dabei wird übrigens den Erwachsenen ihrerseits eine Chance zur eigenen Weiterentwicklung eröffnet, so dass
bereits in der frühen Erziehung aufscheint, was Bildung insgesamt ausmacht,
nämlich dass es sich um einen andauernden intersubjektiven Prozess der gegenseitigen Ermöglichung und Förderung handelt, der den Beteiligten es je
neu ermöglicht, das eigene Selbst in Verbundenheit mit anderen, aber auch in
Anerkennung ihrer Andersheit zu konstruieren.[10] Es ist nur konsequent,
wenn Ursula Peukert anmahnt, die damit gegebene Verantwortung der älteren
Generation für die jüngere dürfe nicht bloß individualisiert werden, sondern
müsse Konsequenzen bis in die Gestaltung des gesamten Gemeinwesens hinein zeitigen.[11]

Die Ausbildung einer Ich-starken und gerade so wirklich beziehungsfähigen
Identität, die, wie angedeutet, aus einer grundlegenden Erfahrung von Solidarität heraus erwächst, erweist sich als unabdingbare Voraussetzung für solidarisches Handeln – eine Identität, die bereit und fähig ist, sich je neu von anderen herausfordern und in Frage stellen zu lassen und so in einem ständigen –
alles andere als konfliktfreien – Lernprozess begriffen ist.[12] Angstbesetzte,

---

8 Ursula Peukert, Intergenerationelle Solidarität, in: Concilium 32 (1998), 162–169,
   hier: 166 f.
9 Vgl. hierzu die Erörterungen über «Evolution, Altruismus und Moral» von Micha
   Brumlik, Bildung und Glück, Berlin, Wien 2002, bes. 82–101.
10 Vgl. Helmut Peukert, Erziehungswissenschaft – Religionswissenschaft – Theologie –
   Religionspädagogik. Eine spannungsgeladene Konstellation unter den Herausforderungen einer geschichtlich neuartigen Situation, in: Engelbert Gross (Hg.), Erziehungswissenschaft, Religion und Religionspädagogik, Münster 2004, 51.91, 70–72;
   vgl. auch Werner Wintersteiner, Pädagogik des Anderen. Bausteine für eine Friedens-
   pädagogik in der Postmoderne, Münster 1999.
11 Vgl. Ursula Peukert, Der demokratische Gesellschaftsvertrag und das Verhältnis zur
   nächsten Generation, in: Neue Sammlung 37 (1997), 277–293.
12 Vgl. zum Folgenden Gunter M. Prüller-Jagenteufel, Unfähig zur Solidarität?, in: Diakonia 25 (1994), 237–246.

zwanghafte und narzisstische Persönlichkeitstypen sind kaum solidaritäts-fähig; ist mit solidarischem Handeln doch das Risiko des persönlichen Nach-teils verbunden. Positiv gewendet heißt das, dass persönliche Reife, gesundes Selbstwertgefühl, Offenheit, Angstfreiheit, Dialog- und Konfliktfähigkeit, Be-reitschaft zum Teilen und zum Verzicht usw. zentrale Merkmale eines zu soli-darischem Engagement fähigen und bereiten Persönlichkeitstyps sind; aus-gelöst wird solches Engagement in der Regel durch eine Betroffenheit, die aus der Empathie für in das eigene Gesichtsfeld tretende konkrete Andere, ver-stärkt durch die Empfindlichkeit für ihr Leiden, erwächst. Als besondere Kennzeichen dieses Handelns und der es leitenden Einstellungen lassen sich dann nach Gunter M. Prüller-Jagenteufel anführen:

«… Wahrnehmungsfähigkeit und Gerechtigkeitssinn, d. h. nicht nur das rationale Erkennen einer Notlage oder Unterdrückungssituation, sondern ebenso die existentielle Betroffenheit, die dem Sich-betreffen-Lassen ent-springt;

… einen realistischen Sinn für das Mögliche, der einerseits vor utopischen Träumereien und Allmachtsphantasien bewahrt, aber doch in geistiger Beweg-lichkeit und Phantasie die Fähigkeit findet, zu neuen Ufern aufzubrechen;

… Courage, den Mut zum aktiven Miteinander, in der gemeinschaftlichen Aktion gegen die Not – nicht durch paternalistisch-bevormundendes Almo-sen-Geben, sondern möglichst auf gleicher Ebene. Dabei ist zu berücksichti-gen, dass dort, wo Leid nicht zu beseitigen ist, es doch durch gemeinsames Er-tragen gemindert werden kann.»[13]

Auch hier zeigt sich, dass und wie sehr eine solidarische Praxis durch ihr wi-derstreitende gesellschaftliche Strukturen be- oder sogar verhindert werden kann. Von daher ist es unzureichend, Solidarität lediglich als eine individuelle Tugend ausbilden und praktizieren zu wollen; sondern mit ihr ist unweiger-lich der Anspruch auf eine Transformation der Gesellschaft insgesamt in Rich-tung der Einlösung des Projekts demokratischer Kultur in allen Lebensberei-chen verbunden.

Vorweggenommen wird diese alternative, ihre Individuen nicht länger iso-lierende und deformierende Gesellschaft ein Stück weit – und das macht ihren wichtigen und bemerkenswerten gesamtgesellschaftlichen Beitrag aus – in je-nen Gruppen, Initiativen und Bewegungen, die in ihrer konkreten Projekt-arbeit für und mit Menschen im Nah- oder Fernbereich, aber auch in der

---

13 Ebd. 245; vgl. ausführlicher auch ders., Solidarität – eine Option für die Opfer, Frank-furt/Main 1998, bes. 453–473.

Weise, ihr eigenes Zusammenleben zu gestalten, Solidarität zu praktizieren versuchen und so gegenseitig über die – insbesondere bei einem vereinzelten Engagement – leicht aufkommende Resignation, es habe alles doch keinen Zweck, hinweghelfen. Nicht zuletzt Religionsunterricht und Katechese müssten es sich von ihrer ureigenen Sache her angelegen sein lassen, junge Menschen in Kontakt mit solchen vorbildlichen sozialen Initiativen zu bringen und ihnen in solchen konkreten Begegnungen möglicherweise aufgehen zu lassen, dass es noch andere Entwürfe von Leben und Zusammenleben gibt, als sie ihnen derzeit vom gesellschaftlichen Mainstream suggeriert werden.[14]

---

14 Vgl. Georg Langenhorst, Lernchance Solidarität: Diakonisches Lernen im Religionsunterricht, in: Religionspädagogische Beiträge 45 (2000), 103–113; darin wird auf das sehr gehaltvolle *Compassion*-Projekt verwiesen.

Autor(inn)enverzeichnis

Martin Ebner, Professor für Exegese des Neuen Testaments, Münster

Karl Gabriel, Professor für Christliche Sozialwissenschaften, Münster

Christel Gärtner, Lehrbeauftragte für Soziologie
an der Johann-Wolfgang-Goethe-Universität, Frankfurt/Main

Hermann-Josef Große Kracht, wissenschaftlicher Assistent
am Institut für Christliche Sozialwissenschaften, Münster

Stephanie Klein, Vertretungsprofessorin für Pastoraltheologie, Luzern

Michael Krüggeler, Projektleiter am Schweizerischen Pastoralsoziologischen
Institut (SPI), St. Gallen

Norbert Mette, Professor für Katholische Theologie und ihre Didaktik mit
dem Schwerpunkt Religionspädagogik/Praktische Theologie, Dortmund

Helmut Peukert, em. Professor für Systematische Erziehungswissenschaft
an der Universität Hamburg, Münster

Ina Praetorius, freie Autorin, Wattwil

Gunter M. Prüller-Jagenteufel, Professor für Moraltheologie, Wien

Christa Schnabl, Professorin für Moraltheologie, Wien